讀故事學面相

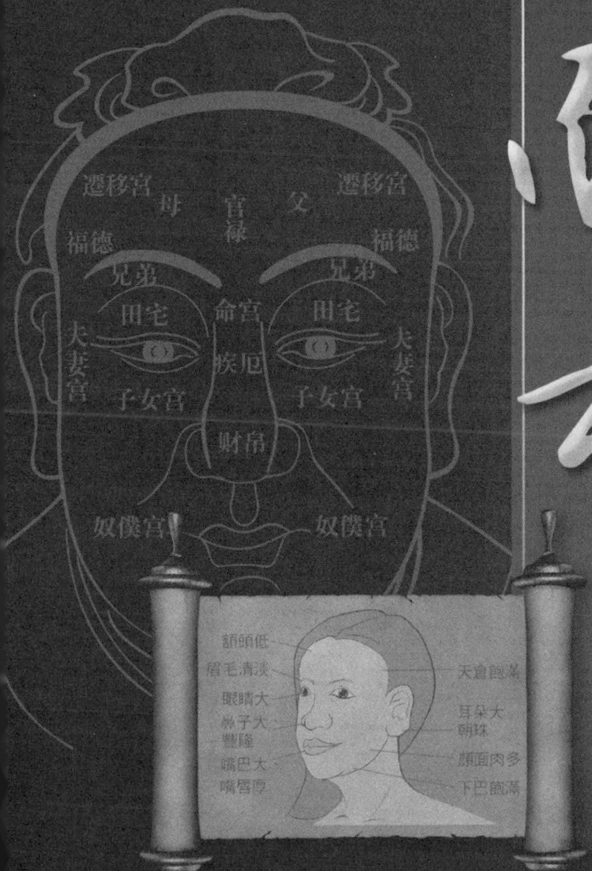
遷移宮
母
官祿
父
遷移宮
福德
福德
兄弟
兄弟
田宅
命宮
田宅
夫妻宮
疾厄
夫妻宮
子女宮
子女宮
財帛
奴僕宮
奴僕宮
額頭低
眉毛清淡
眼睛大
鼻子大
豐隆
嘴巴大
嘴唇厚
天倉飽滿
耳朵大
朝珠
顴面肉多
下巴飽滿

林進來——著

編輯序

從「臉」開始，識人識己

在談到命理時，很多人都會有這樣一個疑問：「為什麼同樣的生辰八字，命運卻大不相同呢？」包括我本人，以前在學命理時，也存有這樣的疑惑。直到看了林先生的《讀故事，學面相》，終於頓悟了，原來，一切區別在於每個人的「臉」。

中國的命理以時辰劃分，每個時辰是兩個小時，試想，兩個小時裡有多少生命誕生，這些新生命分佈在全球各地，各色人種，會有一樣的命運嗎？肯定是不相同的。因為除了時辰之外，還有家庭、環境、習俗、文化、思想等諸多因素，會讓相同時辰的人有了不相同的命運。就好比李嘉誠先生，是眾所周知的大富豪，相信與他同時辰的大有人在，難道這個時辰裡的每一個人都能成為富豪嗎？看來是沒有。由此去推敲，最大的不同除了生長環境之外，就在於「人」，而「人」的一切主宰在於「臉」。

一個人從出生開始，面部輪廓就已經大致確定，所以面相又可論為三世因果，因為關乎遺傳，是一個家族血緣的延續。同一個時辰的人，膚色不同性格大不相同，以面相的論法，膚色白的人，比較有優越感，常以自我為中心；黃皮膚的人，重感情、熱心；

膚黑的人較精力充沛，好動。各色人種搭配各自的相貌，再加上生辰才是一個人真正的命運。

面相的論法是將人以三個質來劃分，膚色、五官、高矮胖瘦皆可從這三質來論，三質是心性質、筋骨質及營養質。所謂心性質就是膚色白，額頭高，屬於瓜子臉的相貌；筋骨質膚色較黑，屬於骨感的；營養質，顧名思義就是長得圓圓胖胖的。如果這三個質都擁有賺錢的機運來說，心性質的人會運用智慧取財，希望一次就能賺上一大筆錢；筋骨質的人大多靠勞力賺錢，會積少成多；營養質的人會以錢生錢，永遠不嫌多。可見，以同樣的機運來說，三個質的人就產生三種不同的運勢。但是，人不可能只以單個形質就能判定，每一個面相或多或少都含有兩種形質，因此產生的命運就大不相同了。

舉例來說，好比一個人是瓜子臉屬心性質，但是膚色黑屬筋骨質，眼睛柔屬營養質，所以此人就含有三個質，本來是要求高品質的，但因膚黑的特性，所以他必須勞動才能有所得，再配上眼睛柔，掌握不住時機，這樣衍生出來的運勢，就是他常常因為失掉機會，必須更加努力勞動才能有所得。再拿李先生來比方，他額頭高、眼睛亮，說明反應靈敏，善於掌握機會，而聲音有力，說明有衝勁有魄力。如果有位與李先生同生辰的人，長得額頭低、眼睛柔甚至聲無力，那整個運程就不一樣了，額頭低做事務實保守，眼睛柔把握不住機會，聲無力則根本沒有動力。此種格局往往不會主動創業，就更不可能跟李先生一樣成為大企業家、大富豪了。

所以，同樣生辰命運會不同，其解答就在「面相」。一人一相，千變萬化，每人都具有獨特的氣質，當然命運也各有千秋。

在《讀故事，學面相》這本書中，你會發現，人的五官早就明明白白地把每個人的所有運勢都寫在了臉上。無論是性格的分析、情感的維繫、婚姻家庭的經營，還是職場的成長和理財的奧秘，都可以在面相上找到答案。看顏值只是流於表象，學會了識相，才可以利用自己面相的優缺點來取長補短，趨吉避凶。

在現實生活中，大部分的人都是事發之後，才開始彌補，其實如果能事先瞭解自己的個性及特徵，有很多事情是可以避免的。相信你讀過本書之後，也會感歎：早一點學習面相就好了！

自序

面相——最直接有效的識人術

對於五術，有人趨之若鶩，逢事必占，有人嗤之以鼻，認為是社會亂源之一，這對五術界來講實在是痛心。不可諱言，確有因良莠不齊的術士而影響了五術的公信力，但五術之所以可以流傳千古，想必就在於每個人都想「知運」而後「掌運」。

隨著時空的轉變、科技的進步、網路資訊的發展，流傳了五千多年的國粹，也會隨之與時俱進。

本人在五術界已走了半甲子的歲月，對於命理或八字來講，雖可論人運程之細微度，但受制於生辰的準確度，而且同一個時辰出生的人，命運卻不一定相同，為何呢？仔細推敲之下，發現原因在於「容貌」，故而近年來潛心專研「面相」。個人認為，要面對這個瞬息萬變的社會，贏得先機最為重要，以五術來講「面相」是一個最佳利器，因為它完全不受姓名、生辰的牽制，學會面相，等於開啓了你溝通的橋樑。

不管社會如何變遷，容貌是與生俱來的，只受族群跟遺傳的影響，也可解釋為因果關係。我常說，「容貌」就是你的櫥窗，隨時展示著你今生的個性、交友、運勢、健康甚至家人的關係等等，只要懂得面相，隨時就可掌握運勢。

學習面相的重要性在於能瞭解自己，進而瞭解他人，在人生遭逢困惑時，又多一樣分析的工具，就可減少不理性或錯誤的判斷，降低對別人及自己的傷害，尤其在人際關係上可以更上一層樓。

雖然坊間面相論法很多，但面相仍然無法得到廣泛運用，想來是人沒有一模一樣的臉孔，無法像斗數一樣有生辰、八字的既定論命模式。再加上人臉有五官，每一器官都有它的代表意義，但也是因為如此，才能顯出面相的好玩與奧妙。

五術是先人觀天象，累積經驗，反覆驗證的一種精密統計學，只要運用得當，對每個人的一生會有莫大的幫助。五術並不是迷信，也不是玄學，而是一門包含禪理、哲學及科學的學問，更是一種另類的心理諮詢管道。

最後，希望通過這本書，提供給大家一個淺顯易學的方式，進而對周遭的人士有多一層的理解，減少人與人之間的摩擦。同時也希望本人對於面相的體悟，能讓愛好者受用無窮。

目錄

編輯序：學從「臉」開始，識人識己……2
自序：面相——最直接有效的識人術……6
第一章 知人知面又知心——隨時隨地掌握他人的性格秘密……15
1.病從口入——情緒與健康……16
2.慢郎中 vs. 急驚風——性格與造化……19
3.人群裡的「刺蝟」——長得就讓人難以相處……22
4.有夢最美——什麼樣的人會心想事成？……27
5.過猶不及——完美主義者是這樣煉成的……30
6.見人說人話，見鬼說鬼話——不同面相的特質如何應對？……34
7.臉的三質——最短時間瞭解一個人的性格……37
8.三庭論斷——從面相上發現自己的優勢……42
9.天生好脾氣——細心體貼的女性……46

10. 現代文明病——容易憂鬱的性格特質……49
11. 聲音論格局——用聲音來分析人的特質……52
12. 叫人傷腦筋——容易反覆的性格特徵……59
13. 牽一髮「動」一生——追求時髦，小心犯煞……62

第二章 緣分「臉」註定——愛情與婚姻的深層觀察……67

1. 一面之緣——如何找到好伴侶？……68
2. 桃花朵朵開——男人的異性緣……74
3. 媒人婆——痣與運程……81
4. 紅鸞星動了嗎？——萬千情思在眉眼……86
5. 尊重與包容——八字不合也相合……92
6. 適合的才是最好的——擇偶要「黑白分明」……102
7. 婚姻大不易——如何選個好伴侶？……109
8. 移情別戀寫在「臉」上——外遇是幸福嗎？……115

9. 喜新厭舊——負心人有何特徵？……118
10. 說好不分手——易糾纏不清的女性……124
11. 你的柔情我不懂——無法把握對方……129
12. 女怕選錯郎——家暴傾向和大男子主義……132
13. 沒有永遠的秘密——曝光地下戀情……137
14. 寂寞惹的禍——感情容易出軌的男女特徵……140
15. 難忘舊情——戀舊的男人是這樣的……146
16. 啼笑因緣——什麼樣的夫妻愛吵架？……149
17. 野蠻女友——女強人的愛情……152
18. 相愛容易相守難——易陷入婚姻危機的面相……155
19. 多情總被無情惱——談戀愛的苦情人……158
20. 一見定終身——什麼樣的人容易閃婚？……161
21. 兩個女人的戰爭——婆媳的對待……164
22. 望子成龍・望女成鳳——孩子的未來會怎樣？……168
23. 大人物下代的子女——從臉上看兒女的個性……172

24. 愛要講究方式——最寵孩子的面相……176
25. 人生第二春——再婚的幸福格局……182
26. 老有所依——晚景與未來……185
27. 百善孝為先——瞭解父母的健康狀況……189
28. 可憐天下父母心——不孝順之人的面相……192
29. 整個世界遺棄了你——老來孤獨之人的面相……195

第三章 人可貌相——「看」出來的職場人生……199

1. 這一餐沒有白吃——老闆的面相……200
2. 求職的訣竅——搞定你的面試官……206
3. 咖啡店的女人——創業者的面貌特徵……210
4. 炒老闆的魷魚——什麼樣的人喜歡跳槽？……216
5. 慧眼識人才——選擇合適的主管……220
6. 適合西進發展——用風水的磁場來輔助自己的事業及運途……227

7.「旁聽生」的幸福煩惱——五術與面相搭配運用……230
8.不想升遷——面相不同追求也不同……234
9.用人之長——把人才放在適合的位置上……240
10.尋找訴訟的有利時機——官司的成敗看氣色……249
11.對症下藥——應對辦公室裡的棘手人物……252
12.兩難選擇——錢景與前景……258
13.察言觀色——搞定你的上司……261
14.得失之間——三個女人的職場人生……265
15.一堂面相課——「看」出來的工作能力……269
16.辦公室裡的「受氣包」——老實人的面貌特徵……273
17.額頭上的學問——氣色與事業的關聯……279
18.無骨不成氣——老闆的面貌格局……282
19.看相論運勢——尋找命中註定的貴人……287
20.知己也要知彼——怎樣從面相來讀懂主管的心?……291
21.為誰辛苦為誰忙——一生勞碌命……297

22.「看得見」的能力——職場高手的特徵……301
23.會用人更要會識人——不同類型的職場人……305

第四章 貧富寫在臉上——理財背後的面相玄機……317

1.誰是有錢人一看便知——面相與理財……318
2.股票熱——財運與理財能力……322
3.妻子的靠山——娘家人的助力……328
4.另類投資——命中註定的偏財運……331
5.從額頭談起——氣色與運勢……335
6.過路財神——錢財留不住該如何補救？……341
7.含著金湯匙出生——大富大貴的格局……345
8.小氣郎與闊少爺——對金錢的態度……348

第一章

知人知面又知心——隨時隨地掌握他人的性格秘密

1.病從口入——情緒與健康

世界的醫療組織調查華人與日本人，腸胃最容易傷害。幾年前臺灣的電視媒體一窩蜂地製作與身體有關的健康節目，尤其是腸胃方面的疾病，跟中國人的飲食很有關聯。

中國人喜愛熱食，尤其是火鍋，越熱越愛，搭配冰飲，一冷一熱對腸胃的傷害是最嚴重的。

【跟林老師學面相】

曾有個節目報導食道癌，在節目中有病人現身說法。我瞧這位病人的面相，此人法令紋有彎繞到嘴角，以相理來論，法令紋入口稱「騰蛇鎖唇」，此種人個性不夠開朗，

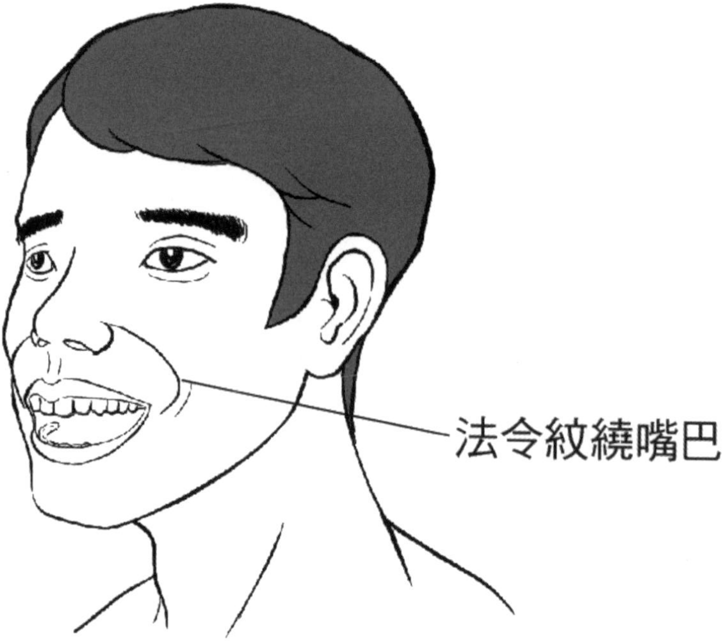

遇事通常以悲觀的心態來看待，容易把事情悶在心裡，在創業中會受到阻礙。在相學的理論上，如果法令紋有彎繞到嘴角的話，身體健康要注意。我聽此人的聲音柔不敢開口對人傾訴，有些事情不敢面對，因為聲音柔的人氣往內吞，有情緒不敢發洩，常因此借酒澆愁，又借大吃大喝來調解自己心情，長久下來，自然食道與消化系統有損傷。法令紋繞口，在中醫來講代表有傷及內臟，也就西醫學上的食道部位。

身體的胖瘦、健康與否，其實與心情有很大的關聯，壓力大容易鬱悶的人，健康往往不佳。俗話說「心寬體胖」，心情沒壓力的人，睡得好吃得飽，吸收良好沒煩惱，身體自然健健康康。

法令紋最忌諱入口，以相學的理論來看，法令紋控制飲食，如入口較容易腸胃不佳或是食道有病，所以古書的記載法令紋繞到嘴角，不能進食餓死。如果以現在的科學理論來解釋，跟飲食確實有關係，華人在飲食方面比較喜歡熱的火鍋，更喜歡搭配冰飲，一冷一熱對身體是不好的。相學的理論上，如果法令紋的四周若出現一點一點的、紅疹般的赤色的話，在事業上會與人有糾紛或是業務上有錯誤，與人會有誤解；如果法令紋的部位氣色發暗的話，代表你現在的事業工作運勢不佳。

一般人往往認為胖瘦問題與吃有關，而會一直要求體瘦的人（體瘦、聲音柔……）吃東西，殊不知這樣更造成壓力，而產生腸胃的不適；另一種人（體胖、聲音粗……）是碰上壓力或心情不佳時，會以大吃大喝來抒發，此種人最容易造成胃潰瘍或消化系統上的病變。正確做法應是舒緩壓力，再配合少量多餐，或營造富有食慾的飲食氣氛等等。其實最重要的還是要自己能打開心房，人生不如意十之八九，快樂也是一天，煩悶也是一天，那何不把每天都用快樂的心情來度過呢！

林老師面相重點分析

在相學的理論上，一個人的建康與情緒有關係。如果此人聲音有力的話，代表示筋骨質的特徵，這種人在飲食方面比較難控制，因為筋骨質的人個性比較有魄力也有膽量，在飲食方面大魚大肉他才會感覺過癮，所以比較不重視身體的保養。個性與情緒比較不開朗的人，也就是聲音柔的人，在相學代表心性質的特徵，比較重視養生，飲食方面重視品味，唯一的缺點是：遇有難題不敢開口，一切的事情往內吞，這種格局的人健康不佳，大部分是心情與情緒影響的。

2.慢郎中 VS. 急驚風——性格與造化

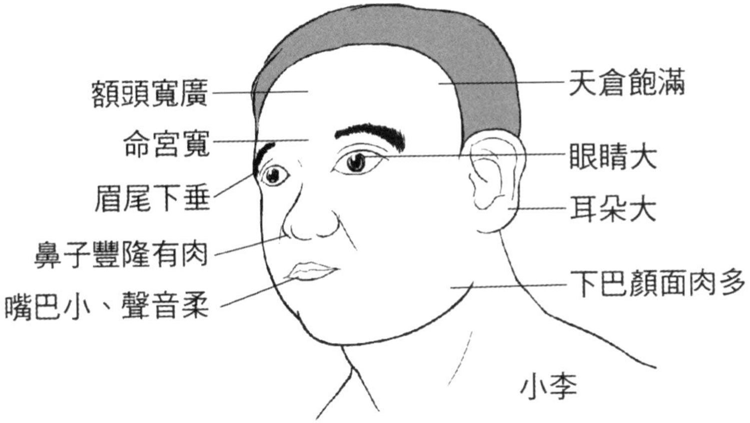

小李和小楊是私交甚篤的朋友，可兩人的處事態度卻是大相徑庭。小李的口頭禪是「急什麼」，對事情總是慢、慢、慢，天塌下來也無關他的事；小楊則是快、快、快，做事情永遠先做再講，處理事物永遠做不完，我們戲稱他們是急驚風碰上慢郎中。

這可印證《易經》上所說的理論，陰由陽調和，陽有陰來沉靜，陽動為剛氣，好動為勞碌，陰靜為慢為柔氣，穩重為享受。

【跟林老師學面相】

小李是個體態肥胖的人，在面相學上稱之為營養質。營養質的人，一般來說行動不急不徐，個性大多喜靜不喜歡變動，處事態度以慢為主。但並非胖的人都是慢郎中，還須配合其他五官來看。小李膚色白、聲音無力，膚白本來就屬於享受型，聲音代表內在的動力，而聲音無力，表示缺乏動力，也就是缺乏行動力，加上體胖，那絕對是有得坐絕不站著，有得躺絕不坐著的個性。但如果是眼睛亮的人，就容易產生自怨自艾的心態，因為眼睛亮，代表心中有所求，但又缺乏行動力，無法達到內心的要求，而產生自怨自艾。小李眼睛柔，凡事容易滿足，這種形態的人，就真是天塌下來也與他無關，是我們眼中的好命之人。

小楊整體感覺是個骨感的人，膚色偏黑，在相學裡稱為筋骨質。筋骨質的人做事很衝動，往往行動比思考來得快，而且不動會很難受。筋骨質的特徵在於骨多、膚黑、眼睛亮、聲如洪鐘等，尤其是眼睛亮、聲音粗的人，個性急躁，脾氣也暴躁，小楊就是這個類型的人，但碰上慢郎中的小李就沒辦法了。如果他們兩人的某些五官能互相調換，譬如體型互換、聲音互換等等，那他兩人的成就絕對高於現在。

一個人的形態最好能陰、陽中和，這就好比體寒的人，需用暖性食品來溫補，體熱的人，要用涼藥來解。所以如果能瞭解自己是屬於「陽氣」太重或「陰氣」過多，也可以像小李與小楊一樣，找個互補的朋友，互相彌補自己的缺點，也可達到陰陽協調的作用。

我們接著探討，如果小李的眼睛亮，代表他有主見，聲音柔，處事考慮多，個性沉靜佔有欲強，比較會享受，細心敏感，有好的東西不喜與別人共用，並且依賴性比較重。如果聲音有力的話，整個面相的論法就不同，因為小李的格局是屬於養營質，最需要有筋骨質特徵，筋骨質比較有鬥志，需要有衝勁來相配，加上他的眼睛亮，聲音有力的話，就是筋骨質兼營養質，在處事上很積極，處事有魄力好勝心強。

《易經》說，天下亂，瘦的人有飯吃，肥胖的人沒飯吃。也就是說瘦的人在相學為筋骨質的人，天下亂，動作要快才有機會生存；肥胖的人相學稱他營養質的人，天下亂，動作慢，必會吃虧。

林老師面相重點分析

在相學有三個質，營養質，心性質，筋骨質。最有動態的質是筋骨質的人，代表生命的動能，一生好動。這樣的人較勞碌，做事不喜歡拖泥帶水，不怕吃苦，具備冒險犯難的精神，其最大的缺點，就是處事缺少考慮，常常吃虧。如果加上聲音有力的話，則個性急躁，講求速度，但是思慮不夠周全。筋骨質最怕聲音有力，如果聲音柔，此人處事有衝勁，處理事務細心。所以一個人的面貌，在眼睛或是聲音稍微不同，他的造化就不同。

3.人群裡的「刺蝟」——長得就讓人難以相處

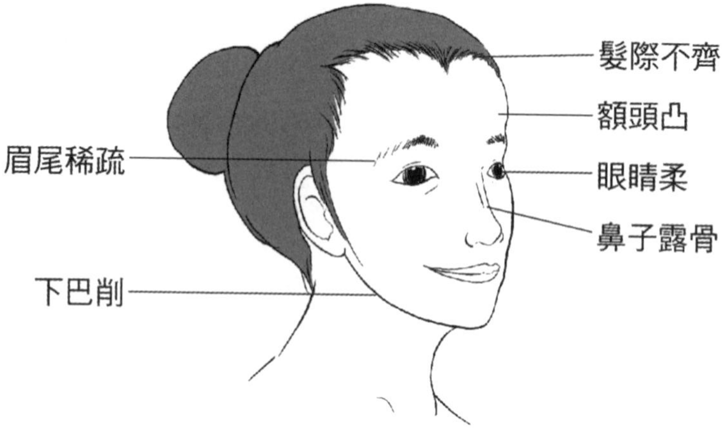

不論在用餐，在路上，在聊天中我們都會聽到「某某某好難相處」、「某某某好難搞」、「某某某脾氣好古怪」……的對話，可見這樣的人物比比皆是。不管是在工作場合、社交，甚至親友間，都會碰上「脾氣古怪」、「難搞」的人物，這些人大部分在於思想上的偏差，造成情緒的不穩定。

【跟林老師學面相】

說到思想，第一個想到的就是額頭，額頭的高、低、寬、凸等不同，造成的差別就很大。額頭高的人思想敏捷反應快，額頭低的人思想單純較務實，額頭寬的人，思想豐富善於推理，額頭凸的人思想多元化，個性獨立。光額頭就這麼多種，哪一種是屬於難相處的人呢？在額頭這個部分來講，思想較古怪的是屬高且凸的人，因為他們思想豐富又敏捷多元化，這種額頭常常會突發奇想，點子特別多，常能想出別人想不到的事情，具有創新的才能，但是這格局的人常常讓人摸不著頭緒，無法配合他的思考邏輯。再者就是髮際的部分，髮際是頭髮與額頭的邊緣，如果參差不齊，也代表個性上較不穩定。

會讓人覺得難相處、難搞定的人，此人在人際方面有一定欠缺，而與人情最有關聯的就是眉毛。**面相學稱眉毛為兄弟宮，但不僅止於兄弟姊妹，亦及於親族朋友，也是看姻緣與感情的對待。**眉毛清秀的人，個性溫和，與人相處懂得拿捏，為朋友付出多，與朋友的情誼屬於永久性的；眉毛稀疏的人，自我本位主義強，思慮清晰，但與親友較疏離，情感方面也較淡薄。相書裡面寫著「眉濃屬情、眉淡屬智」，所以眉毛清淡稀疏的人，比較不會在意別人的感受。另一個配合的部位就是眼睛，我們常說「眼睛是靈魂之窗」，眼神所表露出來的是一個人的內在想法，眼神平穩的人，個性較沉著，自我約束力強；眼神柔和的人，喜歡浪漫，講究情調，不輕易得罪他人；眼神亮的人，精力充沛，個性急躁，對事情是勢在必得，但比較缺乏考慮，容易得罪人。還有鼻子也是一個重點，鼻子在相貌當中位於最中央，代表著一個人的自我意識，鼻子低的人，比較有耐性，重情誼，包容心大，但善於變化，易翻舊賬；鼻子高的人，主觀強，處事有原則，喜歡發號施令，個性倔強；另一種是鼻子露骨者，個性比較極端，自我優越感強，不懂得察言觀色，所以鼻子露骨的人，往往被歸為「難相處」的人物之列。

一個人的相貌，當然不是只有上述那幾個部位，臉上的每個器官都有其代表的含意，論相時一定要綜觀整個臉，也就是所有器官加起來論，才能呈現出一個人的個性及運程。

現在就要說到嘴巴，嘴巴小的人，情緒起伏大，小事容易爭吵，但遇到大事卻沒膽量。如果是聲音有力者，愛面子，愛搶風頭，是非多；如果是聲音柔的人，不敢明確表達，無鬥志。嘴巴大的人，雖無心機但是講話太直，容易得罪他人。如果嘴巴大但是聲音柔和的人，口才流利，善於表達，與人互動良好，但是如果嘴巴大又聲音有力的人，那就糟糕了，個性霸氣又不認輸，往往吃了虧還要逞強。還有唇厚的人較重情義，忠厚老實，唇薄的人，事業心重，待人處事不夠圓滑。當然嘴巴大又唇薄，那他就會有難相處的個性。

再一個部位就是下巴，下巴在相學裡觀的就是人脈、處事的穩重度和晚景。下巴簡單分為兩種，就是下巴飽滿與下巴削。下巴飽滿的人，比較有包容心，具有人脈，所以他比較不可能是別人眼中「難搞」的人。而下巴削的人通常在專業領域會有所成就，但是個性急躁，易衝動，比較不會考慮到他人，往往一意孤行，導致與別人溝通不良，形成格格不入的窘境，較「難搞」。

◆牆頭草，兩邊倒

小威在貿易公司任職，工作還算如意，唯獨對X同事心生不滿。

「他很會拍馬屁，工作總是挑輕鬆的做，又很計較，尤其善於見風轉舵，而且罵不還口，打不還手，是個很賴皮的人……」小威說起這位X同事，真是氣得牙癢癢的。

只說不做的人大多是營養質的特性，所謂營養質就是顏面多肉，胖胖的，這樣的人力求舒適，喜歡安逸。

看這位X同事，鼻子低、八字眉，這就是見風轉舵的配備，加上眼睛明亮，當然少不得會阿諛奉承。而他下巴飽滿，在交際上頗有一套，再配上聲音柔，會營造可憐的景象博得同情。這位X同事膚色白，會有選擇性，配上他的營養質特性，就顯示他只會挑選有利於自己的事情做。

我常告訴學員，一個人好不好相處，在於了不了解他的性格，最怕的就是利用他人的弱點加以攻擊，或許可以逞一時之快，但長久而言卻是不利，不如化敵為友，取其優點。好比這位X同事，他的優點在於他的交際，因為鼻子低，重情意，容易忍氣吞聲，下巴飽滿，有交際手腕，這些都是開發業務的最佳利器，如果你懂得他的優點，在業務上就可以大大的提升效

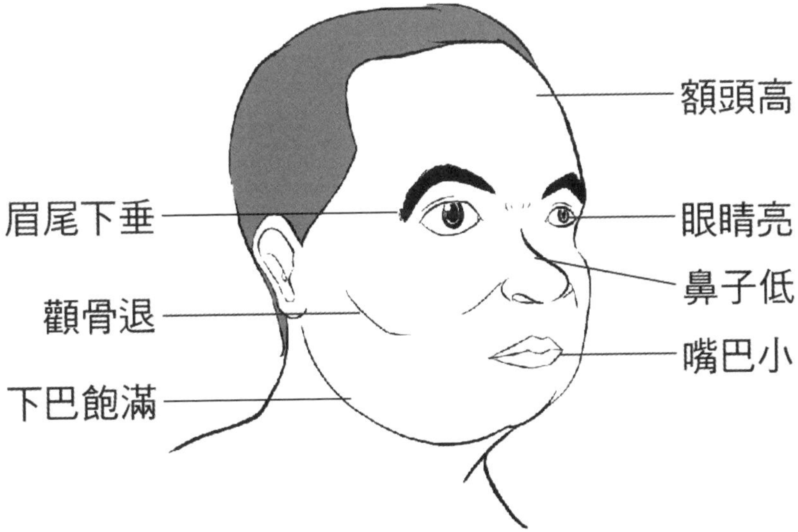

率。

營養質的人最忌諱搭配上聲音柔，因為營養質的人本身就依賴性重，加上聲音柔不但沒有衝勁而且佔有欲變強，有好事也不會與人分享。

像X同事這種格局的人，當公司在分配工作時，可以當著上司的面誇讚他。因為營養質又下巴飽滿的人，是很愛面子的，尤其膚色白，所以當著大家或上司的面誇讚他的才能，訴說某某工作別人是做不來，非他莫屬等等，這種愛面子的人，是不便當眾推辭的。到時候他若忙不過來，再伸出援手幫一把，這種格局的人會感謝你，一定會回報於你。

林老師面相重點分析

懂得面相，能讓你瞭解對手的喜惡，知己知彼，在人際的溝通上，就可掌握時機，充分運用。人沒有十全十美的，每人都有缺點，只有瞭解對方的性格，我們才能尋找最好的方式來相處。這樣在工作場合或社交場合上，就不會因有「難相處、好難搞」的人物而破壞了情緒。

4. 有夢最美——什麼樣的人會心想事成？

某次與學員聚會，大家談論的不外乎是經濟問題，可見經濟才是人們最關心的，這關係到生活。有學員帶來了一本商業週刊，裡面刊登了幾位頗有成就的名人，大家談論著要如何才能像他們一樣，有名又多金。當然有夢想很好，也是必要的，但是有人有了夢想就有想去實現的衝勁，有人懷抱夢想卻是心有餘而力不足，有如此差別的原因，就在於面相。

【跟林老師學面相】

我常提到面相是由三個基本性質組成，就是心性質、筋骨質和營養質，這三個性質去加加減減，就會看出一個人的個性和運勢。有夢想努力去達成的人，筋骨質的成分一定要多。因為筋骨質本身就是屬於動態的特質，其基本特徵是骨多、膚黑、聲音結實，有衝勁和不服輸的幹勁，才有可能為夢想而打拼，同樣，拼事業也是要有這樣的基本條件。

再說細微部分，一個重點——眼睛。眼睛可分亮、柔、無神及定神。配上眼睛亮的人，他會懂得抓住機會，而且勢在必得，但往往衝過頭；配上眼睛柔的人，優柔寡斷，考慮再三，容易失去良機；配上眼睛無神，機會在眼前都不懂得把握，更別說實現夢想，這樣的人較適合朝九晚五的上班

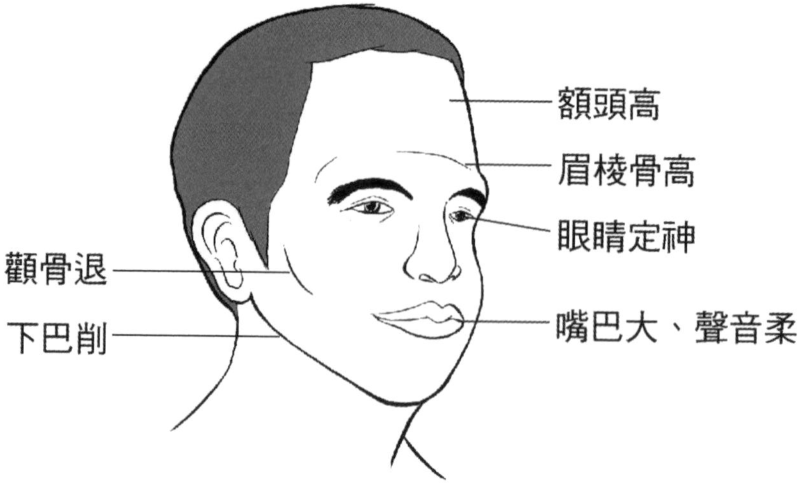

工作；最好是配上眼睛定神，因為處事冷靜，懂得衡量，以上司的立場來講，選擇眼睛定神的人，較能託付責任。

剛剛提到筋骨質的人，再加上聲音結實，具主動性、不認輸、愛冒險的性格，這種格局的人在社交領域就有了表演的舞臺。尤其是嘴巴大者，俗話說「嘴大吃四方」，一點都不假，嘴大善於言辭，在業務協調上更是一大優勢。如果再配上一個飽滿的下巴，那他就會有許多人脈來協助他實現夢想，因為下巴飽滿代表人脈多。我們常常會看到一樣是跑業務的，為何有的人客戶很多，有的人則很少，就在於下巴飽不飽滿。所以，如果你的夢想是成為一位千萬業務，那就要先看看自己有沒有飽滿的下巴了。

有了人脈、有了衝勁、也懂得抓緊機會，這樣就能實現夢想了嗎？不，還早呢，還缺少判斷能力。夢想每個人都會有，但真正實現的人不多，除去沒有毅力之外，最多的恐怕就是判斷錯誤導致了失敗。

判斷力由眼睛和眉棱骨掌管，上述有提到眼睛定神是最為佳，因為個性上較沉著，加上眉棱骨則判斷能力強，下決定前都會審慎評估，有了良好的判斷，相信實現夢想的路會好走許多。

因為有毅力、能吃苦耐勞、不服輸，所以在事業的開創或是業積的衝刺上，筋骨質的人是最適合的。尤其是聲音粗的人，有雄心壯志。但這種格局之人的弱點是「愛面子」，尤其是鼻子高者，固執己見，溝通難，只能以「柔」克之。

林老師面相重點分析

真正能實現夢想的，應屬筋骨質兼心性質的人，因為筋骨質屬於執行的氣力，心性質屬於夢想的標地，兩者加起來正好是為了夢想會克服一切萬難去執行。用《易經》的說法，筋骨質屬陽，心性質屬陰，陰陽調和才是處事的中庸之道。

5.過猶不及——完美主義者是這樣煉成的

對事情力求完美是好事，但吹毛求疵就成龜毛了，容易給四周的人帶來壓力感。吳小姐就是碰上了這樣的夥伴。

吳小姐和李先生被編制在同一組，剛開始李先生處處細心、事事謹慎的態度，讓吳小姐很安心，慶幸著有這麼細心的同事，出錯率可以減少許多，但是，這樣的細心卻漸漸地變成她的一種壓力與負擔。因為李先生做事已到吹毛求疵的地步，比方說，檔一定一個字一個字逐一檢查，也必須一張一張疊好訂好，這些都還小事……

「有時確認個事情，他會反覆詢問，一而再、再而三地問你，都被他問煩了。常常因為要等他整理好東西，而讓客戶等候，這樣的夥伴快讓我發瘋了！」吳小姐抱怨著說。

【跟林老師學面相】

有完美主義傾向的人，在面相學裡大多是屬心性質。

心性質的特徵是膚色白、額頭高、聲音柔、身形瘦，這種質的人，做事情細膩，有計畫性，有優越感，過於理想化，甚至有潔癖。

「對對對，他每次要開會時一定都要把桌椅擦拭乾淨才會安心坐下來開會。」吳小姐附和著。

李先生的整體五官，額頭高、眉毛清秀、膚色白、鼻子挺、命宮窄。額頭高與鼻子挺，代表李先生的思考會以自己的邏輯為主，而他膚色白，要求品質，尤其李先生的頭髮細，凡事都要思考再三，想得太周密了，就會讓人家覺得龜毛。

「老師，你說他思想周密，可是我老總得他做事都沒抓到重點。」吳小姐質疑道。

那是因為李先生眼睛柔。

每個人都會有優、缺點，眼睛柔的人往往抓不到事情的重點，但是李先生他就由詳細的思考來彌補這個缺點，再加上他

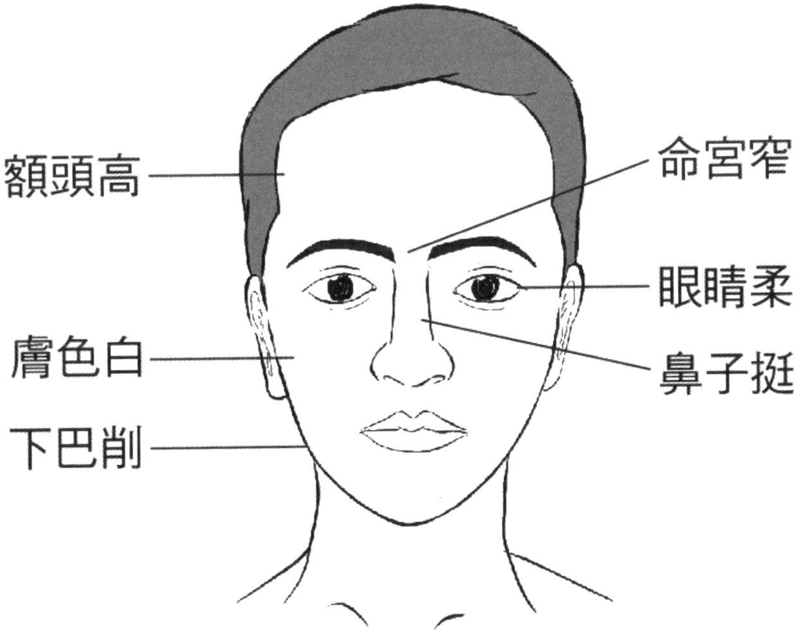

命宮窄，在處事上容易緊張，尤其是碰到腳步快的人，他就會很緊張，就會更想力求完美。

「像吳小姐你啊，嘴巴大聲音粗，不要說他造成妳的壓力，妳對他來講也是很大的壓力來源啊！可是妳別看他聲音柔不會跟妳爭，其實他內在也是有不服輸的個性，因為他嘴巴大，這種人往往會有君子報仇十年不嫌晚的性格。」

李先生因聲音柔，不善於表達，而額頭高又思想多，卻不知如何表達出來，鼻子挺嘴巴大，固執不認輸，內心總想著「我會做到完美給你們看」，就是台語所描繪的「靜靜吃三碗公」的人。但越是如此就越讓同事們對他產生防心，會認為此人是心機重的人，其實有時候真的是「想太多了」。

李先生在企劃上確實是個人才，額頭高再加上頭髮細，對於事情很有計畫性，而眼睛柔也輔助了他在「推理」方面的能力，對於處理事情方面不易受外來的影響。嘴巴大，有雄心大志，配上聲音柔，處事不會急躁，但是受到打擊時容易意志消沉。

心性質格局的人，他們重於推理思考，善於企劃、設計方面，尤其聲音柔細的人，頭腦靈活，他們做任何事時都會經過審慎評估，深思熟慮，也有超高的記憶力，這形質在文藝方面或學術研究方面是他們表現的舞臺。

其實我認為吳小姐和李先生這對夥伴，是絕佳的配對，因為李先生細膩，整體呈現的是「陰」態，而吳小姐快人快語，風風火火的個性呈現出的是「動」態，這在《易經》裡是「中庸」之道，屬於最佳的組合。真佩服他們老闆的智慧，或許他們老闆也懂得「識」人。

6.見人說人話，見鬼說鬼話——不同面相的特質如何應對？

不管是哪一種面貌，你一眼就要看穿對方的心思，才能把握時機，在交往上不會吃虧。面貌如同一個展示櫥窗，會將每個人的身心健康狀態、個性、運勢等誠實地展現出來。

有一次在台中一家企業演講，我對現場的聽眾說，察言觀相，只要瞭解面相的奧妙，就能把握時間與空間，抓住機會贏在起跑線上。

【跟林老師學面相】

你只要一眼看到此人的眼睛亮，你就知道此人有一點筋骨質的特徵；若是他的聲音洪亮，筋骨質的特徵所占的比例高。此人比較重情義，在做事一定花樣多，因為眼睛亮的人反應快，做事能抓緊機會，但是太急躁，好奇心重，容易粗心大意，常常忽略一些小細節。加上聲音有力，喜歡掌有權力帶霸氣，又愛面子不認輸，這種格局的人，你付出三分他會回饋七分。

這樣的面貌屬於筋骨質的特徵，若此人鼻子低的話，如何與他洽談，會比較有互動呢？因為鼻子低的人，比較重視人情味，加上眼睛亮聲音有力，此人個性豪爽不拘小節，有好處願意與好朋友分享。這樣的人喜歡聊天，喜歡發表一些是是非非的言論。加上嘴巴大，不講話他會很痛苦，所以讓他先發表意見，就能掌握他的個性，知道他的需求在哪裡。

此人是額頭高，眼睛無神，膚色白，鼻子挺，下巴削，聲音粗，這種格局屬於心性質兼筋骨質。這樣的人對任何事情都以自己的邏輯為主，追求完美主義，不知道進退。因為額頭高的人思想豐富，鼻子挺主觀強勢，不喜歡聽從別人的意見，加上聲音有力，給人感覺有衝勁，其實這種人處事抓不到重點，又不認輸。

額頭是一個人的思想，額高的人思想豐富，他最忌諱別人在他的面前顯示才華，若加上鼻子挺更顯示他的傲氣，因為鼻子挺主觀強勢，而聲音有力霸氣，但是最怕是眼睛無神抓不到重點又不認輸。遇到這種格局的人，表面上由他來做主，不要當面與他衝突，等到他遇到瓶頸時，讓他能下臺階，一定會心服口服。

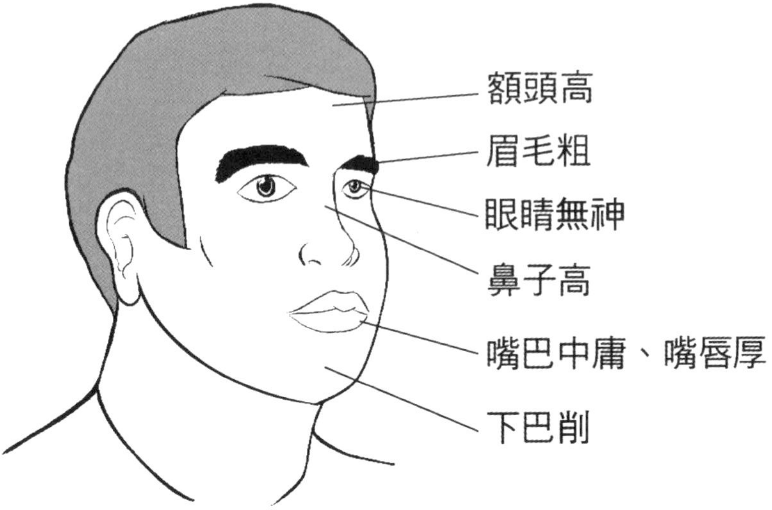

林老師面相重點分析

臉上的部位有優點也有缺點，眼睛是很重要的部位，是一個人內在的思考與判斷。眼睛亮反應快，眼睛無神抓不到重點，內在比較雜亂。

7. 臉的三質——最短時間瞭解一個人的性格

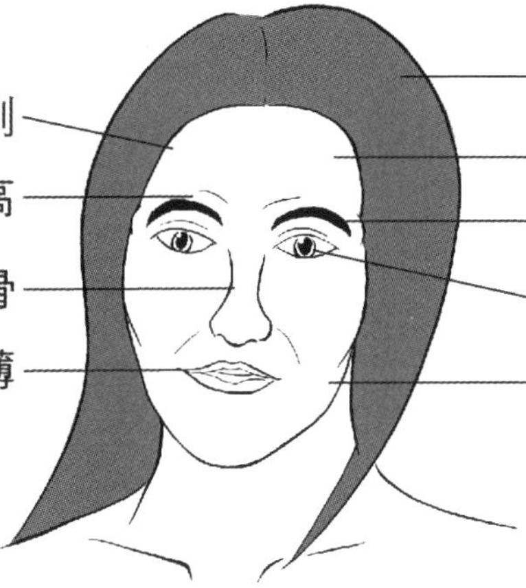

人的面貌分為三個質：筋骨質、營養質、心性質，只要你能掌握三個質的特徵，就能在最短的時間，瞭解一個人的個性。

【跟林老師學面相】

◆筋骨質特徵

人未到聲音已經聽到，就知道此人是筋骨質的特徵。這樣的人個性急躁，一般來說比較缺少思考與冷靜。若是此人眼睛又亮，代表筋骨質的質更加明顯，此人做事能抓住機會，絕不輕易放棄。顏面骨多，是筋骨質的特徵，這樣的人能吃苦耐勞。若是膚色比較黑，再困難的工作都會完成；若是加上眉粗重情義，交代的事情，答應後一定如期完成。

筋骨質的人在理財方面比較差，因為重情義，容易借錢財給他人，或是在理財上缺少規劃。若是聲音穩重下巴飽滿，就會比較有理財的概念。

天倉削，下庭削，婚姻易起變化，因筋骨質的人，做事較獨立，也比較霸氣。下庭代表與家庭的互動，下庭削與家庭溝通差，獨來獨往，有自己的邏輯，不喜歡被約束，因此要預防婚姻有變動。

額頭低，眉粗，眉高，眼睛亮，聲音有力，都是關鍵。

若是下巴帶腮骨，加上顏面骨多，眼睛亮，聲音有力，這是標準的筋骨質的特徵。這種人在處事上不喜歡拖泥帶水，個性急躁（每個人的面貌很少是純筋骨質，大部分兼其他的質），若是走下庭運，五十歲後聲音依舊有力，代表筋骨質的狀況還存在，說明你內在的需求有一些事情未完成，也代表你的家庭還處在不穩定中。如果營養質兼筋骨質，或是心性質兼筋骨質，所造成的格局就是不一樣的個性。

◆營養質特徵

在觀相學的理論上，最會懂得享受的屬於營養質。

我們常聽到某個人比較重視享受，特別對飲食方面比較講究，就知道是營養質的人。

營養質的人大部分鼻子豐滿有肉，天生賺錢比較輕鬆，加上膚色白更顯出營養質的特質。因為膚色白的人，比膚色黑者更懂得享受（白者以智慧取用，黑者以勞力付出）。

若是他的眼睛柔又大，顏面肉多者，也是營養質的特徵。個性比較不喜與人爭，喜歡命令別人，

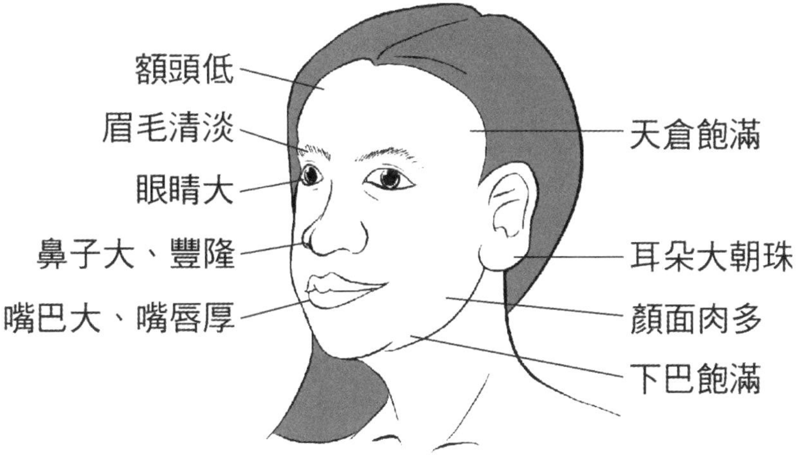

但能採納別人的意見，加上聲音柔光說不練，喜歡安逸，有時依賴性重。

營養質的人一般天倉飽滿，耳朵大有珠，天生就比較好命。因為天倉飽滿從小時候的家境不錯，耳朵有珠代表上代的經濟環境不錯，所以比較享福。

若聽到此人理財能力強，一定是營養質的成分比較多。因為天倉飽滿，鼻子豐滿的人，對理財方面比較有概念。不僅如此，此人一定是下巴飽滿，眉毛比較淡，因為下巴飽滿人脈極多，眉毛淡聰明，懂得如何賺錢。

顏面肉多鬆軟，聲音無力，加上眼睛柔，是純營養質的人，一生的成就有限，必須要配合其他的質，才會有成就。**眼睛亮，鼻子豐滿，下巴飽滿，肉又硬，聲音有力，都是關鍵。**

面貌純質的人很少，一定要有其他的質來搭配，若是營養質的人嘴巴大，聲音有力，屬於筋骨質兼營養質，格局就很高。

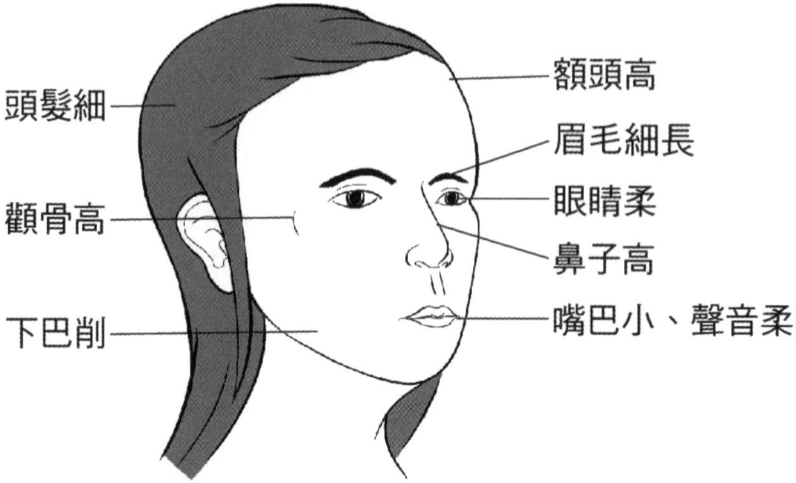

◆心性質特徵

有一位杜小姐來工作室找我論命看相，我對她說，你的格局心性質的比例大。她說怎樣看，我說你的額頭高，眼睛柔，下巴削，膚色白就是心性質的主要特徵，還好你的眉骨高，屬於心性質兼筋骨質。

額頭高，眉毛細長，眼睛柔，鼻子高，膚色白，都是關鍵。

心性質的人一般膚色比較白，額頭高，眼睛柔，大多行早運，在體質方面寒氣比較重，不擅長勞動及處理家務。這種性質的人，自尊心強，愛美又愛面子，適合在企劃藝術方面發展。這樣的人若是想獨當一面，聲音必須有力，處事才有衝勁。

林老師面相重點分析

面貌筋骨質比例多的人，處事比較喜歡掌有權力，喜歡搶風頭。若是與這種格局的人應對，與他洽談首先一眼就要看透他內在的思考及邏輯特徵，若是眼睛亮，眉粗清秀，聲音有力，下巴飽滿，屬於筋骨質兼營養質的人，處事很乾脆，凡事比較喜歡掌有權力，我們與他應對進退時，多由他來主導，但在處事上一定要很乾脆。

營養質的人一天沒有講錢財，就會很痛苦，與之對談盡量以賺錢為誘因，也就是要講到利益，因為營養質的人比較重視錢財和享受。

8.三庭論斷——從面相上發現自己的優勢

有一天，工作室來了幾位小姐，其中有一位是跟我學風水陽宅的學員，今天帶她幾位朋友來請教命理與面相。

一進門就聽到她們議論彼此的面貌。

張小姐說：「陳小姐的鼻子最漂亮，對她會有幫助。」

我對她們說：「一半對，一半錯，面相不能這樣論斷。」

【跟林老師學面相】

在面相學上，將人的面貌分為三等分，稱為三庭，額頭至眉毛為上庭，眉毛至鼻子為中庭，鼻孔到下巴為下庭。

◆上庭分析

上庭是眉毛以上到髮際，包含額頭、髮際、天倉，若是你的額頭比較高，代表你的貴人年紀比你大，對你最有幫助；如果你的額頭、天倉飽滿，髮際順，加上聲音穩重的話，比較容易受到上司長輩的提拔。若是你的額頭高、天倉削，雖然有上司長輩緣，但只會指點，不會直接提拔，所以要白手起家靠自己的努力；若是加上聲音有力的話，做事肯主動出擊。

◆中庭分析

中庭是指眉毛至鼻子，包含眉毛、眉骨、命宮、眼睛、鼻子、顴骨、耳朵，在面相學的理論上，中庭代表朋友同輩。眉毛代表你與同輩之間比較有互動（眉毛佳，與人互動良好；眉毛不佳，在人際方面比較會吃虧）；命宮代表你的心胸有多開朗；眼睛代表能否抓住機會；眉骨高低代表判斷能力；顴骨的高低代表主觀及掌握權力的大小；鼻子的高與低代表自己的主觀與主見；耳朵佳不佳會影響你的人緣好壞。

◆下庭分析

下庭是指鼻孔至下巴，包含人中、法令、嘴唇、口、下巴、頤頦、腮骨。下庭在相學代表與部屬、子女、家庭、下輩的對待。人中長短是人在社會上的作為；嘴巴的大小代表你的魄力，以及約束自己的慾望有多少；口中的聲音代表你的衝勁或是保守；頤頦的飽或削，代表你人脈的多少，也是與家庭、子女的對待與溝通；腮骨橫張或是順平，代表你在處事上的毅力，及付出有多少。

先認知自己的三庭部位，才能瞭解自己的優點及才華。若是上庭低，代表你的運勢走中下庭，先苦後甘；若是上下庭比較短，中庭比較長，代表你的運勢在三十歲後會慢慢轉好；若是下庭比較長，代表你的一生運勢走老運最佳。

三庭是一個人的面貌基本觀念，再配合其他的部位，如你的中庭比較漂亮，眼睛定神代表你走中庭運勢佳（論相時絕對不能從單一的部位而論，需要配合整個面貌）。

林老師面相重點分析

陳小姐的中庭比較長，加上鼻子佳，一生走四十歲至五十歲的運勢最好。若是鼻子山根陷，走鼻子運在三十九歲至四十五歲運勢不佳，鼻子為財，在錢財方面要特別謹慎。

張小姐的眼睛亮，鼻子挺，聲音有力，表面上看來眼睛比較漂亮，其實眼睛太亮，反而對她不利。因

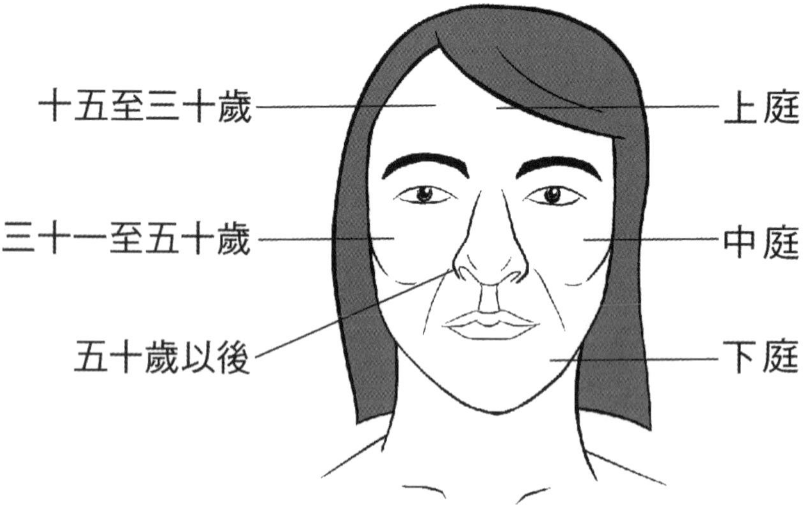

為眼睛亮的人內心急躁，加上聲音有力，做事缺少考慮，眼睛走三十五歲至四十歲，在事業上比較會與人衝突，是非多，錢財也留不住。因為眼睛亮比較活潑，好奇心重，在事業上會亂投資必會吃虧。

9.天生好脾氣——細心體貼的女性

在處理事務她會給人家感覺很細心又體貼，交代的事情會很周全地完成，怎樣的女性會有此面貌？

在面相學的理論上有三個質：筋骨質的人處事乾脆，比較粗心大意；心性質的人在處事方面比較細心，但自己要求太高反而有時太固執；營養質的人講究氣氛，力求舒適，依賴性重。最好的格局是心性質兼筋骨質，因為心性質的人，各方面講究完美，心思細膩極具想像力，如果加上筋骨質的話，處事肯主動肯付出，比較有責任感。如果膚色白，就會更加重視品味及儀容，這種格局很適合在公關或是秘書方面發展。

在夏至的節氣，有位老客戶陳先生約我中午吃飯，我心想你無事不登三寶殿，今天必有原因。我對陳先生說，今天難得有空，是不是有事情？他嘴巴說沒事，卻從皮包拿出一位小姐的照片，問我此人的個性如何。我問他此人在公司是何職位，他說想安排秘書的職位，或是在人事管理方面。

【跟林老師學面相】

我對陳先生說，此人的面貌在相學上心性質占的比例多，處事很細心，如能配合有點筋骨質，

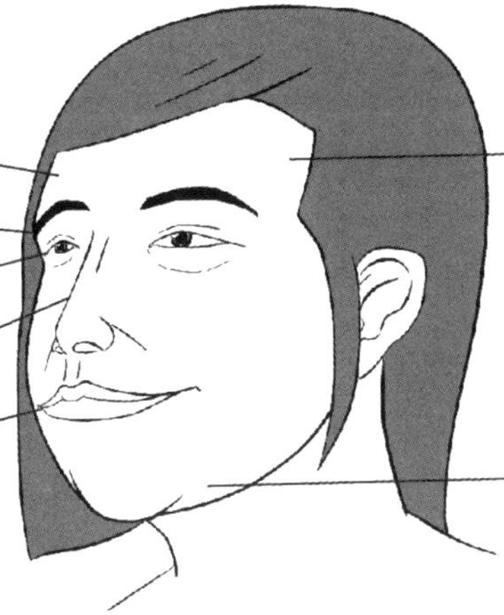

在處理事物能貫徹執行。可惜這位小姐沒有筋骨質的特徵，加上有一點營養質，個性比較隨和，與人相處懂得對待，最主要是她的額頭低，處事比較務實，思想上比較不會轉彎；天倉削肯吃苦，加上鼻子挺，有主見，自尊心強，眼睛細長，在處理事務細心謹慎，不適合秘書的職位。

陳先生問我此人在管理方面適合嗎？我說，還好此人下巴飽滿，人緣還不錯。一個從事管理的人除了要有魄力之外，人際公關也很重要，因為人事管理要能屈能伸，才有能力解決人事糾紛。陳先生說，老師您不是常講下巴飽滿的人，會有依賴性嗎？我對他說，會有一點依賴，因為這位小姐本身兼營養質，如果聲音柔就會有點依賴性，但最主要是她的鼻子及眼睛相配，做起事來會主動，在個性方面比較會體貼別人。加上眉目清秀，腦筋聰明，對朋友重情義，如果用在人事管理方面很適合。

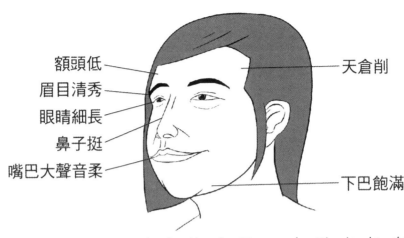

林老師面相重點分析

此女性的特徵，心性質兼營養質，額頭低，天倉削，鼻子挺，眼眉清秀，下巴飽，顏面肉多，膚色白，聲音柔。

通常一個人願意為對方付出，代表她的個性隨和。額頭低，思考單純無心機；鼻子挺，交代的事情、任務絕對完成；下巴飽滿，能容納別人的意見，凡事都會為別人著想；眉目清秀，重情義，有求必應；聲音柔，不會當面拒絕；天倉削，一生為人付出無怨無悔。如果是女性，此格居適合家庭主婦。

10. 現代文明病——容易憂鬱的性格特質

工作上的壓力，環境的變化，讓很多人患上了憂鬱症。對於這種「文明病」，從面貌上可以看出來嗎？

有一次，我去醫院探望老朋友，剛好醫院在辦一場座談會。

座談會是由醫院的精神科主任醫師，來解說一個人容易犯憂鬱症，是平常比較看不開，人生在世一切要放開，心情才會開朗。有事情不要放在心裡，最好找個人來訴說，才不會得憂鬱症。這位精神科的醫師確實講了很多知識，但是抑鬱症也具有先天的特質，從一個人的臉上就能看出來。

【跟林老師學面相】

如果我們以面相學的理論上來探討，一個人有憂鬱症的特徵，以心性質兼筋骨質的人所占比例比較多。

這樣的人額頭高有點凸，眉棱骨垂，鼻子挺，眼睛柔，聲音無力，嘴巴小。一般額頭高，有一點凸的人，代表聰明學習能力好，其人追求的理想高，思想豐富，有時異想天開，個性比較獨立，第六感比較強；鼻子挺主觀強，凡事都不認輸；聲音柔的人自我追求高，一旦無法達到自己的理想，只會空想，而自己的才華無法表現出來，會感覺有志難伸，受打擊時不敢面對現實。聲音代表一個人的鬥志，如聲音小嘴巴小，個性比較保守，遇有事情會措手不及，凡事不敢當面決定，遇到瓶頸不敢面對氣往內吞，心事重重會顯示在面貌上。

◆住宅磁場雜氣影響情緒

一個人會憂鬱最明顯體現在額頭的氣色上，有時會很紅帶黑亮或是赤色無氣，代表內在有一股氣在流轉中，無法散出來，一定要耐心與之對談才能化解憂鬱。

有一次，我到上海一家公司勘查風水。公司的老闆曾先生問我，一個人如果有憂鬱症的話，從風水的角度能看出來嗎？我對他說，以現在的陽宅風水理論來解釋，有兩個

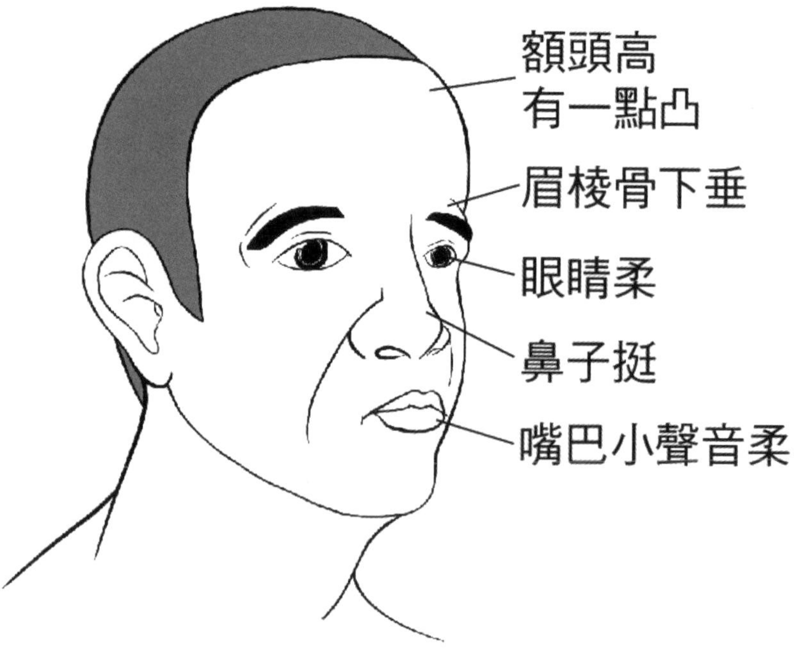

方位跟憂鬱症有關係，一個是東南氣，一個是西南氣，如果有雜氣，住宅裡的人就會容易憂鬱。曾先生說他有一位朋友，對他的業務是很重要的人物，問我是否可以幫他的忙。我問曾先生他是怎樣得憂鬱症的，曾先生說此人是一家大公司的總工程師，在工作上很盡職，最近換了總經理，李工程師不是此總經理的部屬，被打入冷宮，從此心中憂鬱，時間長了得了憂鬱症。

我到李工程師的住宅勘察，確實在住宅的後面有一股西南氣流，這是風水的固定邏輯。李工程師的額頭高，眼睛柔，聲音柔，以面相學來解說，此人腦筋聰明，處事很謹慎，但是聲音柔，遇到有挫折時氣會往內吞。他自認才華不輸他人，忽然被打入冷宮心裡不服氣，感覺有志難伸，又不敢與人爭論，加上住宅的西南方有雜氣，引動不好的磁場，所以就得了憂鬱症。

林老師面相重點分析

如果你的家人有這種狀況的話，依我多年對憂慮症的研究，建議不要直接送到養老院或是比較安靜的住宅。有憂慮症的人。大部分是自己內在的心病，自認自己沒有錯，或是覺得社會對不起自己。如果走到人群中去，瞭解在社會上有很多人自己還可憐還淒涼，為了生活還在努力奮鬥的話，可能會讓他的思想有所改變。

11.聲音論格局——用聲音來分析人的特質

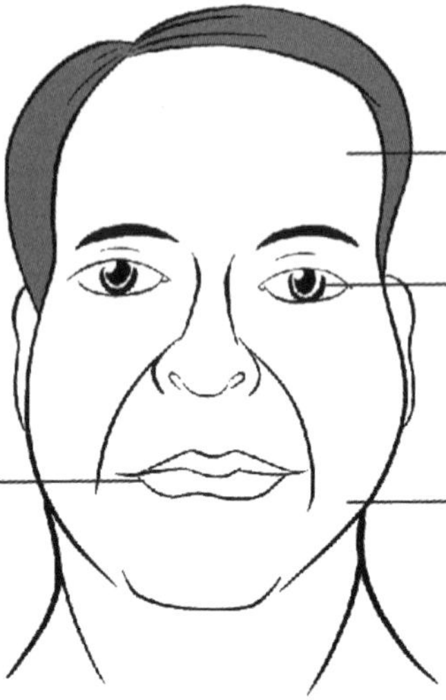

一個人胸懷大志，或是安逸過一生，可以從聲音來分析。

這一天早上在工作室，呂先生一見面就說：「老師，我可以東山再起嗎？」我馬上回答他：「不可能！若是硬要去完成，必會吃很多苦。」

呂先生以前是一家小工廠的負責人，在十年前因為交友不慎為朋友作保，害到他工廠及家產被法院拍賣，好不容易現在比較安逸一點，頭腦又開始有一點動，有了東山再起的念頭。

【跟林老師學面相】

聲音在觀相學的理論上，代表一個人內在的動態與思考的元素。聲音有力的人，做事比較急躁；

聲音無力的人，做事慢三拍。

故事中的呂先生，年紀五十五歲以上，身體開始走下坡路，只有聲音還不認輸（台語說什麼都死，只有聲音還不死）。一個人到了走下庭運，是在走老運，若是要東山再起的話，起碼要具備以下條件：第一點下巴飽滿才有人脈；第二點眼睛要有神韻，才能把握機會。從另一個角度說，已經走到下庭運還要東山再起，代表你是一位勞碌命，也就是說你還有很多事情未完成。

若是下巴飽滿氣色佳，代表現在的心境求安逸，生活過得很悠閒。

呂先生的聲音柔，眼睛亮，我對他說，若是你想東山再起的話，會很辛苦。

他問我為什麼，以他的經驗及工作的能力，應該還可以繼續做下去。

我說，呂先生你的額頭高思想很豐富，但是你的下巴削，代表你的人脈有限。一個人若是超過五十五歲，在事業或是工作上要靠智慧和人脈。今天你還有這種動機，是因為眼睛亮引動你內在的思想。

我對呂先生說，依你現在的狀況不適合東山再起。因為你的下巴削、聲音柔，代表你在人際公關方面與人互動不多。他說，人脈不是重點，專業的人才，不需要與人互動，只要有好的技術，就會好的產品，自然就會有生意。

我說，現代的環境變了，有好的產品，沒有好的通路，是賣不出去。你的下巴削聲音無力，自我推銷你敢嗎？他猶疑一下說，比較困難。

◆年紀的大小與聲音都是關鍵

聲音無力的人，一生的成就平凡；聲音有力的人，一生最不服輸，處事比較急躁。若是一個年輕人，聲音有力的話，代表他胸懷大志，什麼事情都要嘗試，並有冒險的精神。若是到老他的聲音還是洪亮有力，代表還不認輸，或是他還是有需求，無法安逸，這就是老來勞碌格。

若是年輕的人聲音柔，或是無力，臉上的氣色潤白，代表他現在的狀況真是好命，天塌下來沒有我的事。另一方面來探討，此格局的人年紀輕輕聲音無力者，代表內在無鬥志，是事業上求安逸，工作上不喜歡變動，到了中年後還是這樣的格局，永無出頭天。但是他的感覺是很好，與世無爭，逍遙自在。

◆優點與缺點的活用

在觀相學上，聲音粗或是有力，是筋骨質的格局；聲音比較柔，是心性質的格局；聲音無力講話慢，是營養質的格局。

依照觀相學的理論，聲音代表一個人內在思想及行動力，聲音粗的人，急性子，行動力強，但只會衝不會守，在社會上常吃虧。

若是能適當地安排職務，此人一人可抵三個人的工作量。張先生的聲音粗，加上眼睛亮，更明顯屬於筋骨質的格局，做事很有衝勁，不喜歡拖泥帶水，又加上額頭低思想上比較單純無心機，交代他的事情很少推辭，確實是一位好員工。唯一的缺點，就是常常出狀況，所做的事情一半都是粗心大意，一定要讓別人來收尾巴，真是傷腦筋。

在工作上，你可以將較費勞力的事情由他來做。但這種人還是有一些自尊心，雖然腦筋單純沒有心機，但是這種格局的人很重視情義，你付出三分情，他會付出七分情來報答。所以一定不能讓他感覺有苦勞無功勞，適當地表揚他的能力，他會感謝你一輩子。

要說你的能力差，又講不出來什麼原因，有時候別人想不出來的事情，又讓你想出來去完成，跟你共事，說實在確實很累，你不急我會氣死（皇上不急，急死太監）。謝先生就是這種格局，做

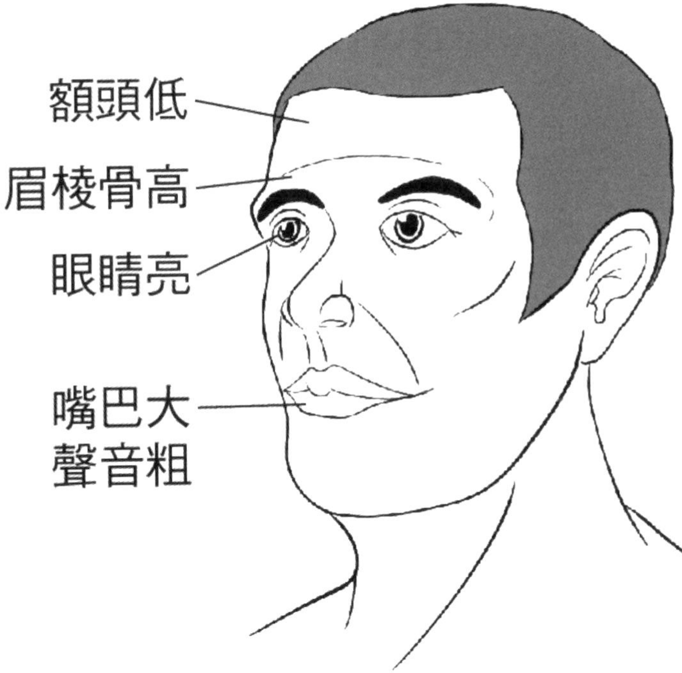

事情就是慢三拍。

依照觀相學的解說，眼睛柔聲音柔，大部分是屬於心性質兼營養質的格局。眼睛柔的人喜歡推理，處事有計畫性，若是額頭高，要求太理想化，有時淪為空想；若是聲音有力，不但思考細膩，處事行動力也足，這種格局是心性質兼筋骨質，在工作上能獨當一面。

若是聲音柔，眼睛柔，額頭高，光會想不會主動去做，做事情總是慢三拍，跟他共事一定會被挨罵，被他連累。但是最後的結果，還是有一點安慰，如產品設計規劃方面，確實讓人刮目相看，真可謂慢工出細活。與這樣的人共事，要讓他有壓力，才能改變他的個性。

◆不同的聲音特質在工作上如何發揮？

在觀相學的理論上，聲音分為聲音粗，聲音有力，柔中帶剛，聲音柔，聲音無力，這些都會影響自身及未來的人生。

一般的解說，聲音粗的人無心機；聲音柔的人處事比較細膩；聲音最好的格局柔中帶剛；最差的聲音無力。

本人從事風水命理陽宅面相三十多年來，勘查無數陽宅及工廠。當進入公司或是工廠，先去瞭解職員的面貌及聲音，來配合磁場的感應度。若是職員的氣色佳聲音穩重，代表此公司現在的營業狀況不錯；若是職員的聲音比較粗有力，代表此公司的業務穩定上升；若是職員的氣色不佳，聲音無力，代表此公司的業務受到一些阻礙，或是一些企劃無法實現。

如果一家公司或是工廠的工作屬於勞動力比較多，代表所要用的人才必須聲音要有力，才能帶動事業的發展。因為聲音有力，代表筋骨質，有衝勁，對事業才有助力。如果員工聲音比較柔，則代表執行力不足，管理上會很吃力。

如果是以規劃設計為主的智慧型公司，員工要以聲音柔主，因為聲音柔的人處事比較冷靜，比較會動腦筋，但也不能聲音無力，這樣職員依賴性重又被動，對公司不利。

在公司的人員安排上，聲音有力若是天倉削的人，放在比較能吃苦耐勞的工作上會展現其人的才華；若是聲音柔的人加上額頭高，膚色白，在規劃設計方面會有發揮；若

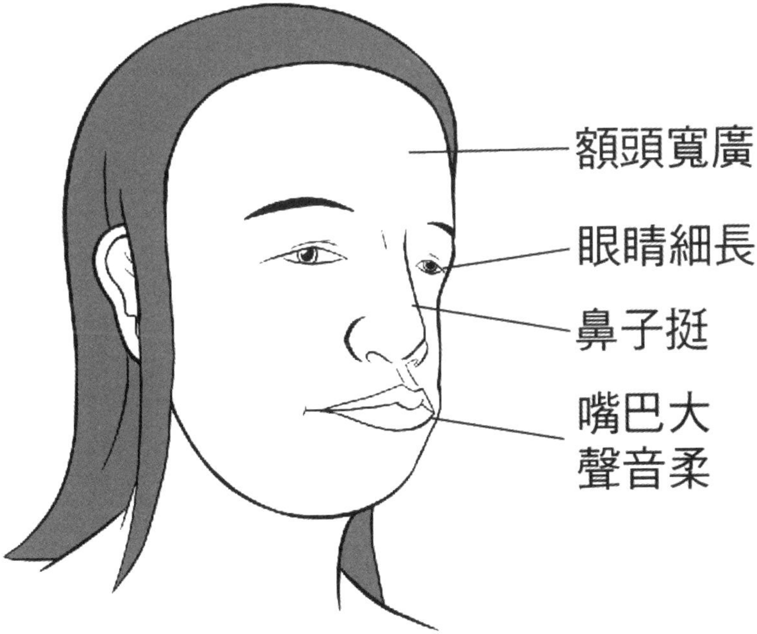

是鼻子豐滿，下巴飽滿，嘴巴大聲音穩重的人，適合人事管理方面的職務，因為下巴飽滿的人在協調方面能展現口才；若是聲音柔中帶剛，額頭佳，鼻子挺，眼睛細長的人，適合在管理方面或擔任高級主管的助理，因為眼睛細長又定神，在處事能把握機會，聲音柔中帶剛的人，處理事務能知進退（相不可獨論，有時要配合其他的部位）。

林老師面相重點分析

觀相學理論上，很重視聲音，聲音分為粗有力，無力，聲音柔，聲音尖，聲音慢，聲音快，都會影響一個人的個性及將來的成就。

若你講話快聲音有力的話，從現在開始將聲音放慢，這樣內在的思考就有了空間。比如，本來是一篇經文念十分鐘，你現在要慢慢去念，將時間拉到二十分鐘，時間長了，你的個性自然不會很急躁，思考也開始變得全面起來。

若是聲音無力的人，要怎樣加強他的魄力及個性呢？

一個人聲音無力，代表他的個性追求安逸，在思考上比較細膩，但是在社會上比較吃虧，因為無主張，做事慢三拍，其實他也知道自己的缺點，但是又沒信心去改變他的個性。建議你最好去爬山，到山上將你的聲音大喊出來，有機會就大喊，將聲音拉快一點。你會感覺原來我的聲音竟然那麼雄壯，那麼好聽又有魄力，這對你很有幫助。

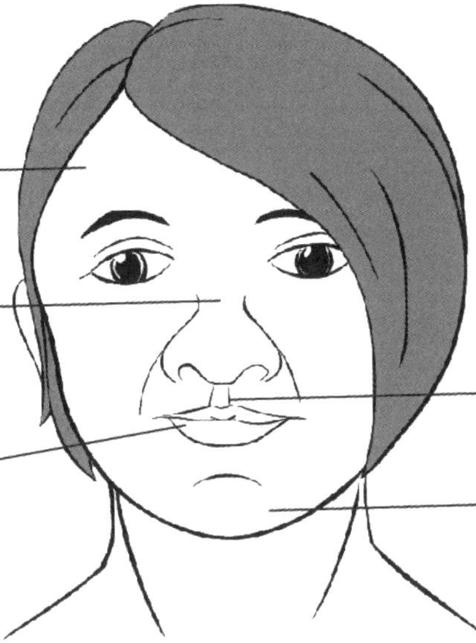

12. 叫人傷腦筋——容易反覆的性格特徵

有位讀者來到工作室，拿出自己女朋友的相片，要我幫他論相。我問他女友今年多大，他說虛歲二十八歲。從照片看，這位小姐額頭低，鼻子大，山根陷，人中短，嘴巴大，下巴飽滿，聲音柔。這位讀者說：「我女朋友每次都不按常理出牌，每次約會都會有突發狀況，這樣出爾反爾真是讓人傷腦筋！」

【跟林老師學面相】

依我多年的經驗，一個人是否有定性，跟人中有關係。人中長的人，個性比較穩重，答應的事情說到做到，在時間方面最守時；人中短又翹的人，比較任性。加上聲音柔，個性天真活潑，有時依賴性重，想法單純無心機，處

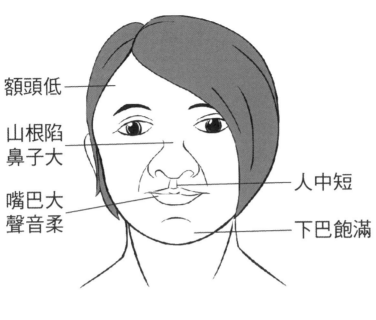

理事情無原則。

這位讀者說，有一次到金山的北海岸去郊遊，車已經開了一半的路程，女友又要臨時轉變去基隆。剛才是她自己要從陽明山回臺北，現在又要改變路程，真是受不了她這種反反覆覆的個性。今天來找老師，最主要問女朋友變化無常的個性如何改變。

我對這位讀著說，雖然她的個性比較天真活潑無定性，但從相而論，對你很體貼。我們來看她的面貌，額頭低代表此人思想單純，比較無心機；山根低的人，處事情比較無主張，但是不怕吃苦，與人相處比較有人情味；眼睛亮做事不喜歡拖泥帶水；鼻子低想到那裡就做到那裡，沒有計畫性。但是，她的下巴飽滿又帶腮骨，做事有人情味又有慈悲心，在感情方面最有情義，對丈夫兒女付出多無怨言，與六親互動良好，讓丈夫安心在外面工作無後顧之憂。

我對這位讀者說，你的女朋友確實是個好女人，她沒有主張，是因為鼻子低人中短，加上聲音有一點小孩的個性，有些任性，喜歡人家的讚美。雖然有時會讓你傷腦筋，但從她的面相而論，將來是幫夫運，如果能娶她為妻，將來在事業是個好幫手。

而這位讀者的面貌剛好與他女朋友的相貌相配。他的額頭高鼻子挺，思想豐富能力強，但是太於細心，考慮得多，做事比較一板一眼，主觀強勢，屬於靜態，在人際方面比較吃虧；嘴巴小聲音柔，在人際方面與人缺少互動。而他的女朋友剛好相反，屬於動態，能補助他的缺點，特別在人際方面，會幫他處理得很好。

林老師面相重點分析

男女之間的配合求中庸，也就是《易經》說陰陽要協調。對於沒有定性的人，與之對談任何事情都要講清楚，告訴事情的嚴重性及後果，也表達自己的原則，讓對方知道你的想法。

13.牽一髮「動」一生——追求時髦，小心犯煞

最近某電視台推出綜藝節目「星光大道」紅極一時，是個極受年輕人喜愛的節目，看那些參賽者個個精心打扮，對他們來說是追隨潮流、展現自己，但看在我的眼裡，卻是怪裡怪氣、阻撓自己的運勢。

尤其看到那些青少年，披頭散髮，甚至頭髮都遮到眼睛了，真懷疑他（她）們能把眼前的路看清楚嗎？甚至有衝動想把他們的頭髮紮起來。追隨時髦說好聽是「與時並進」，但大多是「不求甚解」，不瞭解自己的需求是什麼？不瞭解自己適合什麼？過分追求時髦，反而失去了自我，真想教訓他一頓。

【跟林老師學面相】

二十幾年來我所服務的客戶，上至達官貴族下至販夫走卒，三教九流人物皆有。記得有位道上兄弟帶著三位小弟來找我，小弟年紀甚輕，其中兩位披散著頭髮，第一印象就讓人感覺流裡流氣。

我對他們說：「你們三人一起出去，如果逢人來找麻煩，一定是你這兩位披頭散髮的小弟先出

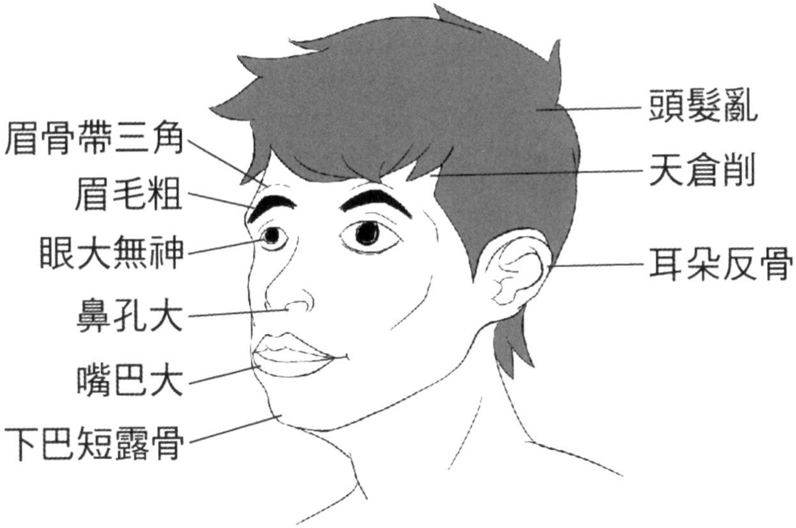

手。」這位道上大哥回說：「沒錯，每次一有事情，他們兩位都打頭陣。」

我說：「第一、在社會上的價值觀來講，一個頭髮理得整整齊齊、乾乾淨淨的人和一個披頭散髮的人相比較，哪一種讓人看起來順眼？第二、從面相學來講，額頭代表事業，天倉（太陽穴之位）主宰人際與貴人運，當你披頭散髮將這些部位遮住，是不是阻擋了事業及人際關係？所以我說你這兩位披頭散髮的小弟人緣不好，處理事情常常出錯啊！」頓時只聽得一串「三字經」，像在管教小孩一樣辱罵聲不絕於耳，隨後命令這兩小弟回去要理平頭。唉，家有家規，江湖有江湖「規」。

◆額頭的髮際與長輩的對待

依面相學來論，頭髮代表內在思想，如果常變型或燙、染，個性易變得急躁不堪、性情不穩；頭髮細的人心思穩重，髮粗的人個性毛躁。從中醫的理論來說，頭

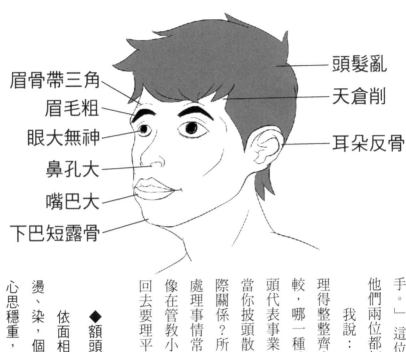

髮有光澤的人，代表身體健康，也代表腎功能不錯，頭髮枯燥的人，體質大多欠佳。

現在年輕人常會因與上司不合或同事之間有摩擦，稍不如意就換工作，其實多是因為不懂得面相的重要性，只為了追求時尚，卻不知無形中破壞了自己的運勢。尤其額頭最為重要，額頭主事業，又代表與長輩的對待，而天倉是提拔自己的貴人運，如果能盡量將自己的此部位保持明亮、潤澤，則可大事化小，趨吉避凶，事業如意。

曾有位女士帶著兒子來找我問學業，兒子讀高中二年級。我對她的兒子說：「我不需你的生辰八字，就可說出你目前在校的課業及與同學之間的對待。」此少年郎很不屑地看著我。

我說：「你跟著潮流的確是不落人後，但在學校你一定是老師眼中的問題人物，就算你沒犯錯，老師也一定不喜歡你。」

他默默不語。

「我希望你好好想想，在你頭髮留長前後，老師與你的對待是否一樣呢？」

他媽媽回答說：「他高二開始披頭散髮，說是要跟上時代，現在想想從他容貌改變後，我就常接到老師的詢問電話，而且課業也時好時壞，心說是交到壞朋友了，真擔心他會考不上大學。」

我說：「小朋友，其實你的頭腦應該不錯，在學校也算得上人緣很好。因為你的五官長得很清秀，老師和同學都對你很好。但是你只為追求流行，把你自己該有的本質遮蓋住，相形之下也就把你的學業及人緣也遮住了，而且使你的個性變得急躁，漸漸地你無心思在課業上，當然就影響了你的成績了。你現在的身份是一位學生，就應該著重在課業上，如果真想追求流行，那也要認真去瞭解流行的本質，不是嗎？」

兩個月後，接到這位母親的來電，說她兒子把頭髮剪了，而且也用功多了，讓她放心不少。

愛漂亮是人的本性，但漂亮的定義卻各自表述，其中以頭髮的變化最多，先前提過，額頭遮蓋住，不論男女，對事業都有或多或少的影響，因為額頭是與事業、配偶、長輩、上司、老師、貴人的對待有關。再說時下有些年輕人喜歡穿洞，這些很奇怪的打扮也稱之為「時髦」，真是令人匪夷所思。殊不知，鼻子穿洞，破了財源；人中穿洞，不守信用；眉毛穿洞，將造成人際關係的傷害，甚至影響到六親及異性緣……所以，奉勸要追求時髦的人，要先去瞭解這「時髦」對你是有加分作用呢，還是傷害為大呢？

林老師面相重點分析

觀相學的理論上，額頭是一個人的事業宮，也是未來的希望，是一個人的思想及溝通的能力，解決一切困難及協調的能力。最忌諱額頭被髮際蓋起來，無法見天。若是有雜氣髮際不整齊，事業上會受到阻礙，無貴人提拔。所以，額頭這一塊領域清新代表處事穩定，容易得到貴人提拔。

第二章

緣分「臉」註定——愛情與婚姻的深層觀察

1. 一面之緣——如何找到好伴侶？

我在上海教企業面相，這梯次的學員大部分年輕的比較多，說到如何選上未來的配偶，未婚的年輕人，對此課程最有興趣。學員開玩笑說，師母的面貌一定不錯，我說是不錯也知足。在結婚前，我對面相不懂，很可惜，如果能再年輕三十歲，我找個有錢的千金小姐當靠山，這樣能少奮鬥二十年。學員大笑，說老師的個性不可能以錢財為主，依老師的下巴飽滿，師母會把家裡的事務處裡得很完美，讓老師無後顧之憂。我說確實要感謝她，今天我教你們面相學，就是讓你們在短短的時間裡悟出面相的訣竅，找到好的伴侶。

【跟林老師學面相】

一個人選擇配偶，在面貌上最重要的是要重視夫妻宮位，在奸門的位置，代表夫妻將來是否恩愛，從男性來論是娶到一位能蔭夫的太太，女性嫁到一位有責任的丈夫，所以夫妻宮最重要。奸門的魚尾紋，若是亂或有陷，代表與配偶溝通比較費力，如果此奸門位氣色紅明潤，表示現在的異性緣佳，人緣不錯，已婚者得到配偶來相助，並得到配偶的信任；如果氣色黑暗紅，未婚者代表現在談情說愛中，有人來阻礙，已婚者與配偶溝通有距離，嚴重常因一些意見不合會有爭吵。男女戀愛中如果奸門氣色明潤，在結婚前運勢不錯，雙方感情融洽，生活美滿。

有一位年輕的女學員，要問男朋友的面相，我說妳有帶他的照片嗎？她說沒有，但在手機上可以看到。我讓她將男友的面貌特徵，詳細地寫在黑板上。

她男友額頭高，天倉飽滿，眼睛亮，鼻子挺，膚色白，聲音柔，下巴微削（一般的年輕人下巴比較微削，到中年下巴會飽滿）。我對女學員說，依妳的敘述，我問在座的學員，他的男朋友是怎樣的質？要論一個人先要重視形質，此人的面貌是怎樣的質，是很重要的課程，比如說論事業，筋骨質的人比較重於權力，營養質的人比較重視財務營業方面，心性質的人在事業上，比較重視氣氛美感的要求。

所以各位學員，一定要先抓準，才不會有落差。

她的男朋友是心性質兼筋骨質，額頭高代表思想豐富很聰明，聲音柔個性不會很急躁，處理事務穩重，但

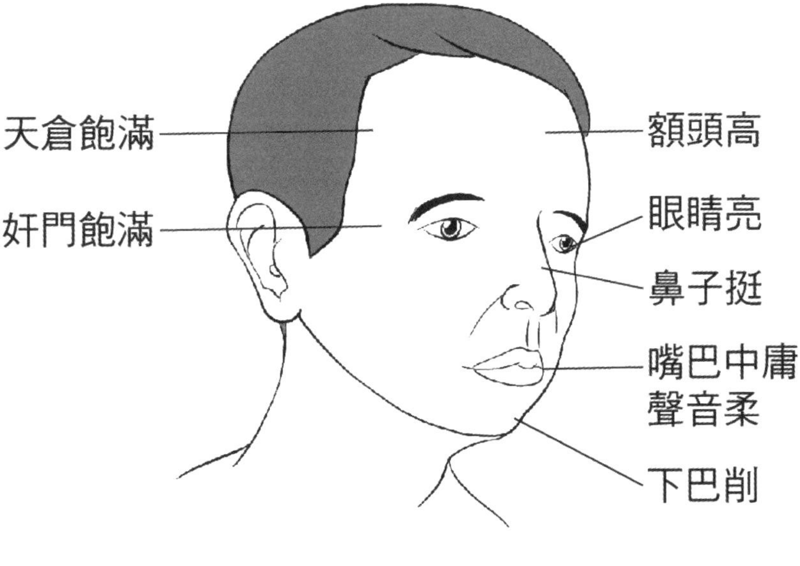

有時考慮多，三心二意；眼睛亮能抓緊機會，可是雖有機會但是魄力不夠，常失去機會，因為聲音柔不敢直接表達而錯失良機；鼻子挺主觀強勢有原則，膚色白聲音柔，對任何事情要求高，處理事情比較缺人情味，在人際公關方面缺少人脈，將來在社會比較吃虧；生活上，對吃的方面比較會享受，穿著會自我要求時尚，在談情說愛很講究氣氛，有時會很體貼，唯一的缺點有時太理想化。

我問在座的學員此男性的奸門如何？有位朱女學員說，奸門飽滿，沒有魚尾紋。我對女學員說恭喜你，請問奸門飽滿的人聲音柔，在家庭的對待如何？女學員說他現在的男友還是很單純，也代表他的異性不多，此男性對家庭有責任。我對學員說妳講得不錯，已經領會到面相的竅門，我再補充一下，額頭高，鼻子挺，聲音柔的人，在交友方面會嚴格挑選，這類人在個性上比較傲氣，聲音柔不會主動與人洽談，加上膚色白比較會有選擇性。女學員說好準，我的男友就如老師敘述的。

◆晚婚還是不婚？

在台灣，有越來越多的女性晚婚或不婚。從整個大環境來講，台灣男主外女主內的觀念還很重，很多女性結婚後，職場、家庭兩頭忙，男性分擔家務的比例依舊偏低，所以現代很多女性只要想到結婚後，將會失去自我，反而加重了責任與義務，在心理沒調整好之前，絕不輕言走入婚姻。不只是女性，也有越來越多的男性選擇逍遙自在的單身生活。

依我多年看面相的經驗，歸納出幾種晚婚型的女性：一種是膚色白的人，自我要求高，追求完

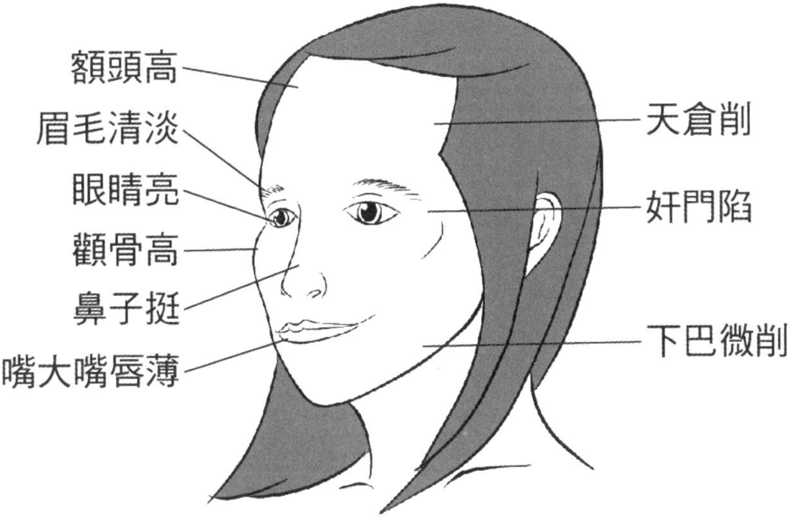

美主義；一種是顴鼻平均的人，希望有自己的空間，不願意被束縛；一種是鼻子挺、聲音有力的人，事業心重，不想依靠對方，所以結婚比較晚，也不想早婚；一種是奸門陷、眉毛稀疏的人，因為異性緣分較薄弱，人際公關方面與人互動少，並且比較挑剔，以致姻緣來得晚。

有位蔡小姐，年約四十歲，來找我問事業。

我說：「小姐，妳的事業心很重，妳眼睛這麼亮，聲音又有力，一直想在事業上衝刺，都將婚姻給蹉跎了。」

「前幾年有很多姻緣，但我想事業穩定些再說。」蔡小姐回。

我說：「蔡小姐，妳是不想被束縛吧？而且妳很挑剔，沒達到妳的標準，妳是不會點頭的。妳在三十五～四十歲之間，的確有很多機會，因為那段時間妳走的是眼睛運，正好妳眼睛亮，是一段好的時機，但是也因為妳眼睛亮，在事業上全心付出，同時聲音有力量，所以妳會想往事業去發展，忽略了在婚姻上的努力。妳認為自己的能力強，不需依靠對方，有人介紹稍微有一點依賴你的男性，你就會拒絕，或是對方處事不夠衝勁無魄力，妳也會拒絕，妳不喜歡軟弱的男性。老天爺就是這樣玩弄人，喜歡有個性的異性不來追，不喜歡軟弱的異性來追求你。」

「老師，面相可看出這麼多啊？」

「面相可看的多著呢！」

蔡小姐的膚色白、額頭高，自我要求高，顴鼻平均則不喜歡受束縛，下巴微削，則較注重自己的空間，再加上眉毛稀疏，比較不重視異性緣。蔡小姐現在已年過四十了，已經過了眼睛運，能有異性緣的幾率相對減少了。

「老師，我今天來主要是看我的事業運。」

「妳別擔心，妳的氣色這麼好，事業不會有問題的，最好是趁現在為自己多存些老年金，而且人際上也要多多培養，以免到老孤獨」。

膚色白，額頭高，心性質兼筋骨質，此類人聰明，心思細膩，凡事自我要求高，思想豐富想像力強，自尊心強。本來這種個性依賴性重，但是眼睛亮，自己有主張，加上聲音有力，處事有魄力，不喜依靠別人，在交友方面就會有選擇性，對方稍微有些缺點，就會加以放棄，所以失去了姻緣。

林老師面相重點分析

我認為，女性年過四十，不適合再步入婚姻。因為女性在四十過後，身體狀況會漸走下坡，實在不宜肩挑家庭的重責，尤其是天倉削者。天倉削的人，對家庭最有責任感，出嫁前為家庭付出，出嫁後為夫家付出，一旦步入婚姻則勞多於逸，在面相學來講，視為欠夫債。

2.桃花朵朵開——男人的異性緣

工作室的小姐說今天中午三點有預約客戶，是位謝小姐到工作室要論命及看相。

謝小姐是老客戶介紹，我她問妳是要論鬥術命理還是面相，她說要論面相及命理，我說好，正要幫她看相時，她說自己不重要，今天最主要的是要幫她看一位男生，我問是誰，她說是男朋友。我一般的習慣，如果本人沒有到，我都會詳細問對方的關係，因為本人在的話，論斷會比較正確，如有一些疑問，才有對話的空間；本人沒到現場，大部分是問的人的心態，以命盤的邏輯為主，回答比較多，有時會誤導。一個人初生的八字命是固定的，我從事命理風水面相多年，同樣的命為何會有差別，也就是跟面相有關係。比如此人聲音有力或無力，個性上就會有差別，所以見到本人才不會誤導。

【跟林老師學面相】

謝小姐說老師你很細心，就寫給我男朋友的生辰，問他的桃花何時會斷。

命宮化祿在交友宮，代表此人在外人脈極多，加上交友化在他的身體，論男女之間的感情代表在外人緣佳，異性緣很多，要斷桃花要走到三十五歲後的大運。謝女士說不行，還要等三年，我不能等，他的桃花這麼多，據她所知，現在還有幾位女性跟他在一起。如果他的桃花不會斷，就要放棄跟他在一起。我對謝小姐說，有沒有他的照片，謝小姐從皮包拿出此男生的照片。

◆筋骨質的特質

我看此人的顏面骨多，是筋骨質佔的比率比較多，眉目清秀，會讓女性有安全感。因為筋骨質的人，骨骼結實，比較有男人的氣魄，加上眼睛柔，給人一種文秀的氣質，談吐之中與人相處良好，講話有幽默感，在處理事務上懂得分寸，給人感覺體貼，特別有異性的吸引力。眉目越清秀的人，在異性方面特別有人緣，因為眉為朋友的情份，眉越清秀對異性的吸引力

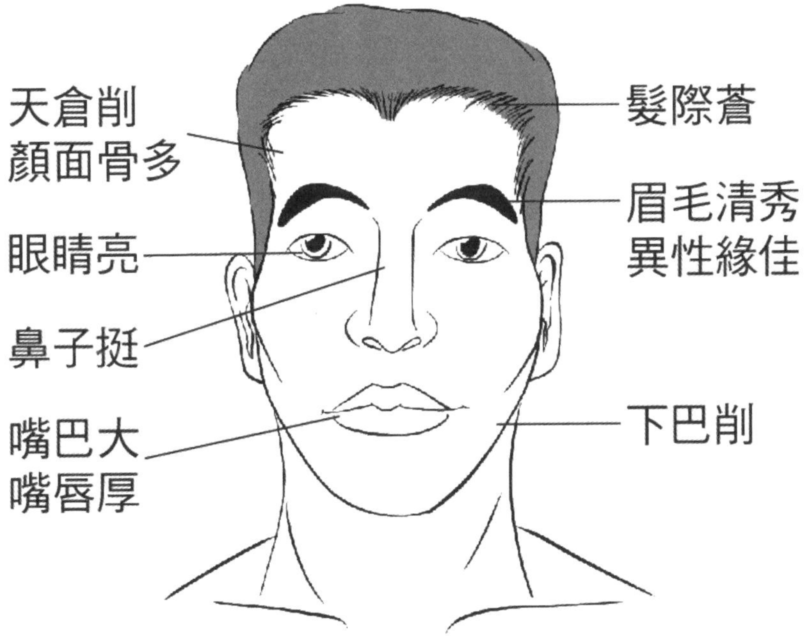

越強。天倉削的男性處事不計較，講話中帶幽默，凡事會主動，較有戰鬥的雄心，肯努力，有刻苦耐勞的精神，加上鼻子挺有主見，會給女性感覺有魄力，有安全感。論性方面，筋骨質的人比較有耐力，鼻子挺的人，性功能強，夜夜春宵也不怕，加上下巴微削，對感情方面比較不重視，這種男人不是可以依靠的人。我對謝小姐說不要太癡情，這種男人大多玩世不恭。

男性容易招桃花者，顏面骨多，給人感覺強勢又能幹，但是眼要柔，眼柔為文秀，處事比較懂得拿捏，也較會體貼。天倉微削凡事比較主動，願意幫人家的忙，天倉飽雖有桃花緣，但自我主義強，不願付出。鼻子挺有主觀，會給人感覺很有魄力，有安全感，論桃花也比較會選擇，如鼻子低主張不夠，論桃花多不會選擇。聲音有力鼻子挺，會讓女性感覺安全又有魄力，與人對待會開口，懂得拿捏，易犯桃花，下巴削在感情方面不會很忠實，下巴飽滿比較重感情。

◆在哪裡才能遇見「妳」

孔先生已年過四十了，仍是個單身漢，有感週遭的朋友個個有妻兒，有歸屬感，而自己仍孑然一身，說是孤寂更像是落寞。經朋友介紹來找我，第一印象就是他非常憂鬱。

我說：「先生，你要讓自己心情開朗些，否則你的運勢將會一直呈現低迷狀態。」

孔先生的額頭有幾條皺紋，額頭代表事業，代表一個人的思想，皺紋多代表你用腦過度，煩惱多，還代表事業上常有阻礙，有志難伸。而聲音柔，遇到問題不敢面對現實，有時會選擇逃避，有事情都往心裡放，氣往內吞，日積月累之下，造成一副愁眉不展的臉色，相對影響自己的整體運勢，包括事業、財運、家運……

「孔先生，照理來說，你應該交過不少女性朋友才對，怎麼都沒有中意的嗎？」我試探著問。

「有啊，可是不管是相親或是自行交往的，就是很莫名其妙地結束了，也沒吵架，也沒分手，就這樣無疾而終。老師，為什麼會這樣呢？是我長得不夠好，還是現在女性要求太高？」

◆眉毛稀少，聲音無力都是關鍵

孔先生有一對細小的眼睛及稀稀薄薄如小孩的眉毛。在相學的理論上，眉毛為交友宮，代表異性朋友、夫妻及財庫，稀淡者，代表情誼無法長久維持，尤其女性眉毛稀疏者，婚姻易有波折。孔先生的眉毛狀如小孩眉，代表此人的個性像孩子，處事及行動如小孩

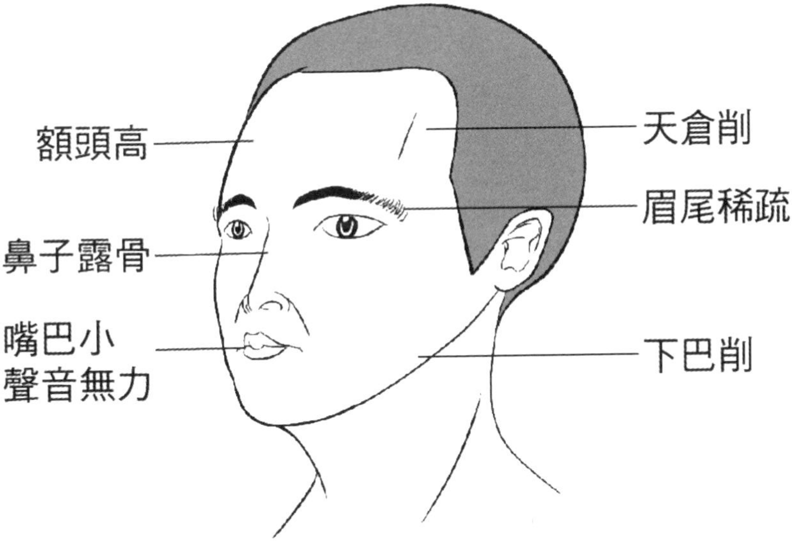

天真活潑，而眼睛細小，處理事情太過細膩，有些疑神疑鬼，加上眉毛的作用，會產生自私又龜毛的性格。而孔先生聲音柔，整體感覺就像心智未成熟的大孩子，再加上憂鬱的臉色，女性當然要退避三舍了。

一般女性的需求著重在「安全感」，希望自己的配偶是個有膽識、有衝勁、有魄力，更是個能保護家人的人。這也是自古以來男女所扮演的角色，在相學稱為男生女相格，比較偏於心性質。當然今非昔比，現在女性也大多有自主能力了。

在市面上或是雜誌的報導，我們所看到的姊弟戀，大部分的男性個性比較溫和。故事中的孔先生本身是陰面的格局，如果眼睛柔的話，自己希望找到一位能照顧他的配偶，如果眼睛亮的人，自己有主觀，不認輸的個性，但是孔先生的個性又如小孩的心態，難以捉摸，難怪他在每次約會都莫名其妙地結束了。

孔先生的額頭有一點凸，加上聲音柔，如小孩的音調，在處事情上會異想天開，加上天真活潑，眼睛細長處事太過細膩，會給女性感覺沒有安全感，雙方對談會有距離無法溝通。

觀相學理論上心性質，最忌諱聲音柔，依賴性重，我建議他在擇偶的條件上，最好選擇年紀較長的女性，因為在各方面均會比較成熟，也比較懂得照顧人。因為孔先生具有孩子氣的不穩定個性，也必須要成熟一點的女性來為他做主，兩性在一起總需要互相協調，截長補短，路才走得長遠。

◆筋骨質兼心性質最有異性緣

二〇〇八年的春天，有兩位年輕人到工作室找我論命看相。這兩位年輕人是好朋友，年紀大的姓鄭，年紀小的姓蔡。

鄭先生的顏面骨多，眼睛亮，鼻子低，眉目清秀，耳朵佳，嘴巴大，聲音有力，論格局是筋骨質兼營養質的人，比較重視事業及家庭。

鄭先生三十歲未結婚，我問他為何不結婚？他說現在的年輕人要結婚有壓力，房子太貴生活費用高，養不起這個家。我對鄭先生說，以你的面貌將來在事業上會有好的前途，鼻子低有耐性，眉目清秀在外人緣佳，異性緣也不錯。

在旁邊的蔡先生問，我的事業運勢如何？

我對他說，如果你的異性緣能用在事業上，你就會有成就。你的桃花緣佳，因為你眼睛柔，處事不急躁，會讓女性感覺很有雅氣，最主要你的個性比較主動，遇到女性拜託事情，你會特別熱心。加上你的鼻子挺做事有主見，聲音柔個性隨和，很有度量，命宮寬比較放得開。如果你應用在事業上是好的格局，因為你在人際公關方面人緣佳，特別是女性的互動良好，會有很多異性來相挺。

觀相學理論上五官勝過六府的人，比較不敢犯桃花，因為五官正自我約束，有色無膽，屬於筋骨質兼心性質比較有桃花緣。

鼻子挺膚色白會選擇性，因為自我要求高，鼻子低膚色黑不會選擇性，個性隨和，比較無主張容易受引誘。

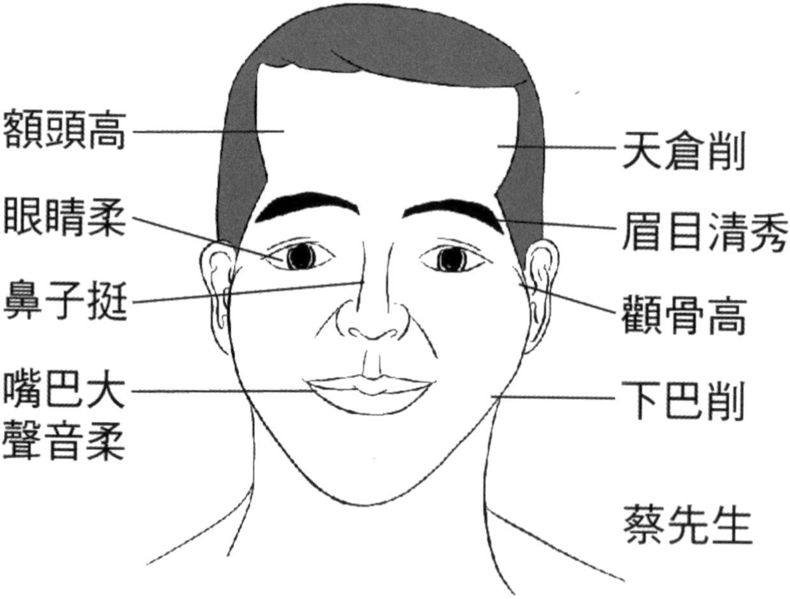

3.媒人婆——痣與運程

一天下午，來了位打扮端莊，言談舉止很高雅的女士。

我問：「您先生在公司應該是身居高職吧？」

「是，我先生是銀行的經理。」

「您今天來找我應該不是為您先生的事業，而是為家庭而來的。」因為我看她雖膚白清潤，但下巴部位氣色有些灰暗，所以我猜測今日她應是為家庭之事而來。

「經朋友的介紹，知道老師對命理很有研究，今天特地來請教有關子女的婚事。我女兒已經三十六歲了，卻還無心於婚姻，做母親的我怎不著急呢？」對談了許久，也分析了其女命盤上的種種現象，我建議這位女士，不妨運用介紹的方式較有成功機率。

【跟林老師學面相】

說到「介紹」，我們腦海中不禁泛出「媒人婆」』的影像，在戲劇中的「媒人婆」，舌燦蓮花、眼神靈動，尤其是那一顆唇邊的痣，可說是「媒人婆」的正字商標。

在面相學上來講，嘴唇上方有痣，代表有口福，講究美食，不但懂得品味，且喜好研發，喜歡

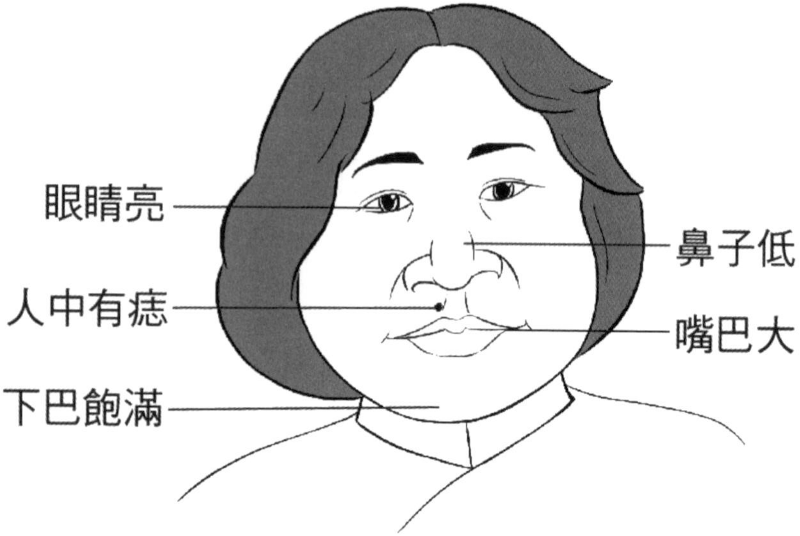

下廚表演拿手絕活，招待親友；但是不能光以嘴唇上有痣，就論斷此人喜好美食，另一個條件就是要配合下巴飽滿。一般說來，下巴飽滿的人較重口慾，對吃講究；但如果是下巴削的人，就比較沒有口福了。

理論上來說，痣的顏色很重要。嘴是人與人溝通的工具之一，如果唇邊的痣是灰色，代表此人口才雖好，但不能保守秘密，而且提出的意見也不容易被接受或採納。如果是個聲音粗的人，若話不投機時，容易與人發生口角，甚或當場給人難堪，若再配個薄薄的嘴唇，那話語可就越顯刁鑽，不易控制自己的情緒，而招來災禍；如果痣又黑又亮，此種人會幫忙傳話，好事可傳千里，也容易讓人信服。

◆有痣會惹禍嗎？

一位早期學風水的學生來找我，帶了份禮物來，告訴我說他剛剛從中國江南旅遊回來。可是我看他臉

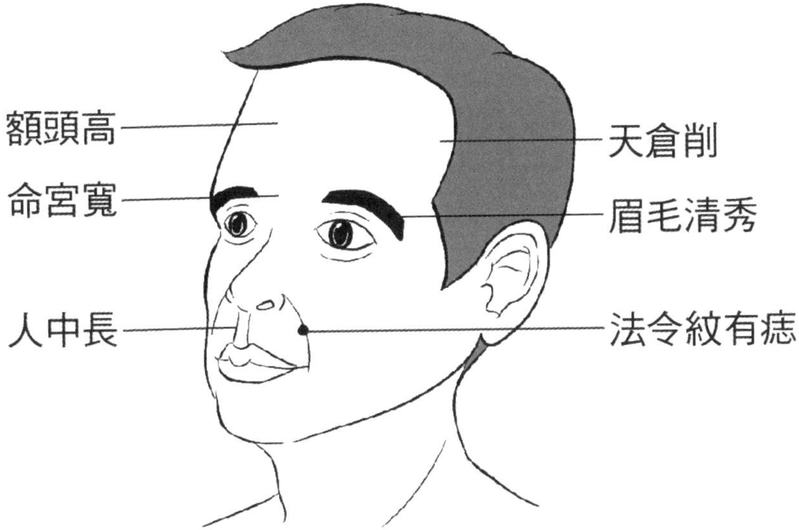

上並沒有很興奮的表情，問了緣由，原來此行不順遂。

學生說：「辛勤了大半輩子，帶著太太想去犒賞自己一番，不料卻碰上個脫線的領隊。第二天在下榻的飯店要搭車前往下一景點，大家五點就被叫醒，睡眼惺忪地在飯店門口候車，可左等右等到六點多了，還不見車影，眼見快搭不上飛機，大家只好另租車趕到機場。匆忙來到下一站，終於有遊覽車來，本以為可一路順暢了，但司機說，他接到的指令只有送我們到飯店，不包括遊覽，為此整團鬧得一點旅遊的興致都沒了。」

學生問我：「從面相可看出一個人的個性是否會脫線嗎？」學生描述了此導遊的長相，額頭高、天倉削、命宮寬、人中長、法令紋有顆痣。

我對學生說「你不要怪他，他雖有點脫線，但他還是屬於有責任感的人，心胸也很看得開，有些錯並不是他造成的，但他還是會把責任擔下來，最起碼他還負責把你們帶回台灣了不是嗎？」

「這倒是真的，雖然旅途中不是車沒來，就是車壞或麥克風壞等很多煞風景的突發事件，有些真的不是導遊的過失，但他總是成為我們的箭靶，現在想想他真得很可憐。」

◆天倉削與髮際蒼命宮寬都是關鍵

天倉削與髮際蒼的人，在處理事情上，比較容易出現瑕疵，命宮寬的人，個性隨和比較容易相信別人，對事情看得開，不太與人計較，所以常被人認為處事散漫。我想這位導遊並非真的脫線，而是太相信別人，導致受欺騙。在面相學理論上，一個人最守信用的部位看人中，如果人中長的人比較守信用，人中短的人處事比較任性，隨他的情緒。這位嚮導的人中長，比較誠信，守信用，再看他的法令紋，法令紋代表一個人的責任感和事業，如果法令紋深的人，歷經多少年的經驗，也是他一生的成就以法令紋為主，也代表第二個事業。如果有顆痣在法令紋的旁邊，將會對事業或工作上產生困境或麻煩。因為法令紋也代表事業，有痣的話會造成很多不必要的誤會。

在相學的理論上，法令紋還代表一個人身體的腳部，如果有痣的話，腳比較會有酸痛，嚴重會有跌倒傷害，對他將來的事業及人生都會較順遂。

林老師面相重點分析

要當一位「媒人婆」，首先要具備條件，在觀相學理論上，屬於筋骨質兼營養質，下巴飽滿人脈極廣，聲音有力才有說服力，也比較敢開口。

下巴飽滿子女安逸，下巴削氣色不佳，子女經濟出問題。

在面相學上來講，有痣都不算好，但現在美容醫學這麼先進，都可把痣點掉，但要注意，切記不能留疤痕。因為下巴屬晚年運勢，下巴的漂亮與否，跟晚年是否有人供養有關。如果下巴漂亮但有傷疤，則表示雖然會得子女供養，但子女會是心不甘情不願的狀態下，或許在晚年可衣食無缺，但精神上會有所失落。這也是我常跟學生們提到傷疤和痣，都會影響到一個人的運程。

4. 紅鸞星動了嗎？——萬千情思在眉眼

在面相學上，眉毛稱為兄弟宮位，不僅關乎兄弟姊妹及親族、朋友、異性，還代表姻緣、感情的對待，正所謂眉目傳情。

眉毛清秀者較具情義，眉毛稀疏者情感較疏淡且理智。

論男女之間的感情以眉為重點，已婚的人，在三十一～三十四歲時，逢走眉毛運勢，如果眉毛清秀，則夫妻之間感情融洽，如果是眉毛稀疏者，夫妻間的感情將受到考驗；除了夫妻情誼之外，在公關人事上，會有意見理念不合之現象。

在一個座談會上，主題是男女之間的互動，大家正在談論婚姻與感情的問題，當中有位鄭小姐問：「老師，有相士說我是尼姑命，必須入空門，這是真的嗎？」我告訴鄭小姐：「妳只是晚婚，還不致於會去遁入空門」。鄭小姐有一對柳葉眉，眉毛較粗，據相學的理論上結婚較遲，生兒女較晚，唇厚非常重感情，此種屬於筋骨質兼營養質的人，比較重感情，很熱心喜歡幫助別人，在人際公關方面人緣很好，異性緣應該也不錯。在她旁邊的朋友也說：「對啊，有不少異性向她示好，但她都退縮，都因那位相士的話，讓她對婚姻敬而遠之。」

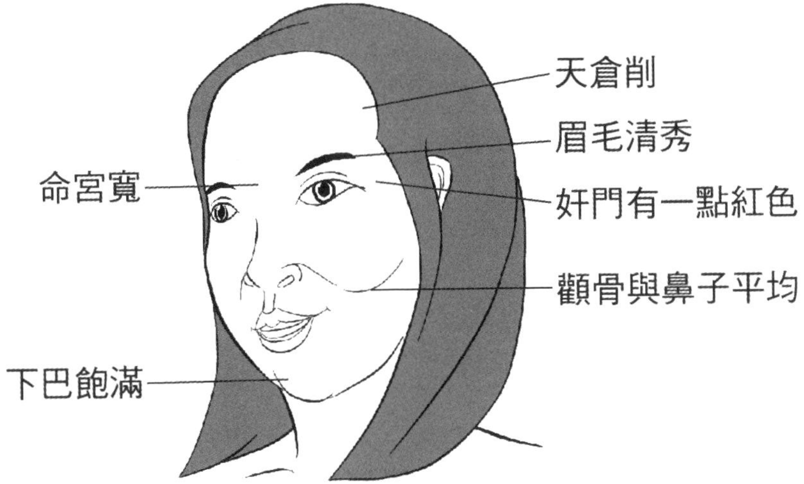

【跟林老師學面相】

我問了生辰，以斗數命理配合面相來跟她解說，一般來說，如果超過三十歲的未婚女性，在命盤理的夫妻宮及交友宮無交集，表示紅鸞星未動，鄭小姐三十二～四十三歲，這大運的夫妻宮位才有紅鸞星的交集，當交友宮化祿入疾厄宮時，才會有婚姻的顯現。

從鄭小姐的面相來講，她的雙眉間距較寬，個性開朗隨和，但容易相信別人，加上鼻子與顴骨平均，比較喜好自由，不喜歡受約束，又膚色白，要求就高了，在婚姻的選擇上較會猶豫不決。因為看得開又容易相信別人，如果遇到好的人或有人正確指導那就好，如果不幸碰到心術不正者，禁不住言語的誘惑，就容易受騙了。

我很嚴謹地問鄭小姐：「那位相士除了說妳是尼姑命之外，還有說什麼嗎？」

「他說身帶尼姑命的人，大多要走修行之路，所以事業會不順，也會與父母親無緣，但他可幫我改運，只是他出的價錢，我一時無法拿出，所以先婉謝了。」我說感謝上蒼保佑，在旁的朋友說：「這是妳平常喜歡幫助人家，真是善有善報。」鄭小姐的雙眉寬，顴鼻平均，個性太隨和，沒有了主見，所以一直認為自己是不該成家的命，現流年走到眉毛運，眉毛就是一個異性緣的牽引，整個面相就屬眉毛最漂亮，一定會有很多機會。我勸鄭小姐要多多把握住，在場的朋友也要多幫忙留意。

每每聽到五術界裡面，有故弄玄虛者，有裝神弄鬼者，有藉機斂財者……尤其是良莠不齊的術士，加上與宗教之混淆，處在這混沌的亂象中，一般人將五術視為迂腐、迷信、卑微，甚至為社會亂源之一。本人身為五術界人士，看五術被如此誤解，真是痛心疾首，但單憑一己之力，無法與環境相抗衡，

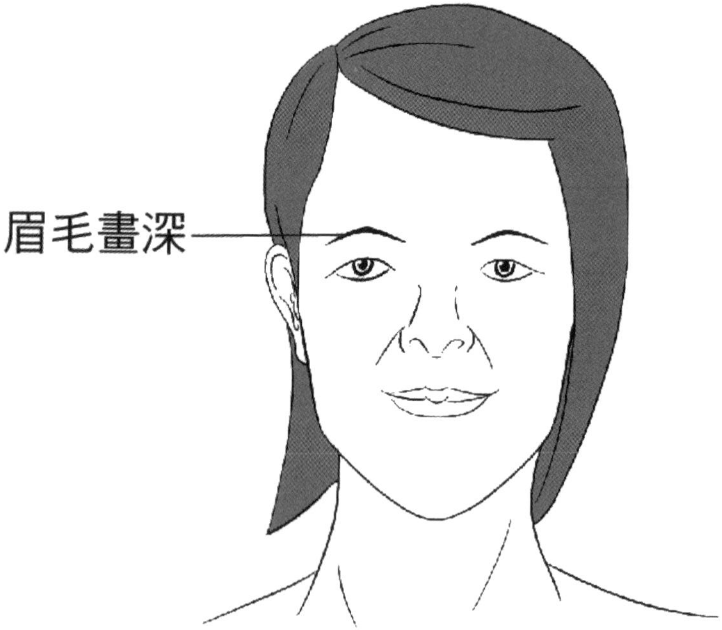

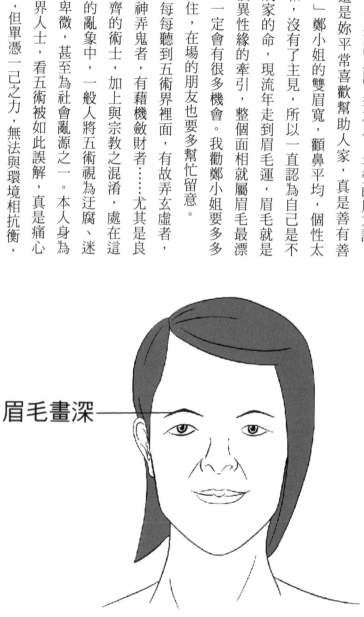

在此僅能叮囑大家謹慎為要。

◆紋眉與運勢的關係

一扭開電視看到那些影歌星，很為她們感到遺憾，幾乎八〇％的明星都紋眉。雖然外表光鮮亮麗，但各位應不難發現，她們的演藝生涯並不長，其一部分原因在於紋眉。

眉毛是看情誼的地方，在演藝事業上，眉可論演藝生涯的長短，眉毛清秀者，會與她的粉絲保持朋友關係，已故台灣歌手——鳳飛飛，正因有對清秀的眉毛，受到歌迷朋友們的喜愛。可惜的是，她到晚期也將眉毛修飾了。眉毛疏淡的藝人，通常演藝壽命較短，或許正因如此，所以大多會去紋眉，雖可達到美觀的作用，但個性上會漸漸產生兩極化，且造成是是非非也多。不知是否受媒體的影響，發現紋眉的人越來越多，在世界各國皆居高不下，就中國而言，有六〇％的女性紋眉。以面相來論，這重要的部位就此破壞，也就無法產生它應有的作用了。

◆眉毛最重要的關鍵

眉是兄弟姊妹、朋友、夫妻間情誼的牽引力關鍵，眉清秀者，彼此保持互動關係，眉毛稀疏者，處事較理智，但人情會較淡薄。可是一旦紋了眉，本來該產生的牽引力，造成混亂，因而導致此人個性不穩定。某次在南昌與學生一起用餐時，學生好奇地問餐館老闆：「怎麼您的服務員換了好多？」老闆說：「餐飲店的人員變動頻繁是很正常的！」學生反問：「可走的大多是眉毛紋過的，對吧？」老闆回想一下說：「還真的耶，您還真清楚啊！」學生笑說：「因為剛才跟老師學有關眉毛的相法，這下是現學現賣了。」

每當有人跟我說：「老師，我去將眉毛紋一紋，修得漂亮些，運勢會不會好些，是不是就有財運了？」我會很嚴肅地跟他們說：「好啊，如果你希望不久後面臨破財，那你盡量去紋眉吧！」

◆眉毛代表個性

「老師不是說眉毛是感情的牽引線，將眉毛修清秀，不正好可維繫婚姻嗎？」一般的女性認為紋眉就是要改運勢，未婚者，紋眉是要加強魅力。**眉跟人緣及事業有關係，眉清秀的人異性多人緣佳，與同事之間互動良好，眉毛不佳的人在人際公關方面與人互動不佳，在事業上會比較不順。**因為在工作上人緣不佳，難與人共事，工作會有壓力，如果你紋眉的話，你的眉有色彩無眉毛，你的個性處事不穩定。因為你的眉稜骨有色彩主觀強勢，無眉毛與人相處互動少，會影響你的情緒與人對談，講話直接有時會得罪他人。

林老師面相重點分析

在觀相學理論上，一個人的情分最主要的重點以眉為主，眉代表友情和夫妻的對待，眉清秀異性緣多，比較重視情義，眉毛稀少雖有異性緣，但比較不長久。

古書上有句話『身體髮膚受之父母，不可毀也……』自娘胎就註定了今生的長相，也註定了你要走的既定路程。我的建議是最好都不要修改，盡量保持原來面貌，只要一有更動，其命運就不同了。若想要增加運勢，可利用陽宅和五行相生等方式來幫助自己的運勢，除非不得已，不要輕易去改變自己的容貌。因為小小的一個修眉動作，也算是破相了，雖然疤痕小看不見，但看不見不等於不存在，小則麻煩瑣碎之事不斷，大則嚴重到導致婚姻破裂、財運不佳及事業不順。修眉、紋眉這些小的舉動，卻會大大影響著命運呢！愛漂亮的女士們，可要慎重考慮了。

5.尊重與包容——八字不合也相合

每次的婚紗展，業者都會邀請我在現場為準新人服務，當然不是幫他們試婚紗，而是為他們在住宅配置及相應之道上，提供我的專業意見。但往往在這時都會看到人性矛盾的一面，很多已互訂終身，試了婚紗，甚至訂了喜宴的，卻在這節骨眼問我他們八字合不合，我百思不解地答道：「你們一起來到這場合，甚至訂了婚紗，表示你們已經兩情相悅了，還要論八字合不合嗎？如果不合呢，是不是要一拍兩散呢？」先不論算命師測得準不準，拆散一樁婚姻，卻也不是我們所樂見的，所以通常在此種場合，我大多提供陽宅及家庭的相應之道。

話說在準新人的臉上，都會泛出「喜味」，俗話常形容「春風滿面」、「喜上眉梢」……那是心情愉悅，在臉上透出潤紅的氣色，一般在準新人或戀愛中的人最容易展現出來，尤其是女性。當然也有例外，明知她在戀愛，但臉上卻籠罩一層憂鬱，那表示她的情路走得不順遂了，如果是在準新人臉上有這種氣色，那可真為她（他）擔憂了，在這種情況，我就會勸她（他）三思了，與其婚後不如意，倒不如婚前考慮清楚。

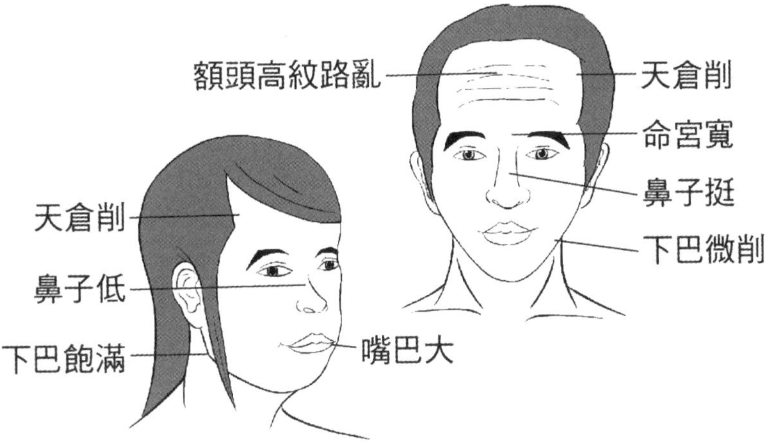

某次會場上，有位小姐獨自來找我，直覺事有蹊蹺，通常這種會場來找我的都是一對對的，或是親友相伴，而她是獨自一人，看她氣色黯淡，臉上完全找不到一絲新娘的喜悅。她告訴我她很徬徨，不知這婚該不該結，我看她鼻子低，下巴飽滿，此類型的女性對感情大多從一而終，我說：「若我猜得沒錯的話，妳們交往很久了，而他目前經濟不穩，事業可能也不順，對吧？」這位小姐眼眶中含淚道：「沒錯，我與男友已有七、八年的感情了，他……最近工作沒了，錢財上很拮据，本來想等我們穩定後再結婚，可是……沒想到……現在有兩個月的身孕了，只好趕快辦理婚事……可是都還不穩定的情況下，怕結婚後不能給小孩一個好的環境……所以我好猶豫喔！」

鼻子低、下巴飽滿的女性，對感情比較有持續性，說難聽一點是會黏住對方，但此種女性具家庭觀念，有責任心。這位小姐天倉削（太陽穴部位），會幫助配偶的事業或錢財上的籌措，也會孝順公婆，本是個很好的賢內助格局，但遺憾在於她的鼻子低，雖會侍奉公婆，但卻得不到公婆的尊重。現在男友經濟拮据，她會想盡辦法去資助男友，這是天倉削女性的特點，在外人看來，她可謂是人財兩失。最重要是目前她的氣色呈現灰暗，這實在不是好現象。一般新嫁娘看她氣色如果紅潤透光澤，那代表她婚後一年內，夫妻恩愛、家庭和樂，如果額頭也泛亮的話，那此媳婦會受到公婆的疼愛。

我無奈搖頭對她說：「目前妳的氣色不佳，表示妳很煩惱，也代表妳另一半的整個狀況也不佳，在這樣不穩的情況之下，嫁過去對妳是不利的。現在的社會很開放，倒不如先共同生活，將自己的心情放鬆，看開點，心情保持愉快，自然妳的氣色就可潤澤起來，或多或少可以扭轉運勢，而且心情愉快，對胎教也很重要，至於結婚是個儀式，往後可再補辦也不遲啊！」

◆八字不合怎麼辦？

戀愛時，誰會考慮到八字的問題呢？其實八字不合的夫妻，也有白頭偕老的啊，現在大多喜歡上了、看對眼了，就相處在一起，籠統地說就是月老牽的線，在宗教的說法是因果的牽引，不論是哪一方，如果能瞭解彼此個性的優缺點，調整自己與另一半甚至家族性的互動，相信就算八字不合，仍可成為互相扶持的好伴侶。

◆經營婚姻離不開尊重和包容

媒體報導現在的離婚率越來越高，大約一百對的佳偶裡，就約有六十對成為怨偶。在我廿多年來的命理諮詢中，近年來談論離婚案件的也出現以倍數增長的跡象。男女之間情愛的發展，最終都希望有情人能成眷屬，但有些最後卻無法共結連理，歸其原因，個性有絕對的影響力。

從面相學理論來講，鼻子高的人，優越感強，自尊心也重，不易接受別人的建議，也不輕易認錯，除非提出事實與證據，才會採納別人的評論。

年前，有位客戶讓我印象深刻。此女性（在此稱她為王太太）進到我的服務處，看到我牆上掛的對聯「未待君開口，能知君心事」，半開玩笑地說：「老師，若你可以像那對聯一樣，知道我今日為什麼事而來的話，就包個大紅包給你！」

我瞧她夫妻宮處顏色晦暗，對她說：「王太太，妳聲音粗、嘴巴大，妳有一個會得理不饒人的個性。妳今天來，是問夫妻之事！」王太太呆了好半晌，開始娓娓道出了心聲，原來，王太太為了跟先生結婚，排除一切困難，還為此差點鬧出家庭革命，婚後，在家一心一意做個好妻子、好母親，在事業上也盡量分擔先生的憂愁，更在先生財務出狀況時，到處想辦法，甚至厚著臉皮回娘家借錢來輔助先生的事業。這一點一滴，都是為先生為這家庭在努力著，從一貧如洗到現在事業小有成就了，可是夫妻間的情誼卻越走越冷淡，最近更是吵架不斷。先生居然罵她太霸道、太自以為是，說他再也受不了王太太的脾氣，說個性不合，要求離婚……

王太太說到傷心處，淚珠兒也潸潸落下。

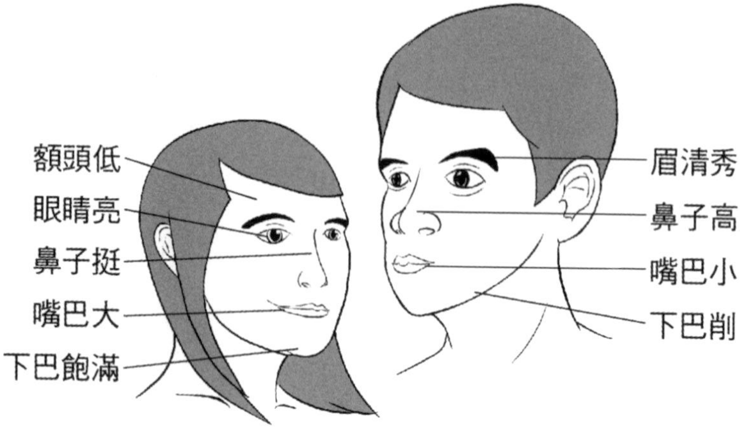

「老師，我愛我的家，也愛我的先生，我根本就不想離婚，請老師幫忙，看有什麼法子可挽回我先生。」

我問王先生的面相特徵，對王太太說：「通常在家裡都是妳的話比較多對不對？」王太太點頭。

我說：「王太太，其實妳是一個好太太，妳會為了愛情無怨無悔地付出，甚至犧牲自己妳都願意，但是你們的婚姻會走到這個地步，其實妳要負大部分的責任」。

「為什麼？」

「鼻高鼻低聲音都是關鍵。」

「妳聲音粗、鼻子又高，凡事都要以妳為主，而妳先生聲音柔，他爭不過妳也不想跟妳爭，但妳會得理不饒人，所以妳先生說妳霸道，一點都沒錯啊。而且妳先生鼻子也高，自尊心強，喜歡人家尊重他，若不是沒辦法可想了，我想妳先生內心其實很不願意借助妳娘家的力量。他聲音柔，很多事情會放在自己心裡面，不會當面跟妳對峙，但時日久了，還是會有爆發的一天，嚴重者就會一發不可收拾。妳卻相反，聲音粗，很多事情妳都要提出來說，會讓人覺得囉嗦、仗勢凌人，這樣的相處方式久了，兩人就會越來越無法溝通了。」

「難道我先生就不需負責嗎？」

「婚姻是兩人的事，當然你們雙方都有責任，妳先生的問題在於他不善表達自己，屬於比較悶的個性。妳問我有什麼法子，我建議由妳改起，你們兩人都鼻子高，都希望對方能尊重自己，可是因為妳聲音比他粗，妳會『先聲奪人』，而他又吵不贏妳，就把氣悶在心裡，或者根本不理妳，這樣你們當然漸行漸遠了。之所以說由妳改起，是因為妳的態度可以影響妳先生，妳要多多的引導他，將內心世界說出來，妳也要學習去尊重他的思想，因為聲音柔的人，雖然對外會表現出無所謂，但其實內心是很希望被別人尊重的。我相信妳的改變，妳先生會感受到的。」

兩個全然不同性格背景的人共結連理，摩擦是難免的，而個性就是一個關鍵，個性影響著雙方的表達能力、雙方的思想，如果能多瞭解另一半是怎樣的個性，在對待上做個修正，相信做一對比翼鳥並非難事。

婚姻是一生一世的，彼此需要的是學習相互體諒，相互尊重，相互包容。

◆吵吵鬧鬧過一生

陪著曾先生繞遍了大半個巒頭要尋找一塊好風水，只是目前在台灣所謂的風水寶地，已越來越稀少了，環保的限制，山坡地的水土規劃，很難找到好的風水寶地。我對曾先生說：「你父親那座是個好風水，為何不將父母同葬，還要另外找地呢？」

「老師，實不相瞞，母親在生前交代我們子女，絕對不與父親合葬。不怕您笑，我父母二人是吵吵鬧鬧過完這一生的，所以請老師在這附近幫忙找個好點的墓地，好讓我母親入土為安，也方便往後我們掃墓不用來回奔波。」

職業使然，我對曾先生說：「你父母之中應該有一位鼻子比較低、聲音很粗的。」

「我父母的聲音都很大，所以吵起架來誰也不讓誰，我們子女也都無從勸起，至於鼻子的高低……看上去是我父親的鼻子比較低。」

職業病又來了，我問曾先生你在兄弟之間是不是最小的，他說對，兄姊三個，上面有一個姊姊排老大，大哥排老二，我是最小的。我問，怎麼沒有看到你哥哥一起來？曾先生說不用他來，來也沒有主見，哥哥平常也不重視家庭的一些事情，大多我在負責。

曾先生忽然想到我講的話，問是不是跟父母有關係嗎？我笑笑回答，這是因果。

曾先生的父親額頭高，對任何事充滿著理想，但鼻子低，沒有主張，總覺得與理想有差距，在外不如意，容易把情緒帶回家，也因額頭高記性好，任何芝麻小事都記得。在相學的理論上，一個人的額頭鼻子嘴巴，代表自己的主觀，臉部的兩側代表外來的氣，如果臉的中央比較豐隆，兩側比較削的話，代表你自己的主觀比較強勢；如果你的鼻子必較低，處理事務或其他的因素，會受到外

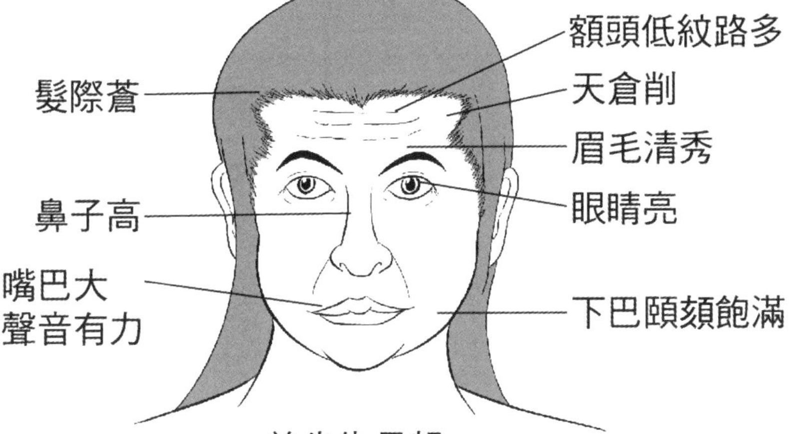

曾先生母親

面環境的影響，當然，在外不如意沒辦法發洩的話，就會在家發牢騷，若配上聲音粗則看不對眼就吵架。在相學的理論上，個人會把以前的事件翻出來反反覆覆地牢騷，就是鼻子比較低的人，如聲音粗者，他不講出來會很痛苦，如果今天他的聲音柔的話就不敢發牢騷，在外面受到委屈，氣往內吞，不敢表達出來他內在的苦。

曾先生的母親鼻子高，主觀強，自我意識重，處事不喜歡拖泥帶水，因為鼻子高的人處事乾脆，配上聲音粗，處事有魄力，不拘小節，當然不容許自尊心受損。這樣的組合，要不吵架，可難嘍！但是吵到百年之後也不想相處在一起，這倒是少見了。

台灣有句俗話說「床頭吵床尾和」，夫妻相處多多少少都會爭吵，有人吵歸吵還是恩愛一輩子，有人吵到相敬如「冰」。在面相學來說，不同面貌會有不同的「吵架風格」，以鼻子為中心，鼻子代表一個人的主觀，鼻高的人主觀強，自尊心重，鼻低的人，缺乏主見，反反覆覆，就好像小孩子一樣。小孩子因為骨骼發育尚未完全，所以鼻子都低低的，個性上喜怒無常。再配上聲音，聲粗的人，大多按捺不住，多以出聲為發洩，聲音柔的，大多會將事情往內心藏，所以聲音柔的人多以冷戰為主。

鼻子高、聲音粗的人，會直接翻臉，但速戰速決，不拘小節；鼻子低、聲音粗的人，喜歡東嫌西嫌，配上眼亮，凡事不認輸，為了小事就會耿耿於懷，尤其是老人家，愛管東管西碎碎唸。

林老師面相重點分析

一、從臉上的三性質看夫妻的最佳搭配

（1）丈夫是營養質，太太是營養質：不是好的搭配，缺少處理家務的觀念。

（2）丈夫是營養質，太太是筋骨質：不錯的搭配，丈夫可享受妻子勞碌。

（3）丈夫是營養質，太太是心性質：不錯的搭配，夫妻之間很理智的對待。

（4）丈夫是心性質，太太是心性質：最差的搭配，偏重精神及物資互不相讓。

（5）丈夫是心性質，太太是筋骨質：好格局，太太很會照顧家務掌有夫權。

（6）丈夫是心性質，太太是營養質：不錯的配，對丈夫用腦取財妻子來享受。

（7）丈夫是筋骨質，太太是心性質：普通但不是非常理想，會有爭論。

（8）丈夫是筋骨質，太太是筋骨質：不好的搭配，忙於工作缺乏家庭的溫暖。
（9）丈夫是筋骨質，太太是營養質：最佳的搭配，丈夫付出，妻子來享受。

二、鼻子、聲音影響性格

觀相學理論上，鼻子低、聲音柔的人，是當面不得罪，但會來陰的。因為鼻子低的人比較無主張，加上聲音柔不敢面對，遇有困難有時會選擇躲避；鼻高、聲音柔的人是乾脆不理人。所以，面相千百種，稍微有一點不同，所產生的性格也不同。

6.適合的才是最好的——擇偶要「黑白分明」

與我有忘年之交的王姓友人，在商場上已是個小有成就的企業家，在事業夥伴眼中是個悍將，在員工眼中是個威風凜凜的老闆，但在女兒眼裡卻是個大玩偶。他最大的弱點就是太溺愛自己的獨生女，對女兒真是百般呵護，從牙牙學語到現在亭亭玉立，幾十年來與女兒的情感，非當事人是實難以體會的。

他帶了兩張照片來找我，問及原因，原來是為了女兒的終身大事而來。唉，可憐天下父母心，子女的歸宿永遠是父母最為掛心之事。

兩個年輕人，正好膚色一黑一白，估且稱膚黑者為A君，膚白者為B君。探討了一些細節之後，我對老友說：「你跟你女兒第一眼應該選的是B君吧！」

「沒錯，B君的第一印象的確是讓人很有好感，不論是外表或家世，都讓人覺得很體面，但婚姻畢竟是一輩子的事，知道老兄你現在面相的功力已是爐火純青了，當然要借用老兄你的長才，給些意見」。

「老友啊，我的選擇會是A君。」

老友一副疑惑的表情問：「B君是企業家的後代，也是個企業接班人，我們都認為對生活來講應該較有保障……老兄能說說你的見解嗎？」

◆下巴鼻子都是關鍵

我分析道，B君家雖有企業，但從他眼睛無神、下巴削的相貌來看，在他父親這代，企業上只能說守成而已，而到他這代，除非家產雄厚，否則難保了。因為他下巴削、膚色白，較會著重於自我享受上。

「他的確是很重視自己的穿著品味，見面都選在五星級飯店，我們以為是因為家庭造就的品味，至於他家的企業狀況，我們並未審慎地去瞭解……那A君適合在哪呢？」

A君額頭低在處事方面比較務實，鼻子挺講話直接，較無心機，也比較不懂情調，卻有顆善解人意的心；B君額頭高，表示他祖德有名望，而他思想轉動快速靈活，下巴削善於表達，也比較懂得製造浪漫。

「老兄，你分析的面相真是一針見血，沒錯，A君在言詞上的確是有些憨直，但在一些事情的處理上的確很會替別人著想，這也是為什麼我們也看上他的原因」。

A君有對細長的眼睛，聲音柔，做事會運用智慧且穩重，但如果想要過浪漫有情調的生活，恐

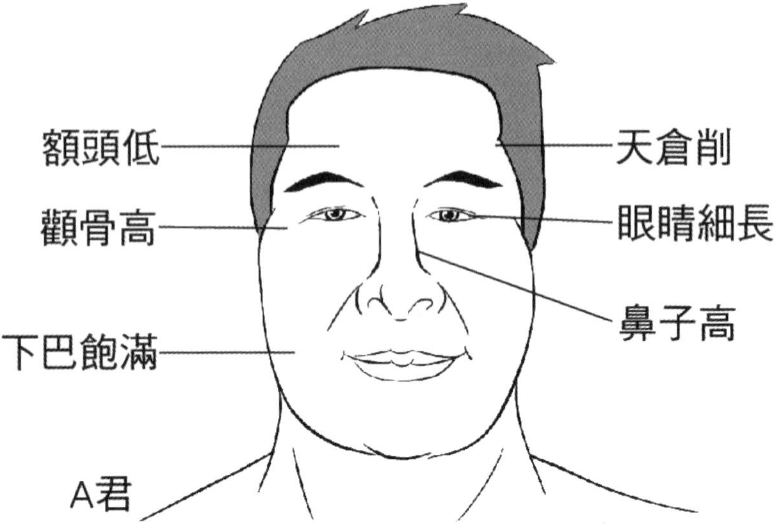
額頭低
天倉削
顴骨高
眼睛細長
鼻子高
下巴飽滿
A君

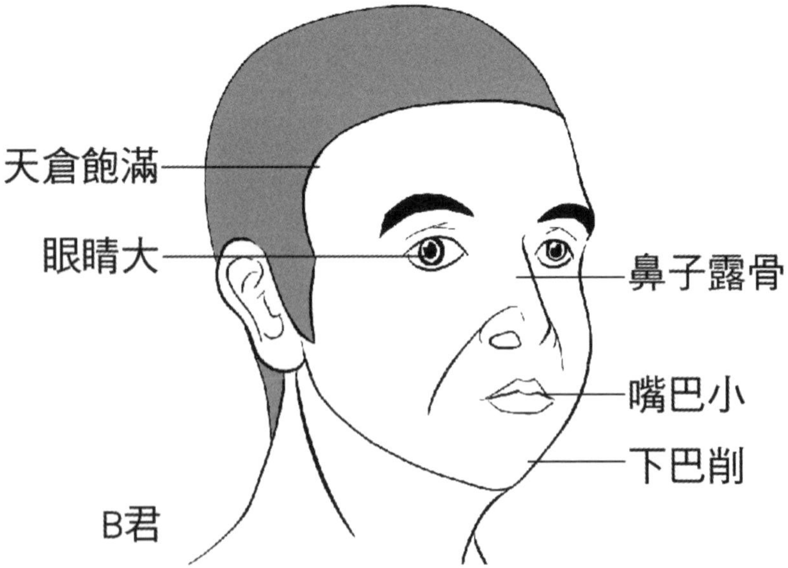
天倉飽滿
眼睛大
鼻子露骨
嘴巴小
下巴削
B君

怕A君他無法給予，一方面他不知如何做，一方面他做不出來，因為他天倉飽滿，較會精打細算，很節儉。

一般夫妻配對以先生膚黑配膚白的太太最為恰當，因為膚黑的會為膚白的人付出，這是陰陽的調配，膚黑者為陽，膚白者為陰；如果兩人都膚白，那太過於理想化而會產生互不相讓的情況。

「所以老兄，你今天來問我意見，我就把兩個人的重點分析給你聽。你女兒我也是從小看大的，我也希望她能有個好歸宿，如果只談戀愛，就建議你們選則B君，但想要選個穩定的生活，我建議A君較適合，他雖不會製造情調，但對家庭會有責任心，給人一種安全感。」

◆三質配對是很重要的因素

某一天，一對夫婦來到我服務處。

我問：「先生貴姓？」

他回：「姓蔡。」聽這如洪鐘的音量，我心裡有底了。

我說：「蔡先生，你事業心很重，在家裡你是王爺，有個很賢慧的妻子，把你服侍得好好的。」

蔡先生不服氣地說：「老師，您怎麼這樣說呢？」。

蔡太太則是在旁靦腆地說：「我要靠他吃穿，當然要把他服侍周到嘍！」

說到夫妻的相配確實是很重要，我在教學中，很多學員問我，一對夫妻的形質要如何來配對比較適合，我整理了夫妻的相配質，如男性是心性質，女性也是心性質，這種組合最不理想，因為心性質的人，不擅長勞動及處理家務，屬於完美主義者，太過理想化，有時流於空想，自我要求高，追求時尚，注視自己的品味。如果是男性的話，需要有一位能幹的太太，最好的形質是筋骨質兼營養質。因為筋骨質的人，處事不喜歡拖泥帶水又肯付出，這種心性質的男性可以說是福中的享受。

如果是筋骨質配筋骨質的話，這對夫妻真是天下大亂。因為筋骨質的人，最有行動力，是勞動付出的形質，最重視在事業發展，往往忽略配偶的感受及家庭的概念，在嗜好方面，不講究氣派，生活飲食起居簡單，只重視在交友及事業，講話直接個性好爽，處事極快先斬後奏，缺少思考，常出問題，最需要配偶來協助。如果男性是筋骨質，女性是營養質，是最佳的配對，因為男性肯努力拼事業，很有衝勁，但在理財方面欠缺，如果女性是營養質，她在理財方面是一流的理財專家，在家庭是擅長處理事物的好太太，在各方面會面面俱到，如在飲食方面，知道如何與丈夫兒女來享受美味，在家裡與六親互動良好，會讓丈夫專注事業無後顧之憂，這是最佳的配對。

蔡先生額頭高，思想豐富，處事會用腦筋，反應快；天倉飽滿，防禦心重，處事多方面思考；眼睛亮，在事業上能掌控一切，在家庭個性比較霸氣；鼻子挺膚色白，主觀強勢，凡事自我要求高，決定的事情很難去改變，很固執的個性；聲音有力下巴飽滿，好發號施令，是社會上有威權、有成就，在家中要以他的邏輯為主，只會享受，喜歡受別人服侍。

此種格局適合在事業發展，但在家裡，可就是會讓配偶很辛苦的另一半，因為他自我意識高傲，尤其是天倉飽滿的人，希望配偶專心照顧家庭。若是天倉削的人，則希望配偶共同外出創業。

膚色白的人，比較懂得享受，喜歡追求品味；膚黑的人，多多少少還是會幫忙家事，但是會被嫌棄，因為粗枝大葉。

蔡姓夫婦聽我這一分析都笑開了懷，蔡太太點頭說：「老師，您真是一針見血，他在家就是個王爺，對兒女的要求也高，不過他對家庭很有責任心；幸好他懂得享受，偶爾還會帶我出去吃餐館、去遊山玩水，也算是慰勞我這台傭了。」

「蔡太太，妳也是心甘情願服侍先生，因為妳膚色較黑，聲音又柔，凡事都會以丈夫為主，所以我說蔡先生你太好命了，在家有人伺候著你，讓你無後顧之憂。」

聲音代表一個人的內在心思，聲音粗的人，內在的動氣強，所以會向外發，也代表有行動力；而聲音

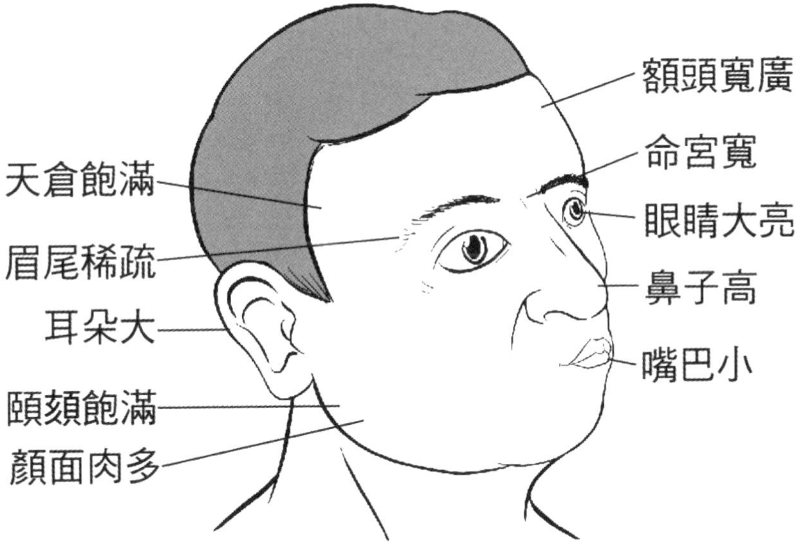

柔的人，通常較會考慮，遇事多會往內心裡放，所以聲音柔的人大多不會當面與人爭執。

如果是膚色白、聲音粗再配上鼻子挺，那自我主義高漲，講求女男平等，要求事事說清楚講明白，此種女性事業心強，不會依賴丈夫。

林老師面相重點分析

所謂天造地設，通常指的就是一陰一陽、一動一靜，膚白屬陰，膚黑屬陽，聲粗屬動，聲柔屬靜，也就是互補作用，這樣才能維持平衡；婚姻如此，人際如此，事業更是如此，這就是中庸之道。觀相學的理論上，膚色黑屬於筋骨質，膚色白屬於營養質，筋骨質的人付出多回收少，營養質的人比較懂得享受。一陽一陰，陽為動，陰為靜，男女之間最好的搭配，男性要有筋骨質的特徵，女性要有營養心性質的特徵，論膚色男性較黑，女性較白。

7.婚姻大不易——如何選個好伴侶？

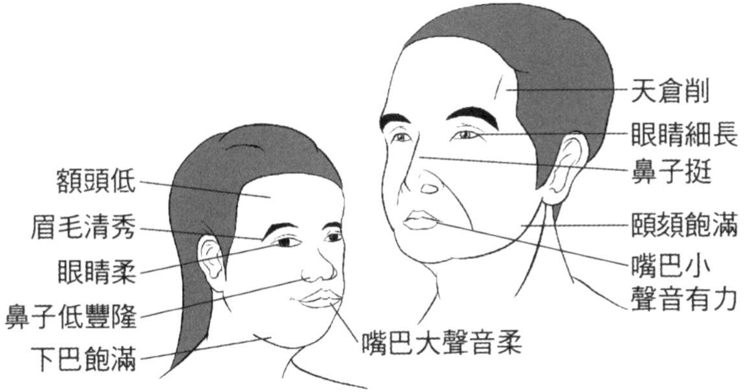

現代婚姻大不易，如何才能找到可以託付終身的理想伴侶呢？台灣目前離婚率達百分之二點八三，是全球第二高，平均每八分鐘就有人簽字離婚，全台總離婚人口已經超過一百萬人。

以前的婚姻是家族至上，家族與家族的結合，現在的婚姻只憑著自己的意願就可結合。婚姻不是兒戲，但是對現代夫妻來說，結婚不難，要怎麼維持一輩子，才是考驗的開始！

常言道，戀愛多麼幸福，當你們結婚後共同在一起生活，才是人生最重要的旅程。結婚後才能瞭解他的真正的個性，這時要在一起生活是要靠智慧，如何共同生活。

【跟林老師學面相】

我在教面相時，最常被未婚的青年朋友問到的，就是如何找到好伴侶？首要條件就是看眉毛，眉毛清秀的人比較重感情，另外一個就是要有包容心。一般來講，下巴飽滿的人也就是有雙下巴的人，比較具有慈悲心懷，較能容忍他人，再加上眉毛清秀，重情誼重感情，才能包容另一半的缺點。

說到離婚我確實不敢領教，我常往中國教學演講，有一次和有幾位學員帶他的朋友一起去聚餐，我對一位女性的印象很深刻。這位女性年齡大約三十五歲，問我她會不會離婚。我感到很驚訝，離婚是很慎重也是很嚴重的事情，古人說家醜不外傳，一般多不希望被人知道，要問也是輕聲，是不是現在離婚的人口多，見怪不怪了？我對這位小姐說你會離婚，她說對，上個月已經離婚。

在座的學員問我如何觀相，我對這位小姐說，要從你的面相來分析好嗎？這位小姐很大方地說沒有關係，她也想多瞭解一些面相的學問。

既然她這麼大方，我也直接講，此小姐是筋骨質兼營養質，命宮寬，眉尾稀疏，眼睛柔，聲音柔，男女之間的感情是以眉為重要的部位，眉代表異性朋友夫妻的對待，這位小姐的眉稀疏，剛好走眉運。如果判斷沒有錯，去年感情上就有變化。再看她的命宮寬，對感情方面也比較放得開，但最主要的因素是她的愛人在外面有女人，到最後她才知道。這位小姐說對，老師你怎麼知道？我說，因為你的眼睛柔，在夫妻的對待你的姻緣屬於「虛緣」，加上你的聲音柔，你明知道外面有些傳言，也不敢當面問你的先生。你先生口才流利聲音有力帶霸氣，大聲說一下，你就不敢跟他對質。

戀愛中的人，都活在愛情的幻想裡，認為對方的缺點都是可愛的，都是能包容的，一旦結了婚，就開始雞蛋裡挑骨頭了。世界上沒有十全十美的人，面相也絕對沒有完美的搭配，所以我們要懂得其優缺點，善加運用。

眉毛清秀的人，重情重義，與配偶再怎麼爭吵，還是會為對方著想，尤其是命宮寬的人，個性隨和，即使吃了虧也不會與對方計較。夫妻之間感情的牽引力，首重眉毛。

下巴飽滿有容人的度量，但又分兩種，一是聲音柔，一是聲音粗，聲音柔下巴飽滿的人，不會當面與你計較，會把事情悶在自己心裡，不會當面與你衝突，也比較理智；聲音粗下巴飽滿的人，雖有容忍的度量，但會爭個「理」；不講他會很痛苦；最怕的是眉毛壓、命宮窄、下巴削的人，雖然會營造浪漫氣氛，但凡事會斤斤計較，容易感情用事，易發脾氣無法克制情緒，也沒有容人之雅量，在婚姻生活中屬於容易起衝突的格局。

◆陰陽調和成就好婚姻

婚姻在宗教來講，是前世因果造成兩人的分分合合，其實也沒錯，由面相來論，人與人的聚合，本來就或多或少是互補關係，磁場相吸，論為因果其實也不為過。我為人論命的這些年來，論過不少歡喜冤家，在紫微斗數是如此，就連面相也有其特點。

依我多年的經驗，看過無數的命理及面相，我最常應運在陽宅，如果一對夫妻來找我幫他們鑑定，或是勘查住宅的選擇，我一定先看夫妻的面貌及個性。如果男性顏面骨多聲音有力的話，代表此男性的個性比較強勢，有點大男人主義，在選擇住宅一定先找一間陰氣比較旺，來調和陰陽；如果此男性的顏面肉比較多，聲音柔，代表此男性處事考慮多，處事三心二意無衝勁，找住宅一定要有陽氣旺的磁場，增加陽氣的力量，在個性上就會有衝勁。

如果此女性顏面骨多顴骨高者，聲音有力的話，代表她很能幹，也代表她比較勞碌，所以她不能選擇陰氣旺的住宅，這樣會使陰氣太旺，有時會霸氣，處事主觀強勢；如果女性的眼睛柔聲音柔的話，在家裡是好太太，但常被丈夫欺凌，選住宅要找陽氣比較塞閉的，來化解夫妻感情上的糾紛。

◆聲音有力，聲音柔都是關鍵

男女婚配為夫妻，就像《易經》的解說為陰陽配，為中庸，簡單說，一方剛強就配一方柔弱，這樣雙方才能相互需要，互相容納。**在面相的陰陽來講，顏面骨多的為陽，顏面肉多為陰、膚白者為陰，膚色黑為陽，聲音粗者為陽，聲音柔主為陰**。顏面骨頭多的人，在相學理論為『筋骨質』，筋骨質者有衝勁，有魄力，在事業上打拼的人需要有「筋骨」的形質，才會有鬥志打拼在事業。常言道，無骨不成器，但骨多有時會太過衝動，缺少思考，往往會失敗，所以就需要有位賢內助來中和，「賢內助」的條件需要是圓融、穩重、擅理財等，要選擇顏面肉多、聲音柔、膚白的『營養質』女性。

◆三質的特徵

在相學有三個質：營養質、筋骨質、心性質，筋骨質的人處事最有衝勁但缺少思考常吃虧，營養質的人重視家庭觀念，會營造融洽的氣氛，最主要是有理財觀念，所以，筋骨質的丈夫在外為事業打拼，回到家裡有營養質的妻子來照顧甚至幫忙理財，那真是多令人羨煞的家庭啊！但是，不可忽略鼻子和聲音的搭配。**一個人不可能是單一個質，一定會有兼其他的質，筋骨質兼營養質，是最棒的配合**。如果原本該柔和的營養質女性，卻配上高鼻子及洪亮的聲音，則原來的「陰柔」性質轉變為「陽剛」，那整個家庭就呈現大不同的狀況了。

鼻子高挺視為「陽」，鼻子低論為「陰」，鼻子高挺的人，自我主觀強，要求高，有時比較固執，個性獨立、倔強，喜歡發號施令。加上聲音有力的話，如是男性，處事主觀太於強勢，又霸氣，會帶給四周的人特別是配偶壓力；如是女性，鼻子高，聲音有力是位女強人，處事有原則，又固執難以溝通，夫妻上意見不合常有爭吵；鼻子低的人，重情誼，善變化，有耐心，處事最有人情味，但不善把握時機；如果鼻高又配上聲音粗，那此人不但主觀強勢，不容改變之外，又會有更霸道的個性，凡事皆要以自我為主。

林老師面相重點分析

在現今繁忙緊湊的生活中，人際的互動越發顯得重要，夫妻在一起互動也是很重要的，人的面相就像櫥窗，展現個性的喜怒哀樂，懂得面相最重要的是能瞭解自己的優缺點，懂得如何調整自己的人生。

自古至今，都將男性論為「陽」，女性論為「陰」，男性主外，女性主內，所以男女的結合為「夫妻」，為中庸之道。雖然女性也可以闖出一片天，但陰陽調和才能成就好婚姻。

8.移情別戀寫在「臉」上——外遇是幸福嗎？

有外遇是快樂嗎？外遇是幸福嗎？不要以為是天上送來的禮物，這恰恰是你災難的開始。

王天是我在台中授課地理風水的學員，已經很久沒有聯絡。那天的晚上，他從台中來找我，這小子長得眉目清秀，在外人緣佳，據我所知，結婚多年，他還是蠻規矩，不搞婚外情，對家庭很負責。從台中來到臺北與我聊天，我問他最近事業如何，他說還好。可我從他的眼神看，必有問題，我問王天有什麼困難，需要老師來幫忙。他說老師，我瞞不過您的眼睛，希望老師指點迷津能解脫。

【跟林老師學面相】

王天現年虛歲四十八，正好走中庭運的鼻子，左右顴骨氣色帶暗紅，代表受到四周的人際影響。而眉目清秀五官正的人，如果犯桃花，會很糟糕，因為眉目清秀的人比較重感情，犯桃花會纏身難脫離。

◆眉毛、顴骨、鼻子、奸門都是關鍵

我說王天你是不是犯了桃花？他說對，老師您要救救我。

我從他的斗數命理來看，應該在去年年初犯的，他說對，我問此女性是不是聲音有力，他說老師您真的厲害，趕緊從皮包拿出這位女性的照片。我一看很糟糕，此人對感情很專注，是個有情有義的癡情女，難怪王天很難脫身。王天說她真的很專情，不要錢財只要我，跟我在一起即使沒有名分也可以。

此女性額頭高，天倉削，眉毛淡，眼睛亮，鼻子低，下巴多骨，聲音有力，代表此人的個性處事比較有魄力，有原則，作出的決定不會輕易改變，一旦陷入感情絕不會後悔，不惜代價，勢在必得。唯一的缺點主觀強勢，很難控制情緒，在面相學屬於筋骨質。筋骨質的女性，精力充沛，加上聲音有力，唇厚對性愛上需求多，花樣也多又刺激，此女性三十八歲在精力上最充沛，夜夜春宵也不夠。筋骨質的人，對情意方面比較重視，一旦付出感情不會輕易放棄。

王天說自從跟她在一起，現在的事業不是很理想，是否與她有關係。我對他說絕對有關係，重點是你的額頭及奸門的氣色而論，這兩個部位氣色帶黑紅，說明你在事業上無法專心工作，每天提心吊膽，只想著如何應對家裡的事情，怕太太知道東窗事發，又喜歡這個女人，覺得與她在一起是人生最快樂的時光。你全部的心思都放在這個女人的身上，當然在事業上就會有問題。再看你的額頭氣色暗，說明最近事業面臨很多阻礙，加上顴骨暗帶紅，金錢方面的周轉有些困難。

王天說最近簽幾個案，都不是很順利，這些工程是跟別人合作，工程出問題就是監工不盡職。我對王天說以你現在的額頭氣色不佳，在工作上不專心才造成現在的場面，不要怪別人應該檢討自己，因為你心裡只有外面的女人，加上奸門的氣色紅暗，奸門與夫妻和家庭有關，你不趕快回頭是岸的話，家庭會出風波，嚴重夫妻會分離。

林老師面相重點分析

其實王天五官正，顏面帶筋骨質多，要在五十歲後，才有機會脫離桃花運。因下巴比較削，嘴巴小運勢不佳，自然桃花運不旺，他的下庭運不佳，在事業要東山再起很難。人的氣色很現實，只要有些不對勁，對事業必會有阻礙，所以犯桃花稍微處理不恰當，人財兩空得不償失。

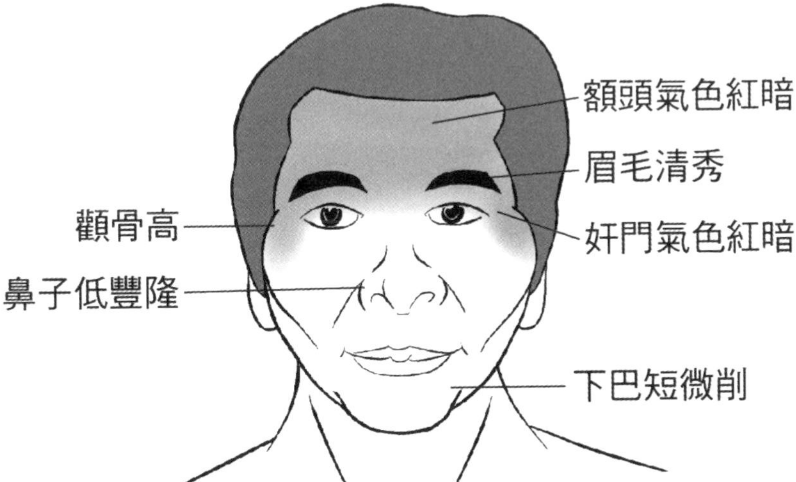

9.喜新厭舊——負心人有何特徵？

被人家認為是喜新厭舊的人，其特徵是：心性質兼筋骨質，天倉削眼亮，命宮寬眉尾稀疏，鼻子低顴高耳朵反，下巴削嘴唇薄，聲音柔。

為了讓學員能實際上瞭解面相的精華，我帶學員到臺北信義區金華的餐廳吃下午茶。這一家餐廳蠻大可容納百人，一般的西餐廳，情人多在此談情戀愛。我對學員說，眼睛要睜亮，你們先去觀察一下，今天的重點是喜新厭舊的面貌，等一下回來我們再來分析。過了不久，學員全部回到座位。最早回來的張同學，眼睛細長眉棱骨比較高，他的判斷能力比較強，能把握重點。最後兩位，一位李學員，另一位歐學員，我看他們的表情，就知道沒有抓到重點，特別詢問他們。

【跟林老師學面相】

我對二人說，你們有沒有找到，老師剛剛解說的特徵有幾位？張學員說對面的前方靠窗戶有一對情人，男性有如老師所講的特徵。這對情侶的女性，從她的面貌上帶憂愁，一副無奈的表情，表示他們的感情方面有糾紛。女性說你到底要怎樣，才能用心關照我，男性一臉不在意的表情。我對

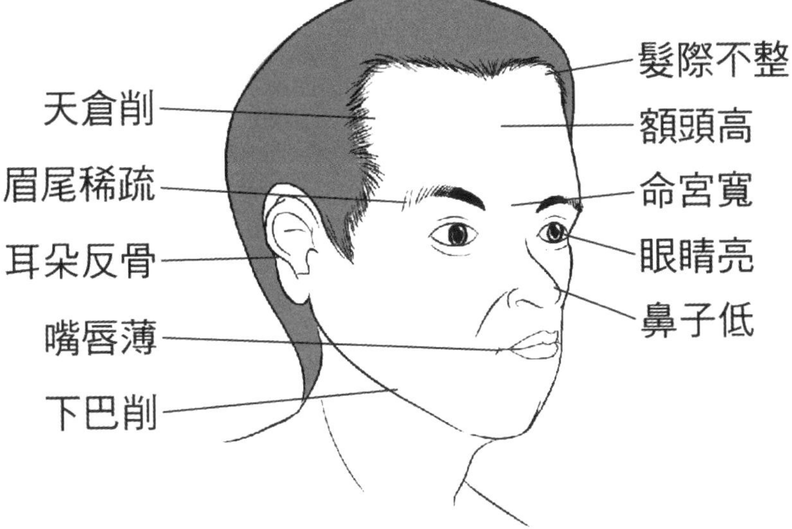

張學員說你的眼光不錯，一眼就能看出來。我問李學員及歐學員，你們兩位是最後回來的，一定找到了好的題材。他們說轉了一圈，越看越糊塗，實在看不懂，還是請老師來解釋。

一個人對感情是不是很重視，必有他的面相，張學員所看到是對方的表情，這是觀相的基本概念。一個人如果心情不好會顯現在面貌上，你們看坐在窗戶邊的這一對情侶，女性雖臉上有化妝，詳細觀察，額頭的氣色滯暗，這種氣色不是一天造成的，應該有一段時間。張學員很客氣地說，我其實只看到這位女性帶一副憂愁的表情，但是沒把握，還是老師來分析。

我接著說，你們看這位男生是不是天倉削的人？顏面骨多處事比較不喜囉嗦，生性好動，處理事情急躁，不喜歡拖泥帶水，加上眼睛亮，凡事不喜歡惹麻煩，遇有事情很快去解決，特別在感情方面敏感，有糾紛就會放棄。最主要就是眉尾稀疏，在情感上比較現實，處理事情缺少人情味，如果眉清秀則比較重視感情。這位男生膚色白，自我保護意識強，本身具有優越感；額頭高往往會輕視他人，有一股傲氣，加上命宮寬，一切事情比較看得開，心胸開闊，但是如果命宮太寬者，對人情世故不是很重視。

再看他的眼睛亮，能把握機會抓住機會，腦筋反應快，對事情太過爭強好勝，個性好動，會不斷產生糾紛，特別是男女之間的感情。**眼睛明亮的人，在感情方面糾紛多。**如果額頭高聲音柔，他的心態天真，經常異想天開，個性膽子小；鼻子高的人缺乏堅持性，以自己的主見為主，主觀強勢，言語坦白講話直接，往往不會保護自己，持續力不足，較不守法；命宮寬，容易受到外來的環境誘惑，好奇心重，總想去嘗試，不會想到後果；下巴削，好動不會想到後果，在感情上，不會體諒對方的感受。

耳朵反，聲音柔的人，易受到誘惑，在異性情感糾紛比較多；聲音粗，下巴飽，在情感方面能堅持到底，比較有責任，對感情有情有義；下巴削，耐力及鬥志力不足，在情感比較不珍惜；嘴巴薄對情感不重視，缺少人情味，不受感情的約束。

再看這位女性，額頭高天倉削，眼睛亮鼻子低，嘴唇厚聲音柔，是一位願意付出的好女人。天倉削鼻子低比較無主張，處事有人情味，對家庭有責任感，對丈夫是一生欠夫債。這位男性沒有福氣，我看兩人的氣色不佳必會分手。

◆「花心大蘿蔔」一眼看穿

姪女小芬是在工作上認識A君的，曾帶到我工作室來詢問工作運勢，我看他天倉削、地庫削，在事業上大多會採取主動，不怕吃苦，此種格局又稱驛馬動，適宜往外發展。

某一天，我私下問姪女：「他是妳男朋友嗎？」

「還不算是啦！我們只是談得比較投機，他對我很好。」

「叔叔是想提醒妳，與他當普通朋友就好，不要把感情投入。」

「他不好嗎？可是他對我很體貼耶！」姪女用疑惑的眼神看我。

「此人會用情不專，叔叔不希望妳受傷。」

後來，姪女果然失戀了，她跟我說：「叔叔，當初沒聽你的話，現在終於嚐到苦果了！」

在戀愛中的人，情人眼裡出西施，別人勸導的話很難聽進去，總覺得對方永遠是完美的，我這個做叔叔說的話，當然只是耳邊風一閃即過。

這位A君，天倉削，鼻子露骨、眼神柔又水汪汪的，配上下巴削，此種男性極受女性的喜愛。我常在講，最有羅曼蒂克的男人，就是天倉削的人，因為天倉削的人，也最熱情，他的表現很主動，在事業上肯努力付出，又肯花時間學習，不怕吃苦，講話最有幽默感，對異性而言是個好的對象，如果五官配的不巧，此男性不可以依靠。如果下巴削在相學稱為天削地削，一生比較無定性，因為下巴削的人，屬驛馬動，也代表各方面都呈現不穩定狀態，處事後繼無力。我常說下巴削的男人，在戀愛中是蜻蜓點水，也就是說不專情的人。

A君天倉削下巴削加上鼻子露骨，顏面骨多，身體結實，在相學代表筋骨質的特徵。筋骨質的人體力充沛，整體看來是帥哥，給女性的感覺是一位好對象，鼻子露骨則個性頑固，剛愎自用，在情愛方面喜歡追求變化。**水汪汪的眼睛，一般被稱為桃花眼，有桃花眼的人大多深受異性的青睞，這其實是眼神柔，在異性中必較吃香。**因為眼睛柔的人會給人感覺很溫和，眼睛亮會給人感覺有壓迫感，所以在異性方面，眼睛柔的人，就比較吃香，非常感性，但感情過於豐沛容易迷失，所結之緣屬虛緣。

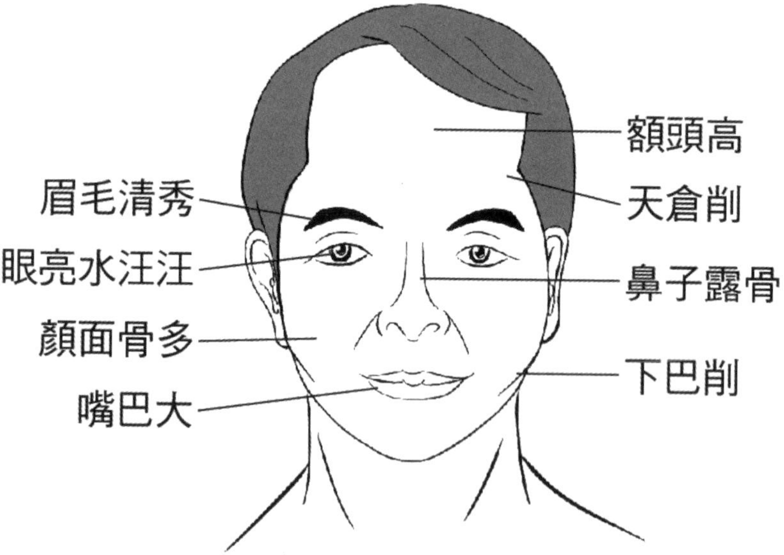

◆察言觀相都是關鍵

男女之間的感情與牽引力，是從眼睛來判斷，眼睛亮是實緣對感情比較珍惜。眼睛柔，此種形態的男性，通常不善於拒絕女性，當然異性緣多機會多，所以容易腳踏好幾條船。

小芬告訴我說，A君同時與好幾位女性在交往，要他做個決定，他反而說：「不忍傷害其他女性」。相信大多數的情侶，都無法接受劈腿事件吧！

林老師面相重點分析

故事中的人物，A君的最大弱點在於眼神柔，有時後處事也不知輕重，他無法去掌握自己想要的，相對在事業上也沒有很大的成就。因為眼睛柔的人比較怕吃苦，只求安逸。如果眼睛亮的人，他會知道自己想要追求的是什麼，在事業上有衝勁能掌握一切，但加上鼻子露骨、下巴削，喜歡求刺激與變化，此種格局之人真是名副其實的「花花公子」。

10.說好不分手——易糾纏不清的女性

為了感情方面放不下，易糾纏不清的女性，到底有怎樣的特徵？一般而論，筋骨質兼營養質的比例比較多，額頭低，眼睛無神，眉毛清秀，顴骨平均，鼻子低，下巴飽，聲音有力。

【跟林老師學面相】

在上海教企業面相學，其中有位女性的張學員打電話給我，要分析紫微斗數的命盤，看她最近的運勢如何。我看她命盤有桃花的格局，今年的流年兄弟宮沖命宮，自己的疾厄宮化祿在交友宮，代表有桃花的現象，在交友方面會有糾紛，如果在戀愛必會受到阻礙，並且感情方面會很痛苦。因為她的化祿在交友宮，論感情方面自作多情，對情人有情義，但是對方與她無緣。

我請她過來當面分析她的運勢，說感情方面不能強求，依你的命盤配面相論很難放棄，姻緣天註定強求也無用，你必須要痛苦一段時間，這是你與他的緣分。我分析她的面相，讓她瞭解自己面貌的缺點與優點。

我對張學員說妳跟我學面相，最重要的是能瞭解自己面對人生抉擇或困惑時，可以憑此分析自己也瞭解對方，減少錯誤的判斷，也可以降低對自己的傷害及別人的傷害。

在面相學的理論上，最容易對感情糾纏的形質，應該筋骨質的人，因為筋骨質的個性比較重情義，特別在感情方面比較放不開。此形質的人凡事付出多回報少。對待感情不拖泥帶水的人，大部分是鼻子挺且膚色白的人，缺少耐力，稍微有不順馬上就放棄。最忌諱就是鼻子低的人，最有耐性，有吃苦耐勞的精神，雖然無主張，也最難纏。我們從另外一個角度來探討，國小的小朋友未成年大部分鼻子低，如遇到一件不如意的事情，一定很難在短時間忘記，也比較難纏。如果已經成年後鼻子低豐隆者，代表此人比較有人情味，任何事情比較珍惜，在感情方面也比較多情，如有糾紛難忘掉就會纏不清，為感情而傷心。

再論眼睛亮，凡事都想去嘗試，稍有風吹草動感覺不對勁，就會快刀斬亂麻，在感情方面不喜歡拖泥帶水。

如果眼睛無神的人，就不知輕重，只知付出就要有代價，一旦感情有糾紛時，就會無法自拔，也會失去理智，心裡只想我對他付出這麼多，難道他都無動於衷嗎？所以，內心還是無法忘掉他的影子，這種格局的人容易為情所困。

◆顴骨平均、鼻低都是關鍵

張學員的鼻子低，加上顴骨平均，處事不會分辯好壞，加上下巴飽最有包容心，付出得多，但是也會要對方表達誠意，在感情方面會要求對方回饋。出現問題最主要的原因是你的眼柔，處事不知輕重，抓不到對方的重點，你的個性比較單純，聲音粗下巴飽，一生付出多，答應的事情如果做不到，也會明確交代。如果額頭低，思想比較單純不會急轉彎，鼻子低，她付出對方沒有交代的清楚，她就會糾纏一輩子。張學員說，我全心全意愛他，對他付出無怨無悔，為什麼他對我無情無義？說完，眼淚掉下來好傷心。我對張學員說，你先冷靜，看自己的面貌，你是天生活潑的個性，你的面貌最大的缺點就是山根低，今年剛好二十九歲，我不是有教妳九執流年嗎？

九執流年法亦為相學秘法之一種。

此法以五官分為九年，每九年重複一次。

臉上各部位代表的年歲細述如下配對：

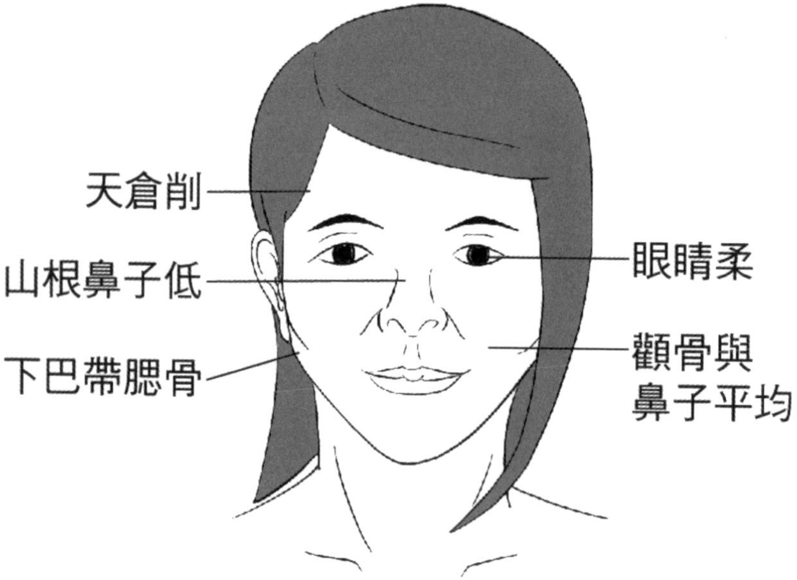

左眉：一歲、十歲、十九歲、二十八歲、三十七歲、四十六歲。
鼻：二歲、十一歲、二十歲、二十九歲、三十八歲、四十七歲。
口：三歲、十二歲、二十一歲、三十歲、三十九歲、四十八歲。
左耳：四歲、十三歲、二十二歲、三十一歲、四十歲、四十九歲。
左眼：五歲、十四歲、二十三歲、三十二歲、四十一歲、五十歲。
額：六歲、十五歲、二十四歲、三十三歲、四十二歲、五十一歲。
右眉：七歲、十六歲、二十五歲、三十四歲、四十三歲、五十二歲。
右眼：八歲、十七歲、二十六歲、三十五歲、四十四歲、五十三歲。
右耳：九歲、十八歲、二十七歲、三十六歲、四十五歲、五十四歲。

需要注意的是，九執流年法是男女年歲左右互換的，男性左眉代表一歲，女性則右眉代表一歲，女性左眉則相反，代表七歲。

所以，當你看見某人面相上已出現問題，便可用九執流年法去推斷會發生問題的年歲。相反，如某人面部因意外受傷，也可從受傷部位還原受傷的年歲。

◆最專情的面貌特徵

在面相學的理論上，筋骨質的人最為專情。

論最專情的部位，眉目清秀的人對感情方面最忠實，因為眉代表朋友、異性、夫妻的拉力。還有就是下巴帶腮骨的人，在相學的理論上，帶腮骨在事業上能輔助對方，在感情上付出最多。

綜合來看，最專情的面貌特徵是：筋骨質，額頭低，天倉削，眼睛柔，眉目清秀，命宮窄，眉壓，顴骨平均，鼻子低，下巴帶腮骨，聲音柔。

林老師面相重點分析

二十九歲走鼻子運，鼻子是一個人的主觀，如鼻子低的人最有人情味，但是在感情方面最放不開，如有糾紛的話會難放手。特別是筋骨質山根陷的人，受到感情打擊，痛苦一時難忘掉。

11. 你的柔情我不懂——無法把握對方

在臺北的工作室，悶熱的午後，有位先生汗流浹背地走進我的服務處，神情黯淡，他說他一切都不如意，難道我的運勢這麼倒楣嗎？老師你要救救我，為我指點迷津。我看到他山根的部位（兩眼之中）有一條橫紋，這位先生今年四十一歲，走的正是這山根的運勢，山根部位有橫紋、傷疤等，左右幾年的運勢將會不如意，不論家庭、事業、財運甚至健康都受影響。從他眼眶發黑、魚尾紋很多來看，他的工作應屬勞碌奔波型的，他說他是計程車司機，我提醒他要多注意身體及家庭。誰料他卻給了一個令我驚訝的回答：「現在有家像沒家一樣，太太跑了……」他也不知原因，頓時讓我啞口無言。

【跟林老師學面相】

看這位先生眉壓眼，田宅宮很窄（眉毛與眼睛間的距離），代表示筋骨質的比例比較多，如果顏面的配合不適當的話，處事缺少考慮，此人個性急躁，脾氣不算好。我說：「你個性很急，做什麼事情都求快，如果沒立刻解決，你就不耐煩，脾氣就上來了，對不對？」他回說：「唉，時間就是金錢，尤其是像我們這種開計程車的，時間對我們來說很重要。」

我問他：「你的妻子的聲音如何？」他說：「我老婆是位聲音柔和的人。」這時我突然有種似乎能理解他太太為何會離家出走的心情了。在面相學的理論上，夫妻之間一陰一陽是最佳的配對，理論上的邏輯是正確，但是有時候環境的變化就會影響，如故事中的配偶聲音柔，是默默地承擔，但是日久也會改變她的個性，因為人的耐性有限。故事中李先生結婚後至今無小孩，如果有小孩的牽制，以他的配偶聲音柔的人會被小孩牽制，對先生的不良行為也就會默默地承擔。

我說：「你常會將在外的不如意帶回家，對不對？而且你這急躁性格，在家一定動不動就發脾氣，因為你太太聲音柔和，對你，她只能逆來順受，還好她是聲音柔，如果她是聲音粗，那你們一定吵無止境。人都會有個忍耐的底限，想必你太太已達到她的底限了，而且你的眉毛稀疏，你對夫妻間的情誼本來就不重視，我想這應該是你太太出走的原因之一吧！」

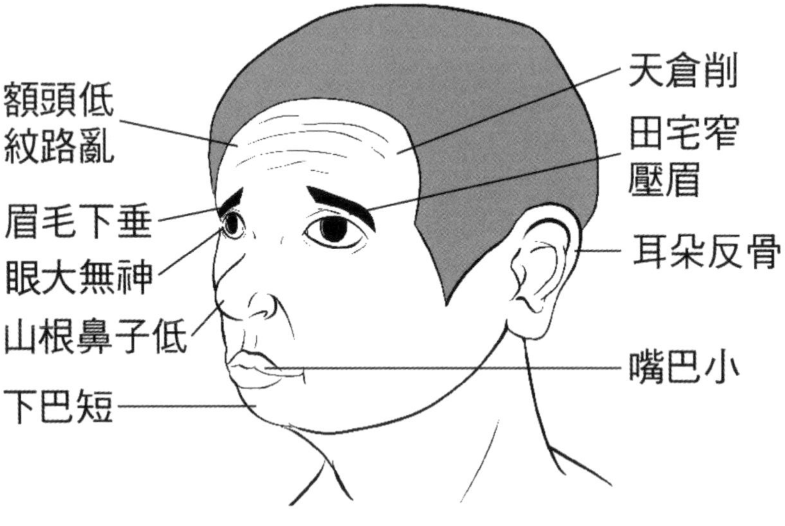

男女之間的感情及姻緣，最重要的因素是眉與眼睛，如果眼睛柔的人，處事抓不到重點，也不知輕重，相對也不知道配偶的想法，夫妻溝通上會有距離。這位先生眼睛柔，鼻子低處事比較無主張，聲音有力不認輸，在處事上主觀強勢，在家庭上以他自己的邏輯為主，會帶給家人與配偶帶來無形的壓力，但是自己做事情又抓不到重點，有時很盲目，也會疑神疑鬼，難怪他太太與他相處會很痛苦。加上眉毛稀疏，與配偶的感情吸引力就不夠，嚴重者各奔東西。

我問：「你最近常常感覺腰酸背痛嗎？」他回：「有。」

我不諱言地說：「你們夫妻生活也不佳吧？」

一臉錯愕的表情顯現在他的臉上。

我說：「你眼眶發黑、山根陷，在中醫學裡，代表腎經方面有問題，你已經有腰酸背痛的現象了，建議你要去醫院做檢查。而且四十一～四十三歲這幾年，開車要小心，多注意交通安全。」

林老師面相重點分析

面相學裡來講，山根陷、眼柔的人，比較無法掌握配偶的動向，而聲音柔、鼻子低的人，大多會逆來順受，不敢表達自己的意見。此形態的人較容易得憂鬱症，所以與此種人相處，要適時讓他有抒發的空間。

12. 女怕選錯郎——家暴傾向和大男子主義

一位女學員從南部打電話邀請我勘查風水地理，隔天我坐高鐵到台南，學員在高鐵站接我。女學員說：「今天麻煩老師請幫我的同學家看風水。」

當我進入此住宅，發現此宅的臥室門有被打破的痕跡。這位同學姓陳她先生姓林，她問我她家裡的風水好嗎？從此宅的四周察看，發現在東方的位置，有一股煞氣。依照現代陽宅的理論，東方的氣流旺，東方位置代表住宅的男主人，如果氣太旺盛的話，住宅的男主人個性比較急躁，主觀強勢，有時無理取鬧，在家比較霸氣。林太太說對，先生的脾氣不好，有暴力傾向，這跟住宅的風水有關係嗎？

依我多年的經驗，發現一間住宅的磁場與住的人絕對有關係。北方，西北，東北，東方這四個方位，代表住宅的陽氣，如東北及西北的磁場在住宅的話，住宅的男主人個性雖然強勢，但比較理性，如果是北方、東方的氣流，此住宅的男性個性主觀強勢又霸氣。

【跟林老師學面相】

依面相的比例，在筋骨質、心性質、營養質中，筋骨質的人所占比例較多。筋骨質中，天倉削、鼻露骨、顴骨橫張、眉棱骨高、眉清淡，比較會有家暴的傾向。一般而言，鼻子露骨的人，個性比較倔強，攻擊性強，講話直接很不客氣，決不容許自尊受損，個性比較急躁，處事缺少考慮，言語比較粗暴，凡事對自己有信心，絕不輕易向人低頭，脾氣不好衝動又固執，對人熱情處事乾脆，思考不夠周全，凡事先斬後奏，個性直接了斷。顴骨橫張的人，缺少臨機應變能力，個性又衝動，凡是要以他的邏輯為主，愛出風頭又不服輸，從不計較後果，常惹是非口舌上身，言語偏激，加上眉淡，人脈不多，以利益為主，平常與人相處比較無人情味，一旦發生衝突不會珍惜情分，缺少情義，這種格局的人，比較會有家暴傾向。

◆磁場感應改變個性

林太太眼淚掉下來，為什麼我會嫁這樣一個丈夫，今天不是為小孩子著想，就跟他離婚。我對林

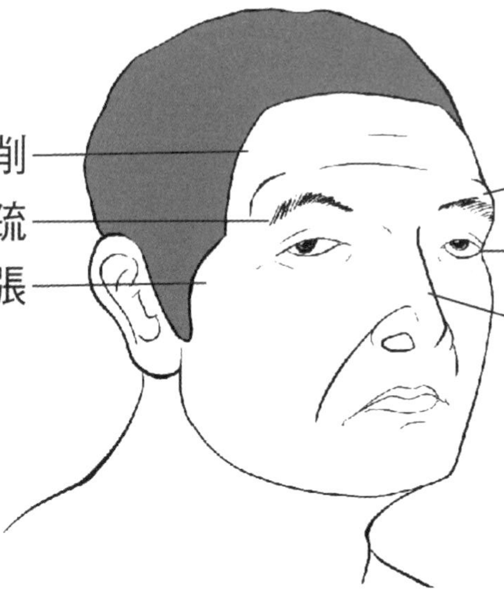

太太說，姻緣天註定，很難改變，要想盡辦法解決。林太太說可以化解嗎？我說可以化解，我建議她，在住宅的東邊有一塊空地種一些樹木來壓煞，因為東方的氣流有雜氣，在思想上有時會很極端，種樹木可以抵擋不好的氣流，能減輕男主人的霸氣，使住宅的氣流平均，對住宅的男主人最有利。在個性方面，男主人會比較溫和，也比較會思考不急躁，對事業也有幫忙。東方的氣流有雜亂在事業上處事不穩定，錢財方面也容易破財，在人際公關與人互動不佳，在外常因小事與人有糾紛，如果改善磁場，這些都應該有改善。

◆大男子主義，顴骨鼻子聲音下巴都是關鍵

李小姐現在的男友，跟她在一起時間的時間比較長，各方面的條件都不錯，唯一的缺點就是很愛發脾氣。他是一家公司的主管，在管理方面

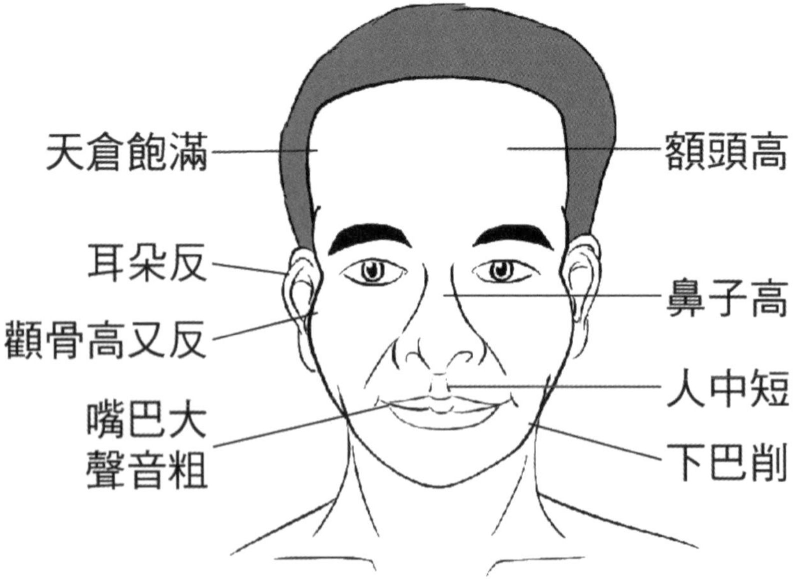

有一套專長，處事有魄力，受到上司的賞識，確實有才華。可是在人際關公關方面，就是不得人緣，常因小事與同事意見不合。但在處事方面，公私分明，不會意氣用事，就是這種個性讓李小姐喜歡他，但有怕結婚後總是吵架，所以至今一直不敢結婚。

在一個下午，李小姐來到我的工作室。

我問她多大，李小姐說虛歲三十三歲。

從面相而論，李小姐的異性緣佳，有很多人在追她。

李小姐從皮包拿出男朋友的照片給我看。

我見她的男友天倉飽滿，顴骨高，又有一點反，鼻子高，嘴巴大，就問她男友的聲音。李小姐說男友聲音洪亮有一點粗。根據這些來判斷，李小姐的男友在工作上會有成就，易得到上司或長輩的提拔，其缺點下巴削，在人際公關方面缺少人緣，容易因小事與人爭吵。嘴巴大聲音有力，有鬥志處事很霸氣，而且顏面骨比較多的人，處理事情事情比較急躁，鼻子挺自己有主觀有時太強勢，人中短喜歡與人爭論不認輸，唯一的優點眉目清秀比較講義氣，但是在做人方面個性比較直，容易得罪他人。其實他的內在還蠻重情義，是很好相處的人，將來在事業會有一番的成就。

李小姐問我，可以把他作為終生的配偶嗎？如果共同生活，要如何與他對待相處？我說，妳下巴飽滿，聲音柔眼睛亮，個性比較剛強，在異性方面比較喜歡有魄力的男性，如果遇到性格溫和的異性，妳會感覺沒有安全感。要聽我一句話，姻緣天註定，自古以來英雄難過美人關，妳可以以柔克剛，凡事不要主觀強勢，互相體諒對方，幸福是自己創造出來的，妳的姻緣到了，如果沒有錯妳想在年底結婚，以你的面貌現在走三十三歲，對妳最適合結婚。

林老師面相重點分析

一個人的面貌是父母賜給你的，天生的命格很難去改變，只有培養後天的環境，以及住宅的磁場來改變個性。依我多年的經驗，如此人的個性及作為不良，跟他住的住宅絕對有很大的關係。

夫妻要共同生活在一起不簡單，要用智慧去面對，互相包容對方的缺點。大男人主義的心態，用在事業方面很棒，回到家裡改變性格，要成為妻子心目中的好先生，兒女的心目中的好爸爸，否則夫妻無法溝通，最終會離婚收場。

13. 沒有永遠的秘密——曝光地下戀情

在新聞電視或是雜誌的報導，有很多知名的人士犯了桃花，在報導上會震動社會，因為他們平常在眾人的眼裡，是位君子的形象。

學員問：「我怎樣的面貌，會有地下戀情，又能瞞天過海？」

何為地下戀情，就是說雙方來往有一段時間，而不會被別人發現。

在面相學的解說，筋骨質加上營養質的人，顏面的肉比較硬，會給女人安全感，五官正的人會讓人感覺很穩重，這都容易發生地下戀情。

【跟林老師學面相】

容易發生地下戀情之人的特徵：額頭高，眉目清秀，眼睛亮帶雙眼皮，鼻子挺，看來比較文秀。

自古以來就有人說，風流書生，額頭高，代表此人思想豐富，也比較會控制自己及約束自己，眉目清秀的人最怕自己的小毛病被別人發現，也就是說有把柄怕人家知道。因為此面相的人，平常是位君子的形象。眼睛亮的人很敏感，稍微有風吹草動，怕東窗事發，馬上去處理化解一切，速度極快。聲音有力的人，比較強勢，對方必須由他的邏輯安排，如果是聲音柔的人，遇事情很難有能

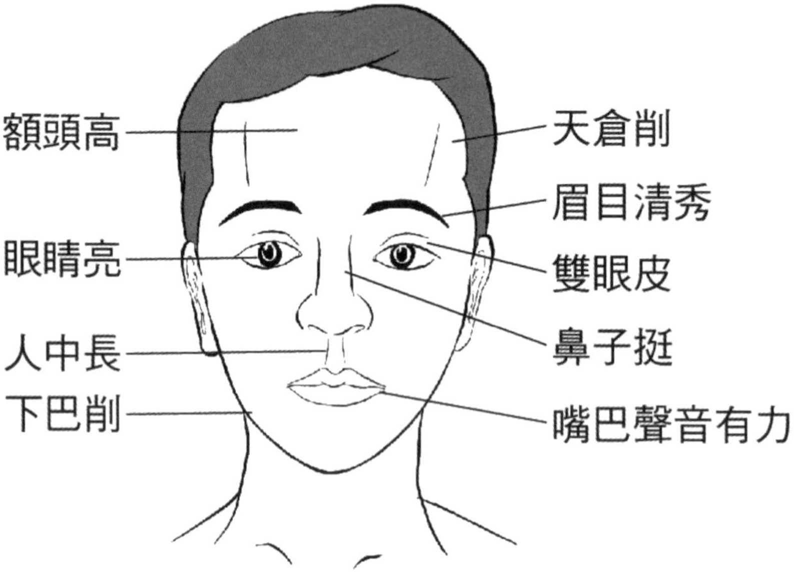

力去處理，容易被發現。

隨著時代的發展，地下戀情越來越多，我從事風水面相命理將近三十年來，發現有地下戀情之人的面貌特徵，**大多是筋骨質兼營養質，額頭高，眉目清秀，眼亮，雙眼皮，鼻子挺，人中長，下巴削，聲音有力，顴骨高。**

有一次在上課，剛好當天的報紙和電視報導一位官員在汽車旅館被發現婚外情，在社會上很轟動。其實現在的社會有婚外情的人很多，而這位男士平時是大眾眼裡的好男人，他的配偶是一位美女在社會上很有名氣，兩人是讓人羨慕的夫妻檔，所以讓大家覺得不可思議。

學員問我：「此人的五官正為何會有婚外情呢？」

我對學員說：「我們來探討一下，很多企業家都養二奶，他們的長相如何，共同點是不是鼻子大、嘴巴大，大部分下巴飽滿？論理說比較有錢財，才有條件養二奶，聲音有力不怕他人知道，有時還會炫耀，他的人緣佳才有機會有外遇，下巴飽滿的人有度量，能大小通吃。」

我們來論此官員的面貌，額頭高，腦筋反應快，額頭控制一個人的思考能力，額頭高的人思想豐富，凡事充滿信心，談情說愛充滿浪漫氣息，並且膚色越白越重視情趣。女性最為欣賞的男人，大多眉目清秀，這樣的人重情重義，給人感覺穩重，鼻子挺有主張處事有原則，下巴飽人脈多口才流利，聲音柔言語雅氣，最受到異性的喜愛。其實在相學的理論上，下巴飽滿的人，多子多孫多福氣。換句話說，下巴飽滿的人，有三妻六妾的命。

林老師面相重點分析

在論此人的顴骨高鼻子挺，會給異性好感，加上雙眼皮異性緣佳。特別是人中長的人，桃花最重，因為人中論子息，多子多孫多福氣，所以人中論桃花，加上下巴飽滿，聲音有力，體力充沛，夜夜春宵，一天沒有異性會很痛苦，因此這種格局易談地下戀情。

14.寂寞惹的禍——感情容易出軌的男女特徵

在立夏的晚上，有位女學員帶同學黃小姐到工作室要我看相。這位黃小姐年齡三十五歲，她說在感情方面有糾紛，不知如何排解。

【跟林老師學面相】

看了黃小姐的面相之後，我對女學員說：「論相一定要放棄一切妳所知的事物，以面相的理論為基礎，才是正確的論法。妳的同學黃小姐是營養質兼筋骨質，天下最容易發生感情糾紛的人。因為筋骨質的人，一生最怕寂寞，本性屬於好動，稍微安靜一下就會感覺很無聊，加上營養質又懂享受，喜歡熱鬧，所以感情容易出軌。」

◆花癡女的面相

黃小姐的額頭高，天倉削，加上是筋骨質，這樣的人最怕寂寞。因為額頭高思想豐富，加上髮際不整齊，如在事業上比較會有阻礙，但是用在感情方面，髮際不整齊在感情方面糾紛比較多，也就是說，交往的異性會很多。加上天倉削，馭馬動，內在很難靜下心來。鼻子低比較熱情凡事都想去嘗試，也比較無主張，會給人家感覺好相處有人情味，但在感情方面會抓不到原則。如果我猜得沒錯，你現在有多位異性朋友。

黃小姐說：「對，我就是如老師說的不會去選擇，常受到異性朋友的誤解，可是我不甘寂寞，最近又交到一位異性朋友，但是舊情人又回來找我，我不知如何選擇。」

我對女學員說：「在上課常說嘴巴大的人，有魄力又有膽量，如果應用在事業是多元化發展，但是如果應用不當，遇人不淑在感情方面必會有糾紛。」

接著，我又對黃小姐說：「從你現在的氣色上來看，內心還是比較喜歡舊情人。」她說：「對。」我說：「如果沒錯，不要再猶豫，回歸舊情人，對你將來才會有幸福。」

女學員問我：「如何知道她比較喜歡舊情

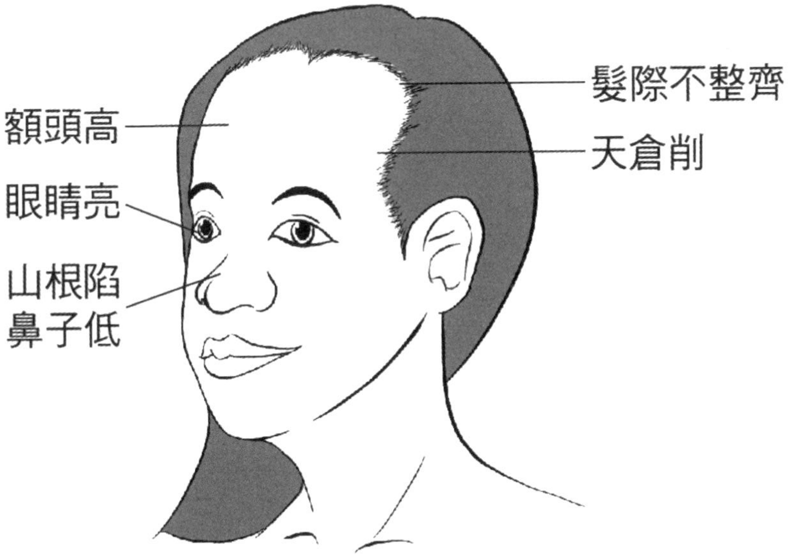

人？」

我對學員說：「要論一個人的面貌，必須詳細的觀察，看她面部的優點及缺點在什麼地方，是不是聲音有力，眼睛柔。**以聲音論個性，聲音粗個性豪爽，一生最怕沒有異性緣，聲音柔個性較保守，但聲音柔虛榮心重。**眼亮喜歡熱鬧，鼻子低在異性方面比較隨和，較不會選擇，異性緣多，如果眼亮鼻高，在戀愛就會選擇，額低鼻低個性隨和，又怕空虛，鼻子低的人比較會去嘗試，所以異性多，在戀愛中常會吃虧。鼻子低眼睛柔，在戀愛最希望得到異性的讚美，如異性稍微言語讚美，在戀愛中就陷入迷惑，無從選擇，開始亂談戀情。」

黃小姐今年三十五歲流年走眼睛運，眉目清秀，以眉來論，異性方面眉代表情意，眉清秀的人重情義，也就是說在感情比較念舊。眼睛柔鼻子低聲音有力的人，處事比較不知輕重，在感情方面抓不到重點。聲音有力是主要的關鍵，聲音代表內在的思想，聲音有力內在比較好動，個性主動，如果在感情受到波折會很痛苦，唯一的優點很快忘掉一切不如意的事件，加上眼睛柔會盲目交往異性，當然會吃虧，如果眼睛亮就會選擇，能控制自己的情緒。黃小姐本身是營養質的體質，當然會想到以前與情人的浪漫生活，這種個性的人較會想舊情人，一旦寂寞就會亂交異性，容易吃虧。

◆出軌男的面相

有一天早上，工作室的助理說：「郭師姐預約在十點左右，會與她的朋友來請教命理。」

郭師姐是多年的客戶，也是一間道場的主持人，其人個性爽快，聲音洪亮，處事很有魄力，我很佩服她的為人。她請我看和她同來的木小姐的面相及運勢。我看木小姐的氣色不是很好，特別是下巴氣色暗滯，好像有傷心事。郭師姐說木小姐是她的好朋友，希望老師指點迷津，拯救她的婚姻。木小姐從皮包拿出她先生的照片，寫上先生的生辰。從事命理面相三十年來，只要夫妻有糾紛，如果要離婚我大部分會作「和事佬」，這次破例，我會贊成二人離婚脫離苦海。

我看木小姐先生的命盤，天生的格局異性緣佳，在走中年的運勢，在外的異性桃花不斷，夫妻宮有相沖，代表在中年運勢常會有爭吵。我對木小姐說，你先生的桃花緣佳，如果有犯桃花不是第一次，他對家庭無責任感，在走下個大運，桃花還無法脫離，在夫妻宮還是有對沖，代表與配偶的緣分已盡。我對木小姐說，你有辦法再忍耐他的桃花十多年嗎？木小姐說不行，無法接受他的行為。其實講一句真話，一個女性要容納先生在外有婚外情，是不可能接受的。

◆眉毛下巴都是關鍵

從她先生的面貌而論，額頭低，天倉飽滿，髮際有沖到奸門，鼻子挺，眉目清秀，嘴巴小，聲音有力，在家光說不做。額頭低的人思想單純，如果犯桃花不會掩飾自己，額頭高的人有婚外情，絕對想盡辦法不讓別人知道，打死也不承認；天倉飽滿的人本來是防禦心重，比較自私，如果陷入婚外情難自拔；額頭的髮際沖到奸門的部位，代表配偶與他的感情一段時間難相處，也就是說夫妻

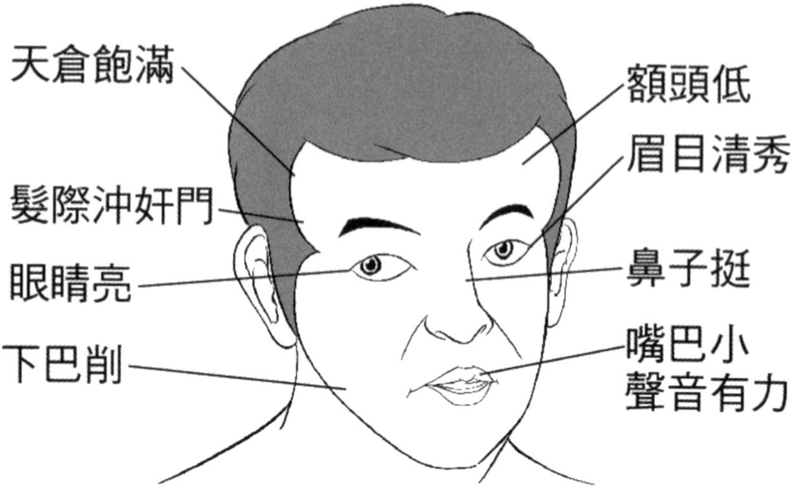

的緣分薄。

眉目清秀，眉代表異性朋友和夫妻的牽引力，未婚者異性緣佳，婚後夫妻感情好，但桃花重；嘴巴小聲音有力，對家庭不夠負責，在感情方面持續力不夠，加上嘴巴小，聲音有力，只會怪別人對他有意見，不會檢討自己的錯誤，在家庭上以他的邏輯為主，個性霸氣；加上眉目清秀眉尾淡，奸門飽滿魚尾紋多，異性朋友特別多，比較不會選擇，交到的異性朋友不會珍惜，因眉尾淡下巴削的人，對感情較會享受而不付出，因此這種格局的人，一生桃花不斷。所以我對木小姐說，不要再留戀你先生，要不要離婚你自己做主，也明白告訴他，無法聽進去也是他的命運。

易婚後出軌的人面貌的特徵：心性質兼筋骨質，額頭低天倉削，眉目清秀鼻子挺，眼尾奸門飽滿，下巴削嘴大，聲音粗。

林老師面相重點分析

以面相學論桃花，下巴削的人，在異性情感方面持續性不夠，只會蜻蜓點水，不會珍惜這份感情；額頭低的人比較不會顧慮太多；天倉削有幽默感；奸門飽滿紋多，在外異性緣多；顏面骨多加上鼻子挺，體力充沛，會給異性緣感覺有魄力，吸引力強；嘴巴大有膽量；聲音粗個性霸氣，一旦出軌也不怕人家知道，如聲音無力個性保守，出軌怕麻煩。額頭低天倉削的人，犯桃花先做再說，缺少考慮。最主要是下巴削，嘴巴大，聲音粗，桃花再多也不怕，也較不會選擇性，易婚後出軌。

15.難忘舊情──戀舊的男人是這樣的

相信很多未婚的女性朋友，最想瞭解她的對象是不是重感情念舊的人，並且如何去判斷。

重感情念舊的人主要特徵是：筋骨質的人，天倉削，眼睛亮，眉毛清秀，耳朵佳，鼻子低，人中深長，鼻與顴平均，嘴唇厚，下巴飽滿帶腮骨。

【跟林老師學面相】

有一次在上海坐地鐵，上午十點的時間坐車的人比較少，在座位的對面有一對男女在爭吵，聲音好大，引起我的好奇心多看了一眼。吳學員跟我在一起，他知道我的個性，必會去察言觀色，觀察對面的這對男女。吳學員說老師你是不是又要分析此對男女？我對吳學員說，你要學習面相，就要有老師這種專業的精神，生活的點點滴滴都是我們的題材及累積的實地教材。

女生說今天要明白地告訴我要不要我，男的說當然是要你，女的說你還在欺騙，昨天的手機還有通訊的留言，你還是沒有放棄她，我無法忍受你這種欺騙的感情。

吳學員問我，此男性會有這種格局嗎？我說會，你想想看，面相的重點部位是不是以眉毛為主？眉毛清秀的人比較重情義，對朋友六親付出較多，特別是在男女之間的情感方面比較珍惜。這位男性眉清目秀，加上嘴唇厚，在感情上付出比較多。

眉毛代表異性的緣分，也是代表交友的情分。眼睛在感情上分為實緣與虛緣，眼睛代表與對方的牽引力，眼睛亮的為實緣，眼睛亮永遠放不開，一旦陷入感情中難忘對方，永遠放不下，內心時時刻刻都會想念；眼無神為虛緣，比較放得開，也抓不到重點，一旦感情受到傷害，很快能忘掉一切。耳朵佳的人在感情容易付出，比較會關心對方。鼻子低的人比較有人情味，會纏著對方在感情上也會戀舊。人中長的人守信用，人中長者慾念強其本身就帶有桃花，答應的諾言必會實行，遇到感情的糾紛，內心會很掙扎。天倉飽滿，比較會堅持下去。

林老師面相重點分析

在感情上比較會戀舊，有三個部位需要重點觀察：

①眼睛，因為眼睛亮的人，對感情比較看重，一旦陷入感情很難控制自己的情緒，永遠難忘舊情。

②眉毛，眉毛主情義，眉毛清秀最重視感情，一旦陷入感情中難忘掉對方。

③人中，人中長的人守諾言，但人中長的人基本上桃花多。

吳學員說：「聽起來面相很簡單，但要綜合論確實有點困難。我對他說，其實也沒有什麼訣竅，我平時說你們一定要把三個質的特徵抓住，一定要熟能生巧。在面相學上有三個質，營養質、心性質、筋骨質，在感情方面比較會戀舊的人，筋骨質佔的比率比較多。筋骨質顏面骨多，重情義，在感情方面，答應的事情會想盡辦法完成，一旦陷入感情中會全身心去愛，如有糾紛難以自拔，加上眉清秀，就會付出多回報少。顴骨平均的人在感情方面會念舊情，加上下巴腮骨有點凸出，一般有帶腮骨的人，對感情比較專一，在感情方面刻骨銘心，膚色黑最為明顯，因此這種人在感情上會比較念舊。」

我對吳學員說：「如果能將三個質的特徵熟練應用，就能更加瞭解面相的奧妙。」

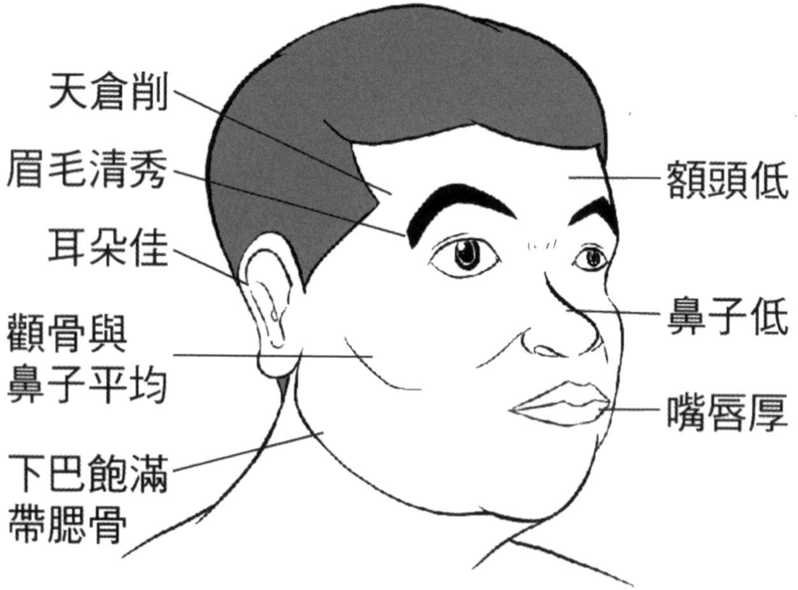

16. 啼笑因緣——什麼樣的夫妻愛吵架？

「老師，你看看，他又不說話了，悶在那裡不理人，你說夫妻要溝通，可是他不講話要怎麼溝通？」

「妳說我不講話……妳有給我講話的機會嗎？什麼事情都是妳在吵，妳有問過我的意見嗎？妳有尊重過我嗎？」

「老師，你評評理，看他說的什麼話……好像我很霸道似的……」

【跟林老師學面相】

我常講一對夫妻沒有吵架才怪，夫妻在一起難免會有一些爭論，教面相學這麼多年來，學員常會問怎樣的夫妻常常會吵架，有什麼特徵。在相學的解說，一個人的主觀及主見以鼻子為重點，因為鼻子在一個人的面貌剛好在中間，面貌中間代表自己的主見及主觀。如果鼻子挺的人，主觀強勢個性比較傲氣，如果鼻子比較低的人，個性比較隱忍，也比較有人情味，這是基本的邏輯。如果鼻子高的人與鼻子低的吵架的話，鼻子低的人最後必讓步，但是鼻子低的人永遠不會認輸，表面上不敢當面得罪，日後有機會一定會報復。我常講寧願得罪鼻子高的人，也不去得罪鼻子低的人，夫妻

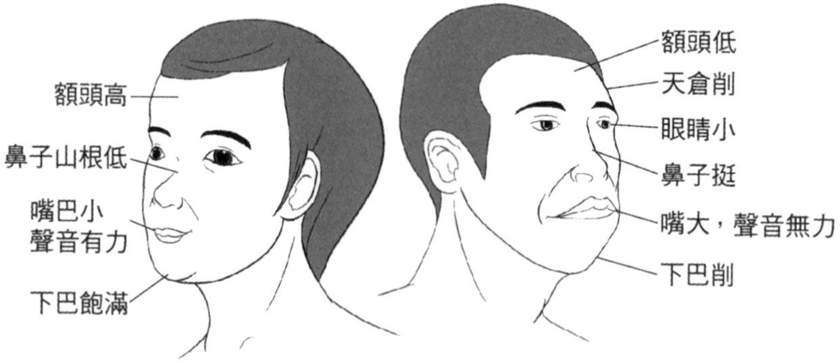

在一起鼻子高壓制鼻子低。

小吳夫妻又吵架了，每次吵架總會來找我當和事佬，說好聽是「和事佬」，其實到像是「垃圾桶」，盡收他們的怨氣。說起小吳這對夫妻，還真讓人啼笑皆非，恩愛時如膠似漆，難分難捨，吵架時好似仇敵相見分外眼紅。

從二人的面相來看，個性差距很大，正好時兩個極端。小吳的額頭低代表他的思考比較單純，處事比較務實，吳太太額頭高思想豐富自我要求高，是自我完美主義者。小吳的鼻子高主觀比較強勢，額頭低，鼻子挺，一方面思想單純反應比較慢，但是又很有主見，只要他認定的事情，很難變通。吳太太鼻子低處事比較無主張，有時會翻舊賬。額頭高鼻子低的人，在處理問題時總以自己的邏輯為主，雖然腦筋聰明，但是處理事務沒定性，常反覆，跟這樣的人共事很傷腦筋。小吳的眼睛細處事比較細膩保守，小吳太太則眼睛雪亮處理事務勢在必得；小吳的聲音柔內心比較溫和，吳太太則聲音粗處理事務有魄力有時會霸氣。我們常笑稱牽線的月老，真是牽得一樁最完美的因緣。

額頭低、眼睛細小的小吳，思想很務實，但太過於保守，凡事顧慮太多，又鼻子高，聲音柔，主觀強，自尊心重，缺乏鬥志。與這種類型的人相處，要留一些空間給他，而且要尊重他，要用條理分明的態度溝通，而且出了問題一定要先告知他，否則他容易疑神疑鬼，會認為太太瞧不起自己。如果硬要以吵架的方式，像小吳這樣鼻子高、聲音柔的人，他一定會用冷戰的方法對待，三天可以不講話。再說吳太太，眼睛亮，聲音粗，個性急躁，有事情必須開口不開口會很難過，加上額頭高，反應快，處理事情缺乏考慮，較不會顧及到別人，再配上鼻子低，喜歡舊事重提，若有爭論時，常常會翻舊賬，而且聲音粗的人，帶霸氣不認輸。幸好小吳聲音柔，不想吵，如果兩人都聲粗，那恐怕會一發不可收拾，天下必會大亂。

林老師面相重點分析

步入了家庭，除了柴米油鹽醬醋茶之外，共同生活才是最大的課題。以面相來講，容易引起意見不合者在於主觀性，鼻子高的人主觀較強，希望受別人尊重，鼻子低的人，比較隨和，喜歡別人讚美。當然，多溝通仍舊是最主要的橋樑，可以讓許多分歧找到一個平衡點。

17. 野蠻女友——女強人的愛情

一個人對工作很積極，處事很有魄力，凡事不喜歡拖泥帶水，會給周圍的人感覺是很強勢的女人，他有怎樣的特徵？

「我的女朋友，是個女強人，在工作上有成就，對自己充滿信心，但她忽略了自己心愛的男人。她在工作上有任何壓力，都不會在我的面前吐露心聲，也不會表現女人的溫和一面，凡事以事業為中心，以自己的邏輯處事，這就造成了雙方溝通的困難。」

這位張先生，本身對命理方面不是很相信，他抱著順其自然的心態，經他的同事的引見，到工作室找我看相的。那天中午到工作室，看到我的眼神，說老師你的眼睛那麼有神，給人感覺一眼就能看穿別人的心事。我說沒有這麼厲害。

看完了張先生的面相，我對他說：「你的聲音柔，鼻子挺，額頭中庸，眼睛黑白分明，眉棱骨遂下，顴骨平均，是個有責任的男人。因為聲音柔鼻子挺的人，在處事方面比較穩重，鼻子挺，有主見；眼睛黑白分明，處理事情能掌握時機；眉目清秀，與人洽談比較重視人情味，受到眾人的尊敬；顴骨平均，對事情的判斷比較有客觀性。」

張先生說：「老師分析得很清楚，也準確。」

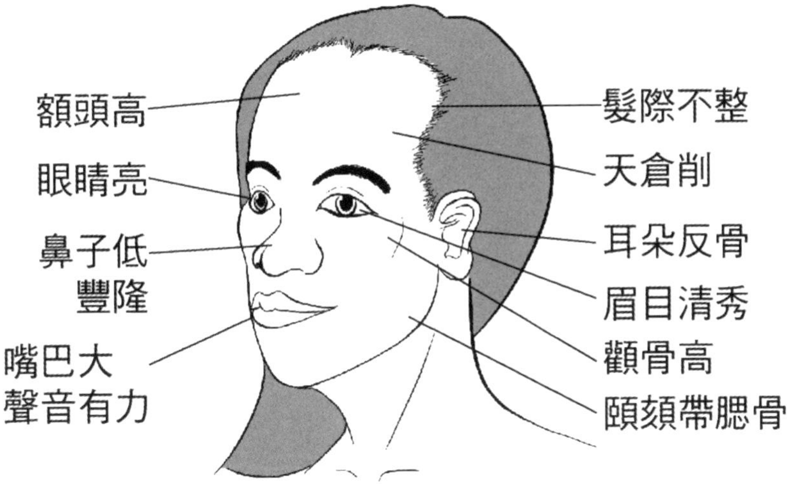

【跟林老師學面相】

張先生今天來主要是要我幫忙給他女朋友相面，他拿出一張照片，說這是我的女朋友。我看了看對他說，你的女朋友帶筋骨質比較多，因為顏面骨多的人，個性強勢一生會比較勞碌。我問她的年齡，張先生說三十六歲小我兩歲，我問他這種年紀應該要結婚，為何不結婚？張先生說，不是我不結婚，問題是出在我的女友的身上，大師你看她幾時能結婚。

張先生的女友聲音有力，從她的面貌來論，額頭高，髮際亂，耳朵不佳，代表小時候住的環境不理想，吃過很多苦。髮際亂與六親緣分薄，很少有貴人提拔，也代表上代的感情會有糾紛。在事業方面，要自己創業，必須吃很多苦。她的眼睛亮處事能掌握分寸，加上額頭高思想豐富腦筋反應快，鼻子低能吃苦耐勞，顴骨高處事勢在必得，重視事業的成就，有機會賺錢不會輕易放棄，眉目清秀重情義，聲音有力有衝勁，處理事務不喜拖妳帶水，是個不折不扣的女強人。

張先生女友的面貌優點，是處事有魄力肯上進，肯吃苦耐勞，其面貌的缺點是髮際雜亂，耳朵不佳，從小缺少家庭溫暖，內心激勵自己要努力賺錢，擺脫小時候貧窮的陰影。

我對張先生說，你要包容她的缺點，明年就會有機會結婚，因眉目清秀流年走到眉運，異性緣動，有結婚的徵兆。

林老師面相重點分析

張先生問我，要如何能抓到她的心 我對他說，此人重視事業，也難怪因為她小時候吃很多苦，缺少安全感，加上本身是筋骨質的形質，比較能幹，十分重視事業的發展。其實她的內心也很脆弱，筋骨質的個性，遇到有挫則不喜歡向他人訴說，是因為個性強勢不願屈服不認輸，你要從這點與她溝通，關心她的工作，讓她知道有一個知心的人在關懷她，自然在感情上會很融洽。

18. 相愛容易相守難——易陷入婚姻危機的面相

戀愛很甜蜜，能互相包容對方，但結婚後才知道彼此的個性難相處。

在台南教企業面相學，有一位周學員在上課時心不在焉，我看他的氣色不佳，特別是夫妻宮暗滯，額頭上氣色暗，以多年的經驗，此學員的家庭必有事情。等下課後，我問周學員，你有什麼心事？周學員說，不瞞老師，家中確實出現一些問題。我對他說，如果我沒有看錯的話，最近你與太太意見不合，夫妻常因小事爭吵。

如果以面相來論，在第三堂課我就會教你額頭凸的人個性如何。

【跟林老師學面相】

額頭高有點凸的人，有時太過理想化，不會去考慮別人的感受，以自己的邏輯為主，在配偶看來，對方是個很難捉摸的人，時間長了在感情方面也難溝通。加上你的眼睛比較無神，在處理事情會抓不到重點，處事不知輕重，配偶常常會有怨言。在感情方面，也就是說不懂得情調與氣氛，會被配偶認為你不是很重視她的存在。如果你是眼睛亮的人論斷就有差別，眼睛亮的人反應快，能抓緊對方的一舉一動，加上額頭有一點凸，反應快，稍微有一點變化會將不愉快的氣氛扭轉。

周學員的額頭凸加上鼻子低，比較沒主張，聲音柔，不愉快的事件會往肚裡吞，遇有事情不敢當面與人對質，這樣雙方的感情越來越冷淡，婚姻會出現危機。

我對周學員說，你必須先改進自己的個性，因為你額頭高，聲音無力，有事情要多表達出來，多與配偶商量溝通，遇有挫折或困難的事情，不要把氣往內吞，一定要讓配偶知道你的想法，來幫你化解，互相培養感情化解危機。

易陷入婚姻危機的面相特徵：筋骨質兼心性質，額頭高而凸，眼睛無神，鼻子低，嘴大，聲音柔，下巴削。

男女之間的感情，在面相學以眼睛為主，眼睛在夫妻的論法是緣分的牽引力。眼睛亮能掌控對方，對配偶的去向瞭如指掌，

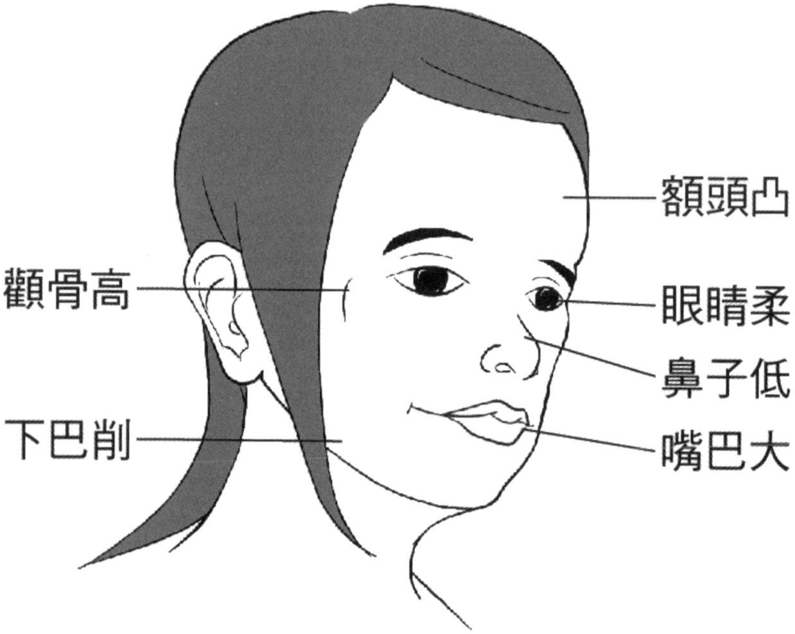

一旦發現問題馬上去處理，感情方面不易出狀況。我常與學員開玩笑，說你的配偶眼睛亮，你出來或是做什麼事情，回家一定要寫報告。眼睛亮是實緣，與兒女的緣分，眼睛亮兒女緣分深，因為眼睛亮能掌握兒女的行蹤，也是管一切的事物。如果眼無神在婚姻所結的是虛緣，緣分薄，一旦陷入婚姻的危機，無法挽回，因為眼睛無神的人，無法把握配偶的行蹤及一切，到老與兒女緣薄。

林老師面相重點分析

額頭高認為自己的腦筋很靈活，反應快，凡事都想辦法協調，加上額頭凸的話，在思想方面與眾不同。因為額頭凸的人，有特別的思考能力，別人想不到的事情，他會有靈感想出與眾不同的想法。所以，夫妻之間有一位是額頭凸的配偶，一定不要把整個事情看得太過簡單，在你眼裡簡單，給配偶的感受卻是壓力。如果是鼻子低，無法得到對方的認同及尊敬，鼻子高會受到配偶的尊敬，加上眼無神，額頭又凸的人，在感情方面不是很恩愛，總活在自己的感覺中，感情一旦出問題，夫妻常會冷戰。因為聲音無力不願表達，生悶氣往內吞，額頭高的人，不願拉下自尊心，等到想挽回時太晚，因眼無神無法把握時機，易陷入婚姻危機。

19. 多情總被無情惱——談戀愛的苦情人

天下的男人這麼多，何必為一個男人癡情？有緣分不求自來，有緣天註定莫強求。

我的姪女是一家公司的主管，晚上帶一位她的部屬葉小姐到工作室找我，要我為她論命看相。

葉小姐的顏面帶憂愁，依我多年的經驗，**如果在二三十歲的時候來問命運，大部分是感情方面；如果是三四十歲，大部分問事業方面及家庭；四五十歲大部分問兒女的事情及錢財**。以她的年齡來判斷，在二十八歲左右，應該是男女之間的感情糾紛。

我對葉小姐說，妳今天的氣色暗滯，說明為男朋友而傷心。

平常姪女對面相就有興趣，這次問我如何論斷。

【跟林老師學面相】

我說葉小姐的顏面肉多屬於營養質的人，對感情比較有依賴性，但是又兼筋骨質，對感情忠實，一旦陷入愛情漩渦就會全心全意付出，但遇到感情糾紛很難自拔。因為筋骨質的人重情義，加上額頭髮際亂，在戀愛中會有一些阻礙。女性的額頭代表男友和自己的對待，及未來的希望，未嫁前以家庭為主，嫁後以夫家為主。如額頭的部位氣色暗，與男友在溝通上會有距離。葉小姐的額頭低，思想單純比較容易相信別人，如有一點風吹草動，對感情方面的事就會胡思亂想。一個人的思想以額頭為主，如果額頭上的髮際蒼，思想上比較雜亂，如果感情上有一些波折，就會想不開，在額頭的氣色上，會很明顯地顯示氣色不佳。

葉小姐的額頭氣色紅帶黑，說明感情有糾紛，加上眉又壓眼，處理事情比較急躁，有時會緊張，平常對任何事情都放不開，命宮窄又對事情比較執著。這必會影響很多事情，如在工作上精神不振，處理事務會受到阻礙，因為自己每天憂愁的氣色，自然運勢會倒楣。

葉小姐的面貌特徵：營養質兼筋骨質，髮際雜亂，額頭低，眉壓眉尾淡，鼻子低，眼亮，命宮窄，聲音無力，嘴唇厚。

我對葉小姐講，如果一個人心花怒放，很明顯會顯現在臉上，未婚者在談情說愛，很自然就

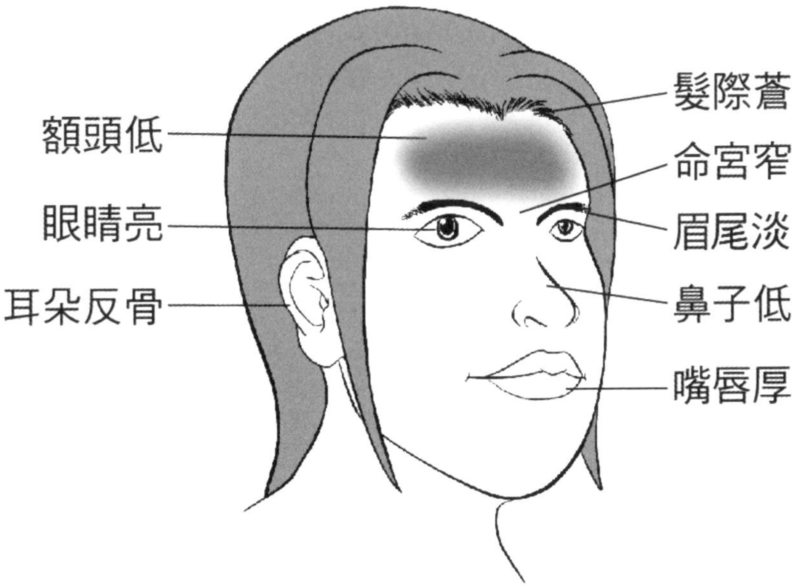

會笑口常開，眼睛也會流露情。你有空多去觀察社會上的男女，特別是人在談戀愛時，雙方充滿了對未來的希望，額頭的氣色就會紅潤。如果你的氣色一直沒有改善的話，在工作上會受到嚴重的打擊，自己要謹慎。

林老師面相重點分析

葉小姐的額頭低的人思考單純，不會急轉彎，眼睛亮聲音柔，個性比較直無心機。眼亮喜歡表現，但又無主無張，因鼻子低無法受到對方的尊敬，命宮窄，對方若稍微有此不愉快的語言，就會感覺有壓力，加上嘴唇厚重情義，耳朵反比較會誤解一些謠言，髮際不整小事也會認為很嚴重。這種格局在談戀愛，比較會想不開，在面貌上是一副苦情臉。

我對葉小姐說：「盡量放鬆自己，在男女之間的感情上，順著自然的姻緣，妳就沒有壓力，在婚姻或是工作上妳會有好的運勢，不要每天愁臉苦臉，這樣對妳是有傷害的。」

20. 一見定終身——什麼樣的人容易閃婚？

嚴先生夫妻從新竹來工作室找我，他住宅的風水規劃，是我在四年設計的。我問他，你們專程從新竹來找我，一定有什麼事情，是風水有問題嗎？他說沒問題，是女兒有一些事情要來請教老師。嚴太太說，家中的二女兒畢業後，就往外地工作，有假期才回來，有一段時間很少回來，忽然回到家對父母說，她要結婚。問她和男友交往多久，女兒說才交往一個多月。這麼短的時間就要閃電結婚，能瞭解對方嗎？怕女兒交友不慎，嫁給不能依靠的男人，影響將來的幸福，所以來找我相面。

嚴太太從皮包拿出女兒和未來女婿的照片，問我是不是相配。其實雙方已經在公證結婚，只是未通知親戚朋友來賀喜。從她的女兒面貌而論，是筋骨質兼心性質的人，筋骨質占的比例較多，在處事方面比較缺少思考，虛榮心重，思想上會有一點異想天開，一旦陷入感情不惜代價付出，加上心性質，處事比較天真活潑，異想天開，凡事憑自己的感覺，自作主張。

【跟林老師學面相】

我對嚴先生夫妻說：「你們女兒在面相的特徵，是筋骨質兼心性質，額頭低天倉削，鼻子挺，顴骨高壓眉，下巴削，聲音有力。額頭低的人思想單純，天倉削肯付出，有吃苦耐勞的精神，鼻子挺有主見，凡事就會自作主張，很少與人商量，加上下巴削，在感情方面怕失去對方，處事缺少考慮，有先斬後奏的個性。」嚴太太說：「對，她就是這種個性，怕嫁出去會吃虧。」

我說：「已經公證結婚，再追究也無助。現在最重要的是看女婿的面貌能不能跟你的女兒相配，這是最要緊的。這位男生下巴飽滿，對家庭有責任感，額頭中庸代表思想上還蠻單純，眼睛大不是很強勢，在工作上還會主動，只是處事上缺乏掌握時機的能力。你的女婿現在的工作是在一家公司當職員，是薪水階級，這樣也好，因為他不適合自己創業，找一份安穩的工作比較適合。因為他的鼻子低，比較無主張，個性不是很強勢，加上下巴飽滿對家庭有責任，跟你的女兒很相配。」

男女成家立業要看下庭，下庭飽的人要成

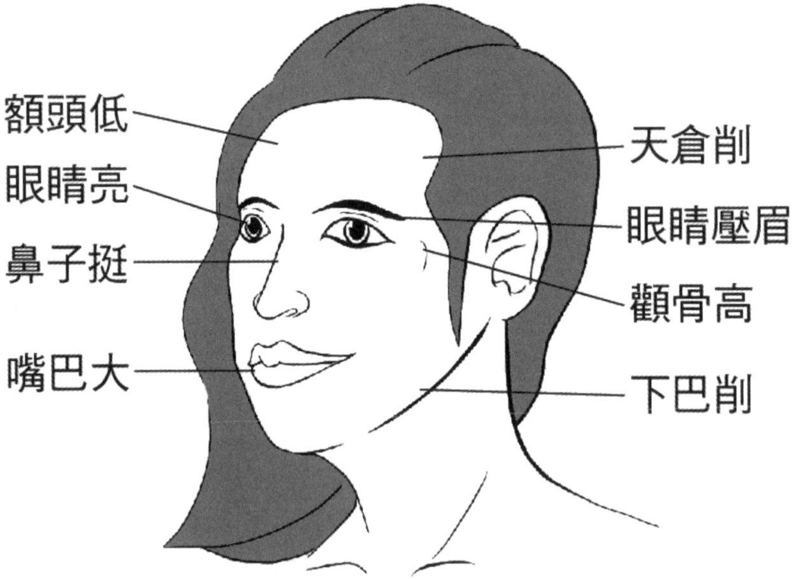

家立業都會顧慮比較多，因為下巴飽的人防禦心重，比較有危機感，也比較會照顧家庭。如下庭削的人，個性比較急，缺少考慮，決定的事比較倉促，因此閃電結婚者，下巴都比較削。額頭低思考較單純，加上天倉削缺少考慮，行動快，鼻子挺有主見，加上顴骨高，凡處事先斬後奏，缺少考慮，不喜歡人家約束，因眉壓個性急，在戀愛陷入感情，易迷惑，因此這種格局較會閃電結婚。

我對嚴先生說：「搞不好女兒已經懷孕，就是這樣他們才會急著要結婚。」

林老師面相重點分析

我常講男女要成為夫妻，一般的想法是對方要有好條件。雜誌報導，在上海的結婚風氣，男方必要的條件，第一點要有自己的房屋，第二點要有車子，第三點要有存摺。現在的年輕人所追求的目標，也是所有父母對兒女的希望，男方有此條件，但是結婚後離婚多。從《易經》的解說，陰陽的對待以夫妻來說，夫妻身體的結構當然是彼此對待，就是臉型和性格，也是多半是彼此的對待，如果丈夫臉長而狹，妻子臉形可能是短而寬，如果丈夫愛說話，妻子可能是寡言語，所以男女之間是陰陽的對待。故事中的女性下巴削聲音有力，男性下巴飽滿聲音柔，現在的人只會追求物資的享受，忽略陰陽的對待，在大環境的影響，也造成男女結婚後的離婚率高。

21.兩個女人的戰爭——婆媳的對待

某日，經朋友介紹到北部松山區看一家陽宅。一般我在幫人看陽宅之前，首先會把房子的周圍環境看一遍，羅盤先在宅外馬路處定位，瞭解準確的坐向。常有人問我：「好多大師都是在屋內量，為何你是在屋外量呢？」

我說了個故事：「曾經有位太太來找我，她說聽人家講我會捉鬼……她說有位大師去看她家，羅盤針一直抖動，不管走到哪個方位，都動個不停，所以那位大師說她家鬧鬼了，所以特地來找我去驅鬼……我去看了之後，哈哈大笑說，你家不但沒有鬼還是間磁場很好的陽宅。我試給她看，羅盤在屋外量時，指針很快確定一個方位，但將羅盤拿到屋內，指針就抖動個不停，我說這是很自然的現象，因為屋內有太多會產生磁能的東西，諸如鋼筋樑柱、電器品等都會影響羅盤針的定位，正確的定位法是在屋外。

【跟林老師學面相】

松山區的這位陳先生家是坐西向東位於大廈的八樓，他熱心地我們進屋，一邊大聲喊著：「媽媽，老師來了！」陳老太太從廚房端了一盤水果出來說：「老師，感謝你來喔！」

我聽到這聲音跟陳老太太說：「老人家，您是很熱心的人，可是您很勞碌。」陳老太太說：「家庭主婦不都一樣？」我說：「不一樣，老人家您的聲音粗，您靜不下來，你們家又西南氣入宅，依照現代陽宅學的八卦理論上，西南代表坤卦，代表母親的位置，家中如果婆媳同住的話，以母親為主，所以稱之為女性之氣。您家是女性做主，也表示女性較勞碌。」

我又對陳太太說：「妳有個好婆婆幫妳打點家務。」

陳太太靦腆地說：「對啊，大家都說我命好，有個勤快的婆婆，確實我婆婆為這家盡心盡力，大小事情婆婆都會處理得好好的，讓我真得輕鬆很多。」

陳先生說：「看來我是最有福氣之人，家中兩位重要女性相處融洽，讓我沒有後顧之憂。」

陳太太額頭高，天倉削，眉毛清秀，眉尾下垂，眼睛柔，鼻子挺，嘴巴大，聲音柔，代表心性質的特徵。額頭高腦筋反應快，在處事方面會用智慧，天倉削的女性未嫁時為娘家付出，嫁後為夫家付出，處事主動，眉目清秀與六親互動良好，在家庭上遇有挫折不會與婆婆當面對峙，眼睛柔個性溫和與婆婆之間會尊重，以婆婆為主，聲音柔的人處事不急躁給人感覺溫和。我們換個角度來探討，婆婆是筋骨質的人與心性質的兒媳在一起，筋骨質的婆婆會付出多，因為筋骨質的人比較好動，最喜歡人家讚美，再苦的工作也不怕吃苦，所以比較勞碌。心性質的人會用智慧來化解一切衝突，與人處事比較懂得分寸，這對婆媳真是天做之美。

陳太太

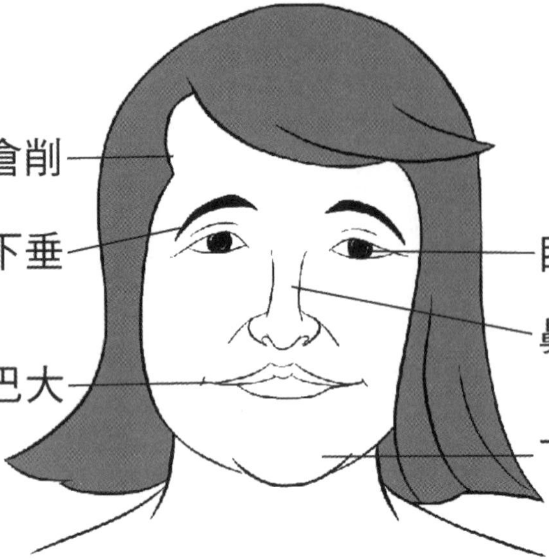

◆懂得與人應對你會很輕鬆

陳老太太七十多了，動作還很敏捷，聲音粗、鼻子低、下巴飽滿，此種女性對家庭付出多，凡事都要親自為之，只要人家敬她三分，她會回饋七分。

我對陳老太太說：「您年輕時若跟先生意見不合，不管怎樣都會是您輸……」

「喔，老師，你說的真是準，不管怎麼跟他吵，到最後都是我讓步……」

「因為您命宮寬，會看得開，只要您先生跟您說句好話，您心就軟啦，就讓步了，您這種面相就是吃軟不吃硬，而且您會寵小孩。」

「哈哈，老師，你面相看得真準！」

「陳太太妳下巴飽滿、聲音柔，眉毛清秀，待人處世懂得拿捏，不會跟人爭論，而天倉削，會孝順長輩，妳只要對妳婆婆撒點嬌，妳婆婆就會寵妳如親生女兒……」

「唉啊，老師，我不用撒嬌，婆婆本來就待我有如女兒啦！」

「老師，我兒媳對我很好，每天下班回家都會跟我說，媽媽，您辛苦了，要不就是會帶我出去吃飯或是買禮物送我……」

「所以我說，您只要人家尊敬您，您就心甘情願付出啦！」

結婚是人生大事，一位男性要面對的是兩個與他休戚相關的女性。

我常對新婚或即將邁入禮堂的新人說，如果能知其性格，瞭解對方的好惡，在相處上，自然就懂得如何對應，當然可免去一些不必要的摩擦了。

林老師面相重點分析

若是婆婆是筋骨質兼營養質的人，其人的特質，處事比較霸氣，喜歡掌握權力，一生比較勞碌命。故事中的婆婆，只要妳敬她三分，她就會回饋七分。

22.望子成龍．望女成鳳——孩子的未來會怎樣？

華人本來就對子女多抱有『望子成龍、望女成鳳』的心態，尤其中國一胎化的制度下，現在中國小孩個個被呵護有加。

一九九六年的春天，上海吹著涼涼又濕潤的風，與學員們講授完面相課程，閒話家常之際，其中一位學員帶了一位年約四十來歲的女士來找我。請教完姓名，我跟她說林女士妳近日為家庭有煩憂之事吧？

因我看她的日、月角有明顯的紋路，髮際有些蒼亂，尤其下巴的氣色晦暗，所以我直接論定林女士正為家庭操心。林女士說正是，小孩子學業成績一直不理想，常被老師說讀書不專心……罵他、盯他都沒用，今天想來請教老師可有法子改善。

我在中國講課時，常被問及有關子女的成就及教育問題，可見中國小孩的競爭力不容小覷。

【跟林老師學面相】

我常提到人的面貌五官的結構及氣色必會影響自己的六親對待。我說林女士您這小孩應該是兒子吧！在一旁的學員插嘴說老師我們只說是小孩，你怎知是男孩呢？林女士算是眉清目秀，額頭高、鼻子挺、膚色白、聲音柔和。額頭高、鼻子挺的面相，通常生男為多，若兼具膚色白、聲音柔者，第一胎以男孩為多。

◆額頭的氣色代表兒女的文昌位

林女士本來具備很好的格局，但日、月角有紋路氣色又暗，下巴頤頰飽滿氣色也不佳；在相學上下巴屬家庭，林女士的下巴氣色晦暗，所以我斷定林女士是因家庭問題而煩惱，原來正是為兒子的求學而煩惱，真是可憐天下父母心。

林女士有一正值高二的兒子，在校學業不理想，又常會與師長頂嘴，在家又霸氣不受管束，父母已不知該如何與他溝通了。聽學員講起我的教學，所以林女士就抱著一絲希望前來。依相法論額頭，林女士額頭高、膚色白，小孩子聰明，而日、月角代表父母宮，也代表小孩子的文昌，

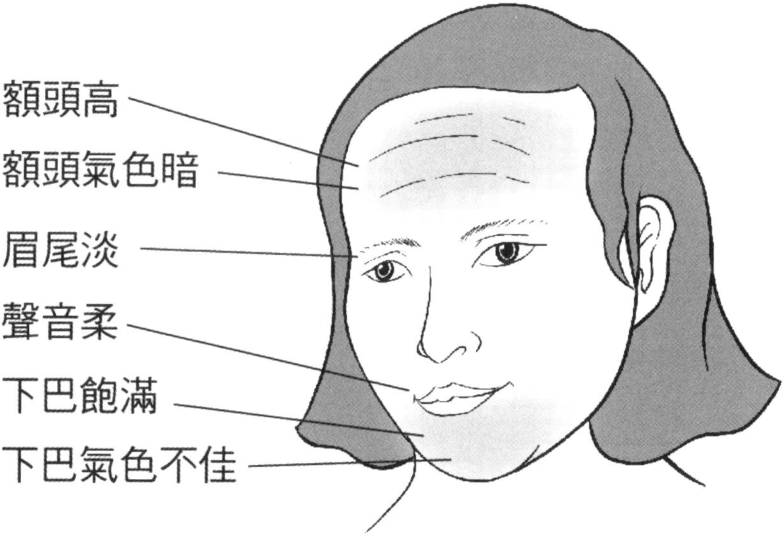

林女士日、月角有紋路，髮際蒼，此呈現小孩子讀書較不穩，與長輩的溝通有不良之象，加上氣色暗，孩子會與長輩鬥嘴。

我說林女士妳在家都會被小孩子欺負吧？因為妳會寵小孩。林女士做出了無可奈何的表情。一般來說，下巴頤頰飽滿的人，較會寵小孩，再加上聲音柔，容易被小孩騎到頭頂上，小孩依賴性也重。原本膚色白、聲音柔的人小孩屬文秀格局，但今林女士因為下巴的氣色暗，代表小孩多不聽話、霸氣，而產生煩憂。

林女士問我可有改善方法？

◆改變自己的心情，能引動六親的運勢

我建議她把心情放輕鬆，經常面帶笑容，慢慢將額頭的皺紋舒展開來，心情好自然額頭的氣色就會好，這樣不但對小孩有幫助，甚至對丈夫的事業也有加分效果。

一個人的面相可影響到六親及週遭人的磁場，當旺時周圍之人一同旺，當晦暗時週遭之人也是不順，所以面相是極其重要的！我忍不住又詢問林女士「妳家的住宅應該也有出問題吧？」林女士愣了一下說「是啊，有漏水問題，已多次請人家來修理了……老師您覺房子問題跟小孩的讀書有關聯嗎？」當然有關係，人的生活起居都是脫離不了房子，在面相來說，日、月角為天，下巴為地，此兩處都呈現晦暗，代表家宅與人都令林女士煩惱。

◆額頭代表天，下巴代表地

我請林女士將她的房屋坐向約略畫給我，是坐東北向西南的方位，由右邊看出是為西方氣，西方剛好是小孩的臥房，我問光線強不強，林女士說強，但小孩嫌打電腦時因光線強而看不清電腦，所以將窗簾遮起來。我說「不好，西方氣對妳小孩有利，應該將窗簾打開讓氣進入，這對妳小孩讀書有利，因為此氣屬文昌氣，所以應讓此氣入宅較好」。最後，我請林女士放寬心情，因為依林女士的眉來看，屬清秀，小孩明年十八歲，會漸好轉，再加上文昌氣的輔助，學業會有起色的，最主要建議林女士自己要將心情放輕鬆，不要眉頭深鎖，自然運勢就會打開了。

林老師面相重點分析

在觀相學的理論上，故事中的林女士額頭代表事業也是讀書位，額頭氣色潤代表小孩讀書會專心。下巴代表小孩的穩重性，下巴削代表小孩活動力強不穩定。

23.大人物下代的子女——從臉上看兒女的個性

怎樣的面相讓下一代人跟父母有關係？這就是面相最精華的學術。依宗教理論看，有因必有果，我們常在媒體的報導上，聽到某人的子女上社會版。如果此人的事情越報越熱鬧的話，新聞越炒越大，各位不妨詳細的觀察，其人的六親一定是在社會上有名望的人。古代有一句話講得很有意思，種什麼樣的瓜得什麼樣的果，是跟他的因果有牽連的。

這些王公貴族以及名望人士，都是媒體追逐的焦點，尤其是他們的家庭，更是常常榮登八卦新聞的主角。但你會發現一個現象，大人物不少，可上榜的總是那幾位，著實令人玩味啊！

【跟林老師學面相】

依相學理論，額頭可觀小孩的成就，額頭高的人，小孩具有聰明靈活的思考力。如果碰上眼睛亮者，其小孩活潑卻不易受教，一般來說，小孩的成就還算不錯。但是如果配上聲音粗亮的人，那小孩子花樣多就難管束了，尤其是鼻子高挺之人，小孩子的自我主觀強勢，固執又霸道，可想而知，要管是很難的了。

那如果是聲音柔者的小孩呢？

◆聲音有力或粗代表筋骨質，聲音柔代表心性質

聲音柔和的子女，較會自動自發，不需父母太多的操心，會自愛，多屬文秀格局；好比政壇人物馬先生，馬先生聲音柔、講話慢，此以文為主，再加上馬先生額頭寬廣，其子女在學業上的成績應該都不錯，而且也鮮少被列入八卦新聞裡。最主要的就是聲音柔，而造就子女屬文秀、屬靜。說到此，有人問我「陳先生的子女個個學業也很頂尖啊，為何媒體對他們的報導總是轟轟烈烈的呢？」其原因就在於聲音了。

◆額頭高眼睛亮聲音有力，額頭高眼睛柔聲柔。

現今台灣政壇出了兩位大人物，一位陳先生，一位馬先生，我常以笑話形容此兩位為一個快三拍、一個慢三拍。以陳先生的面相來講，額頭高、鼻子挺、眼睛亮帶三角、顴骨反、下巴削、聲音粗破，因額頭高，由此論及子女學業好，有成就，但顴骨反加上鼻子高，

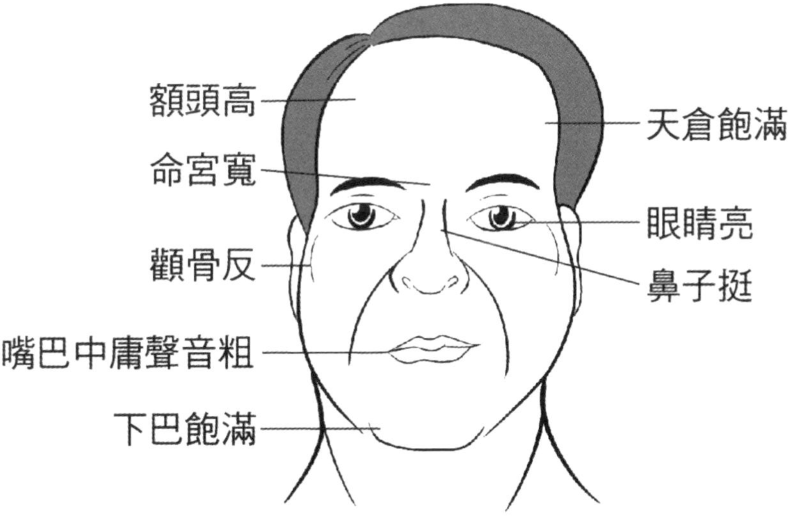

則女兒的個性主觀強，很直率，也因為顴骨反、眼亮，女婿的是是非非就多，再加上陳先生的聲音粗破，眼睛亮，思考太快，常給人變化無常之感，如有新聞就會越惹越大條了。很多人為陳先生抱屈，說為何陳先生老是受媒體攻擊，其實並非媒體喜愛他，實在是因為他的外貌吸引媒體的關注；再回論馬先生，一樣是額頭高、鼻子挺，但馬先生的眼睛定神，聲音柔，通常可大事化小，馬先生五官正，膚色白，一般易受異性的青睞，但眼睛定神、膚色白就會對朋友有選擇性了，可是嘴巴稍歪又聲音柔，心思較深沉，顧慮多，處事自然以慢中求穩，所以我笑稱「慢三拍」。

◆聲音有力是非多，聲音柔大事化小事。

因此，兩人如有上媒體來說，陳先生的新聞會被加以撻伐，而馬先生的新聞則會由大化小，主要就是兩人面相的差異。我常與朋友閒聊，如果台灣能出一位快三拍慢三拍的中和人物，那台灣將會有另一番新氣象。

◆額頭看兒女的穩重性，聲音代表兒女的活動力。

另一位有趣的人物約略一提，就是教育界的杜先生，其子前陣子也是鬧得沸沸揚揚。杜先生也是額頭高、鼻子挺、眼睛亮、聲音粗，想必大家都明瞭其子為何也榮登媒體的主角了吧，身為教育界人士的杜先生，應該也頗感無奈吧；當然有人問我：「我天生就是眼睛亮，聲音粗，那我的子女豈不都不好教了？」非也！

林老師面相重點分析

改變自己，相對改變兒女的未來。

如何改變？

①講話速度要放慢，因為你的講話太快，也代表你的子女處事缺少思考，容易衝動。

②行動要緩，不要急躁，因為你的一切的行動，都影響跟你有關係的六親處事的行為。

③由衣食住行來改，如吃飯要慢慢吃，在咀嚼時訓練思考力，讓自己調整為陰中有陽，陽中有陰，這也是《易經》的最高境界，如此不但可影響自己也可惠及家人。

24.愛要講究方式——最寵孩子的面相

每次告訴你不要寵壞他，教導孩子要有原則，現在出事情，你後悔來不及，何必當初。

高雄洪先生邀請我到他家堪查住宅的風水，此住宅是坐東南向西北，東方有空缺。我問洪先生有幾個兒女，他說二女一男，我對洪先生說，依照現在陽宅的格局，東方有缺，在八卦方位的理論上，代表此宅的六親位置，在西北為男主人的位置，西南為女主人的位置，東北為少男的位置，西方為少女的位置，東南為長女的位置，北方為中男的位置，東方為長男的位置。你只有一位兒子，所以他代表東方的位置，東方有缺與住宅的男孩有關係，又有雜氣對住宅的男孩不利。說到男孩，洪先生的表情及眼神有些不自然，他問小孩有什麼問題，我說，依照風水的磁場而論，東方的氣流有雜氣，對小孩不利，你家的兒子依賴性比較重，脾氣不是很好，其實是不好管教。

洪先生對洪太太說，今天兒子出事情，都是妳寵壞的！我趕快打圓場，對洪先生說不能全怪你太太，因為住宅磁場的氣雜亂也會有影響。

我看洪太太的面貌，確實是會寵壞孩子的面貌，因為她是營養質的人，下巴飽滿，對家庭有責任感，但在家教方面會寵壞小孩。額頭低在思考方面比較單純，容易相信別人，又加上下巴飽滿，孩子的話絕對相信，容易被孩子欺騙。天倉削的人，本身就比較能吃苦耐勞，加上鼻子低，自己無主張，但比較重情義，比較有人情味，又有營養質兼筋骨質的特徵，願意付出，回報少而無怨言。加上眼柔想法比較單純，處事情抓不到重點，也比較不會約束對方，遇事逆來順受，陷入迷惑無法掙脫。洪太太眉目清秀，在異性方面較重情義，會為對方著想，加上耳朵佳，得到的資訊都認為好事，不會疑神疑鬼，會往好的方面著想，額頭低眉尾下垂，凡事都會相信對方，付出多回報少，在家庭上容易被小孩欺騙，在社會容易吃虧，這總女性格局最會寵壞的孩子。

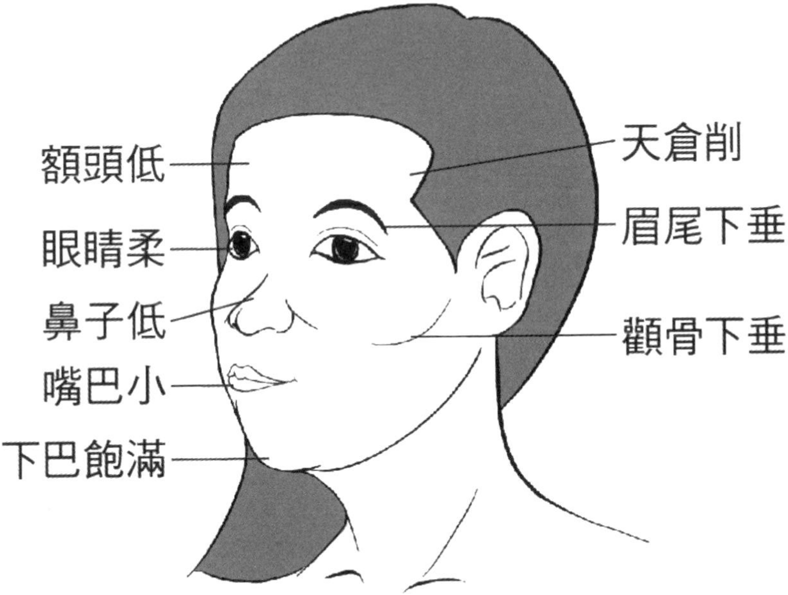

我對洪先生說，你的小孩在外面人緣佳，與人相處互動良好。因為你家的東方有缺角，小孩在外面很活躍，也容易做一些不好的行為，因為受到磁場的雜氣所影響，處事缺少考慮。現在這個年齡剛氣旺盛，天不怕地不怕，要注意交友方面，如不謹慎會交友不慎，在外的行為會受到朋友引誘，做一些不良的事情。

我對洪太太說，現在要講你，願意接受我得建言嗎？洪太太說直講無妨。我說，孩子跟妳的面貌個性也有牽連，妳的小孩在外面行為不當，回來又欺騙你，你將一切事情自己承擔，怕丈夫知道小孩被責罵，為了孩子願犧牲一切也無所謂。但是，這種格局的女性，最能寵壞孩子，也會害孩子無成就，造成小孩的依賴性重。

洪太太聽我解說她的面貌後，對先生說她承認今天小孩出事，要怪她平常太溺愛。我問小孩是不是交友不慎，洪先生說是，這孩子上個月在學校與同學去打架，把對方打傷現在被起訴。他問我如何改變，我對他說，在家裡風水也要調整改變磁場，對小孩的個性會有所幫助。在東方的位置，最好加一個大水池，如果地形的受制種一排樹木，將不好的氣化煞，對小孩的好動氣減輕，個性能安靜下來，對小孩子的智慧與讀書才會有定力。對小孩要給他壓力，才會成長，我再三叮寧洪太太不能寵壞小孩。

劉先生與我相交甚久了，每次遇到問題或是難抉擇之事，都會來找我聊聊。今天我看他的氣色不佳，心想，一定是那位寶貝少爺又有事情了。

「今天又是兒子的問題？」我問。

「是啊，唉……我這一生註定要為這個兒子操心，前世不知虧欠了他什麼，這輩子一天到晚都在為他擔心。」他長長嘆了口氣說道。

「是啊，夫妻、子女，現世的親友本來就是因果循環。」我笑笑答著。

這位老兄的寶貝兒子，從小受到悉心的栽培，一路到出國給他最好的資源，肚子裡裝了西方的思維，也帶了些傲氣。如今在職場上受到一點打擊，就回到家跟老爸發牢騷。這位少爺三十出頭的年紀，工作是三天兩頭的換，一年換三、四個是稀鬆平常，不是嫌待遇不好，就是跟同事不合，或是與上司理念不同，怪的就是我這位老兄竟然支持他兒子，他兒子今天會如此的不定性，這位老爸也難辭其咎。

一個被溺愛的人，其實有他的特徵：額頭高寬，天倉飽滿，眉棱骨高，眉尾稀梳。額頭代表事業也代表對未來的希望，在相學來講，也是與上司的對待之處，額頭高又寬的人，代表他所追求的過於理想化，有時會無法無天，這種格局在公司容易頂撞上司，也不會去反省自己是否有過錯；眉棱骨高者，雖然有判斷能力強的優點，但是只要他對此事不滿意，絕對會批判，因為這樣的人自認為自己的理念是正確的，不會聽取別人的意見，也就是固執己見；而眉尾稀梳的人，雖然聰明但是重利益，這種格局如果配上額頭過高，會認為他擁有一流的才華，容易異想天開，加上鼻子高主觀強勢，不容許別人批評，稍微受到打擊時，就會馬上反駁；另一個是嘴巴大，敢講、有衝勁、有魄力，但是配上下巴短，則在處事上容易虎頭蛇尾，沒後勁；如果聲音有一點柔，頭腦光會思考，缺乏實質的行動力。

我常對劉先生說，今天你小孩的狀況你要負起一半的責任，提醒你很多次了，不要再寵壞他。劉先生是個額頭低，眉目清秀，下巴飽滿的相貌，額頭低的人處事務實，思想上不會轉彎，也想法很單純，再加上下巴飽滿，容易寵壞小孩。因為下巴是與兒女的對待，配上天倉飽滿的人，個性屬於安逸，對家庭有責任感，但聲音柔，管不住小孩。鼻子低，較無主張，所以很容易相信小孩的話，加上嘴巴大聲音柔，

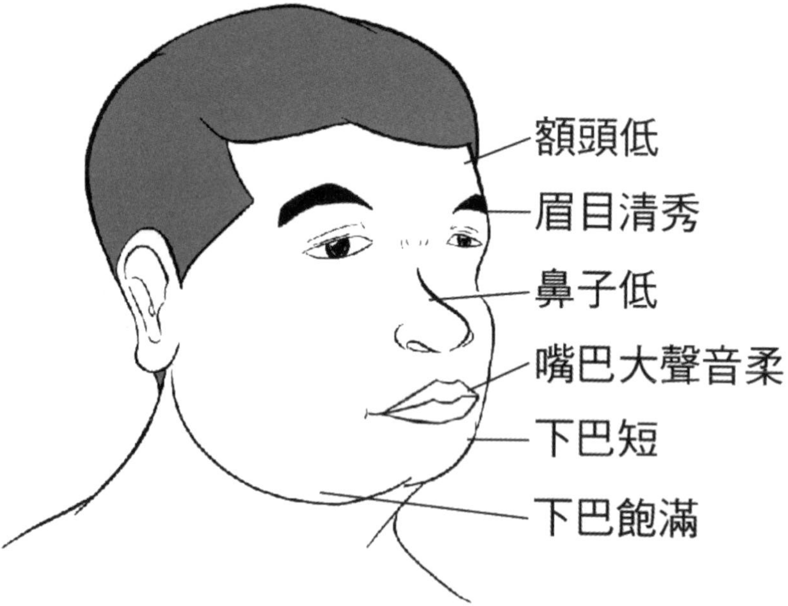

是會相信自己小孩講的事情；再看劉先生的下巴短，下巴代表兒女的處事及毅力，下巴短顯示下代的個性會不穩定。

林老師面相重點分析

其實劉家的少爺，是有才能的，只是被寵壞了，有些驕縱；他的額頭高又有一點凸，顯示他的腦筋不錯，反應快；眉稜骨高，有判斷的能力，眉尾稍微稀梳，雖然重利益，但對錢財管理方面其實很有概念；配上眼睛亮，能抓緊機會。雖然聲音柔膽子有些小又有點依賴性，但是只要訓練他的魄力，削減他的依靠，相信未來他在事業上會有屬於自己的一片天。

25.人生第二春——再婚的幸福格局

現在結婚與離婚所占的比例，結婚三分之二，離婚三分之一，確實很可怕的數字。難怪社會上的單身爸爸和單身媽媽越來越多，造成家庭壓力也特別重。這些離婚的人，也希望能再次走入婚姻的殿堂，但是又怕悲劇重演，而猶疑不決。

我從事風水命理面相二十多年來，當然客戶中第二次婚姻者來找我論命也不少，問他們的第二春將來婚姻如何，以八字斗數的命理而論。**再婚者的內在，心態偏重在家庭，所以在論八字或是斗數命理，我比較重視在重視夫妻宮及子女宮，此宮位否有對沖。**

大部分人在第二春都希望過上美滿的生活，依照命理的解說是固定邏輯，如果另一個角度來解說，一個人的命理不代表一個人的命運。我常講一個人的命運，不是一種學術來判斷，同樣的八字為何命運不同，我們在論命一定要配合現在的空間及環境的現實面，必須面對一切事實。如果一個人想要再創造第二次婚姻，他要面對現實面，大部分都有小孩在身邊，是最大的阻礙，要考慮小孩的相處，如何能找到一位知心的人，又有度量有容納的心態，及能照顧六親，確實是不簡單的事情。

春天來臨，有位蘇小姐來到工作室找我。這位蘇小姐是老客戶，也是一位單親媽媽，已經離婚十多年了。我常對她說，孩子會長大，有自己的生活，妳一定要找一個老伴，老來才不會孤獨。離婚十多年又擔任單身媽媽，也是很辛苦，其實內在也是很空虛。今天她來工作室，就是為了第二次的姻緣來請教。

她拿男朋友的照片要我看相，首先我從他的命運來分析，此人的後運越走運勢越好，將來會很幸福。看夫妻宮，將來配偶的錢財屬於她在理財，而夫妻宮與子女宮相對互動良好，代表以後的配偶與子女互動不錯，也可說配偶有度量。我對蘇小姐說，妳現在的男朋友，有容納別人的格局，妳要好好的把握，可以考慮老來做伴。

◆眉毛下巴聲音都是關鍵

蘇小姐的男朋友，年紀五十五歲，跟她相差十幾歲，此人的下巴飽滿，聲音柔，眉目清秀，眉尾下垂，眼睛柔。

蘇小姐說，老師你一定要好好看看，這是我將來的幸福，有任何缺點與優點我都要知道。我對蘇小姐說，恭喜你找到了好男人。此人的眼睛柔聲音柔，代表處事比較謹慎，有時會考慮太多，難怪走中年運婚姻會出問題，現在走下庭運，越老運勢越佳，也想要找個老伴。下巴飽滿的人，很會容納和關心別人，鼻子豐滿，嘴巴中庸，聲音柔下巴飽滿，代表此人錢財豐裕，顏面肉多個性溫和，

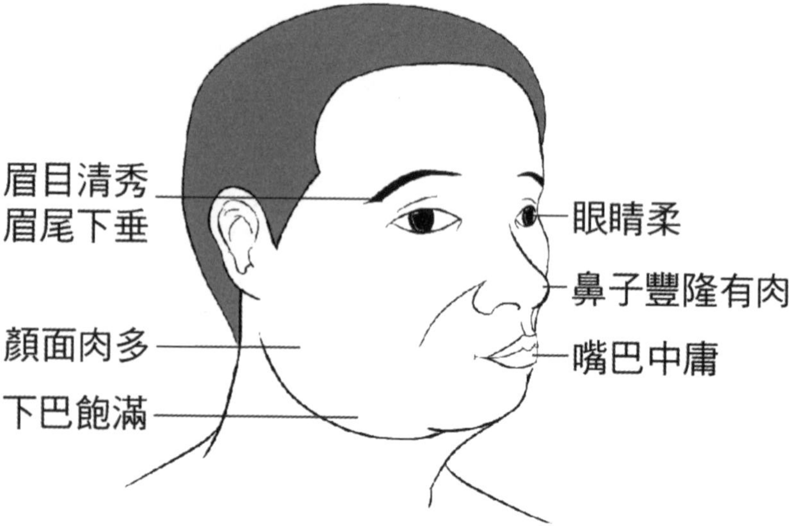

眉目清又秀對六親有重情義，是位好先生。唯一的缺點處事比較三心二意。

林老師面相重點分析

男女要共同生活已經不容易，何況雙方是離婚各有子女。首先要知道對方的思想，現在最重視什麼問題，必須瞭解他的心態，去尊重他。蘇小姐的男朋友眉目清秀，代表他與子女緣分深，比較重視子女，下巴飽滿，表示他將會把錢財留一部分給子女，這就是重點。蘇小姐必須知道對方的想法，不能太計較他跟子女的對待，就能相處互動良好。

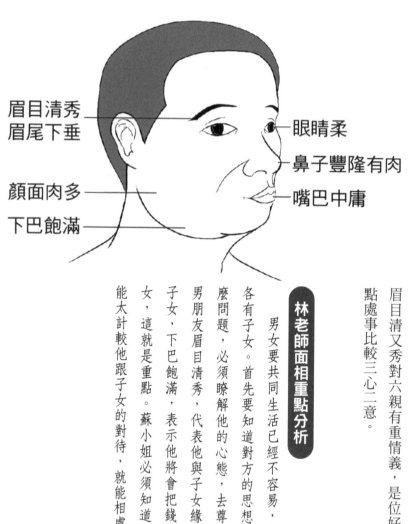

26. 老有所依——晚景與未來

相信每個臨退休之人最在乎的，莫過於自己的老年生涯。雖然有所謂的老年退休金、勞保退休金等等，但一般人的期望，仍是兒女能承歡膝下。

某次，我參加社區的座談會，與會者多為退休人士或年長者，論及「與子女的對待」這個議題，參與的人非常踴躍，整個會場幾乎座無虛席，可見東方的家庭觀念仍深植老一輩人的心中。但在西方文化幾十年來的薰陶，只怕年輕一輩無法認同這種觀念了。

【跟林老師學面相】

我論面相二十幾年來，由面相即可看出怎樣類型的人，晚年較能受到子女的照顧。

面相，說玄一點，他是一個人的因果論，因為我們的長相是上輩的遺傳，而經由我們又流傳至下輩，生生世世互相牽引；面相又是我們的履歷表，從出生到年老，所有的資歷、親戚、朋友、子女、財庫等，全部紀錄在臉上。所以古代先人為了認識自己，掌握未來，而建立了這套面相哲學。

話說怎樣的格局才能享有清閒，無煩憂的晚年呢？

首先，看臉的氣色，氣色的變化代表老來的運勢，如果他的氣色潤白，代表他現在的處境無憂無愁，如果此人的顏面氣色不平均，有時暗有時紅，代表他現在的環境隨時會有變化，有可能是為接濟子女而煩惱。

其次，觀察天倉部位，如果天倉飽滿者代表有祖產，再加上耳朵有垂珠的人，代表他在小時候的家境不錯。

如果此人氣色佳聲音穩重的話，代表祖德留下的祖產有守住；如果天倉飽滿眼睛亮，聲音粗顏面的氣色赤無光彩，上代所留下來的祖產不多，或是已用掉；如果天倉飽滿，眼睛定神或是柔，聲音穩重，說明上代留下的祖產還在，到老還夠使用，不需靠子女來供養。

◆下巴削下巴飽滿都是關鍵

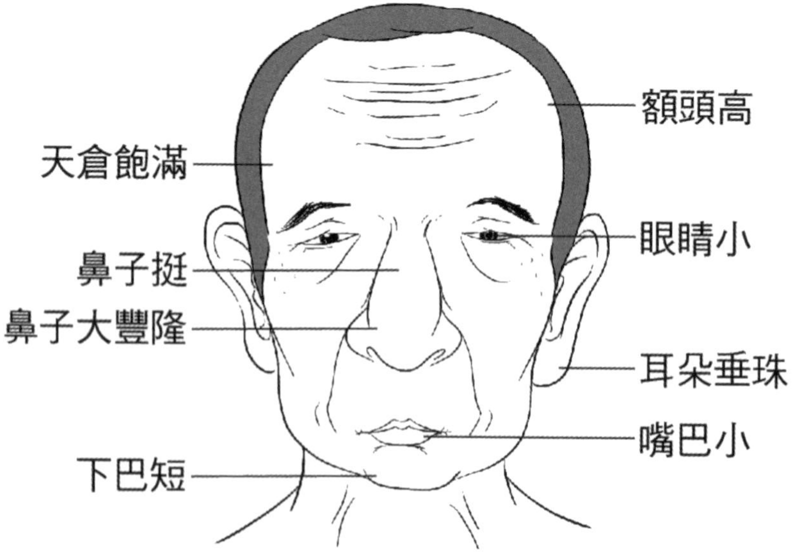

如果下巴尖削的人，那晚年可要辛苦了，下巴尖削代表錢財到老無法留住。因為下巴的左右頤頰，代表嘴巴的守財，在下庭的部位很重要，如果頤頰削老來錢財難守，也代表與子女的對待，頤頰左右飽滿下巴就飽滿。再來看眉毛到鼻子這部分，相學理稱為「中庭」（也代表中年），中庭是人一生中的奮鬥時刻，奮鬥運程順遂否，與老來的財庫有關，在中年時奮發圖強，辛勤工作，那辛苦的血汗錢有沒有入荷包呢？看嘴巴，嘴巴大的人，財裝得多，嘴巴小的人，代表保險箱不夠大，沒有財氣。中年後體型最好能夠漸漸豐腴（尤其是女性），下巴能飽滿，下巴視為家庭的穩重性，也是看是否能得到子女孝順之地，若下巴尖削的人，因為家庭穩定性不夠，子女也多奔波勞苦，恐無法承歡膝下；如果是下巴尖削又聲音粗的人，喜愛碎碎唸，會讓子女敬而遠之；如果是聲無力的人，容易受子女欺負。

林老師面相重點分析

膚白、下巴飽滿的人，與子女的互動都不錯，聲音柔者，講理，鼻子高挺的人，大多會受到子女的尊敬，而下巴飽滿、耳朵有珠的人，大多可受到子女的供養。但是，想要讓子女承歡膝下，除上述幾個條件之外，還要眼睛不能太亮，眼睛太亮的人，處處看不慣，處處都要管，子女自然會逃避。另一個是聲音不可粗，聲音粗的人，愛管別人又會碎碎唸，子女除了不服氣之外還會敬而遠之。

雖然我們的傳承以家庭為重，但受西方文化的影響，現在要兩代同堂，已日趨減少了。台灣也入老年社會了，對於老年人的福利又不如西方社會的齊全，所以奉勸大家在中年時期，要多多為自己儲存老年生活費，尤其是年過四十獨身主義者。

27.百善孝為先——瞭解父母的健康狀況

身為兒女最關心是父母的身體狀況，其實，從自己面貌的氣色，就能知道父母是否健康。

氣色代表一個人的喜怒悲哀，如氣色明潤，代表你現在的心情愉快，做事會很順暢，在事業上運勢佳。如果面貌帶怒氣，你的內心充滿怨言和委屈，氣色暗滯，處事會受到阻礙。而人的血緣遺傳跟父母最有關係，一個人的面貌也能知道六親的健康狀況。

【跟林老師學面相】

我來說一個真實的案例，有一位陳小姐到工作室來論命，問運勢如何。我對她說現在的運勢不是很好，要等兩年後運勢才會慢慢轉好。她順便問父母的身體狀況，我從命盤看出她的父母身體狀況不是很好。這位陳小姐的面貌，在日月角的部位氣色暗無光彩，日月角在眉目的中間上面，左邊為父，右邊為母，此部位氣色不佳，代表父母現在的身體狀況不是很好。她馬上打電話回台南，問母親的身體狀況，母親說是父親的身體不佳，前天到醫院診斷，還好沒有大病。問為何不告訴她，她母親說你在臺北工作又遠，回來不方便。我看陳小姐的耳朵氣色還不錯，眉毛有彩，代表父親可逢凶化吉。從這個案例中我們就知道自己的氣色代表運勢，也跟六親有關係。

論父母的身體狀況，重點在額頭的日月角、眉毛、耳朵，這三個部位最為關鍵。

一個人的面貌就如櫥窗，可從氣色來觀父母的身體，以上庭代表父母長輩的位置，以額頭為重點，額頭的中正，左右為日月角也就是在眉的中間上面，左邊為母，右邊為父。此部位氣色暗或赤色，代表父母身體有疾病，如整個氣色暗、黑，代表父母的身體面臨重病，如額頭氣色有一點潤澤，代表父母的病情有起色不久痊癒。再觀眉毛的氣色，眉毛代表長壽，如果眉毛的氣色暗，父母的身體狀況不佳，如眉毛氣色潤白有彩，代表父母身體健康，也可論六親的關係，如配偶子女的健康跟眉毛的氣

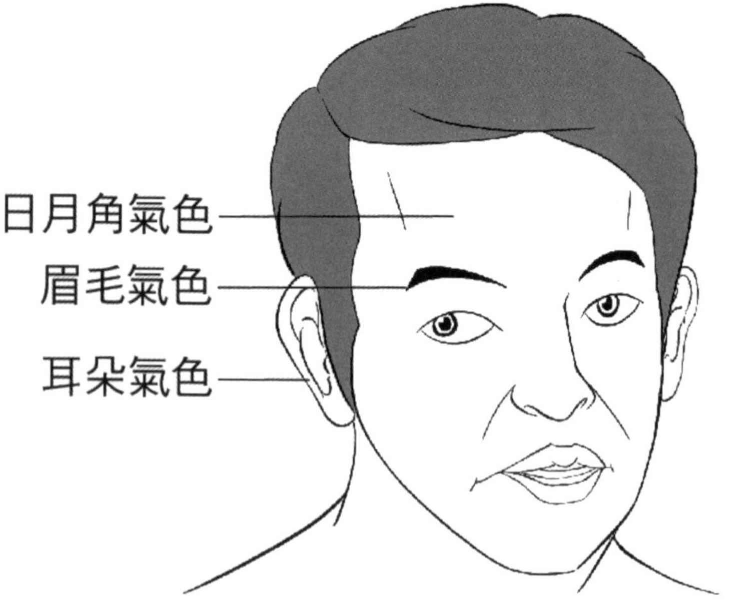

色都有關係，如氣色暗、黑，代表六親有災難。耳朵的氣色與六親也有關係，耳朵氣色暗赤，六親重病，如耳朵氣色潤澤，六親的病漸漸好轉。天倉為父母的貴人，額頭氣色潤澤，父母能找到名醫來治病。

我們常聽到一些故事，或看一些影視劇，說此人印堂發黑或是面貌帶赤白，家中必有災難。這些說法是正確的，當然會有人拿來開玩笑。我每次教企業面相學，教到氣色的論法，對學員來說都是最大的難題，因為氣色的變化很難去解說。所以，我有時論氣色，就會帶學員到醫院，當面學習。醫院是真實的教材，在醫院走動的人來探病，有一半的人，跟自己的六親有關係，如果此人是為了照顧父母，或是長輩的家屬，他們的額頭氣色就會有變化。如在普通房照顧病人的家屬，他們的氣色比較清白，因為病人在普通病房醫療身體漸漸轉好，與在加護病房的家屬，他們的面貌的氣色大有不同，家屬的氣色不佳，一副無奈的氣色，這就是最佳的實際教材。剛開始學員認為不妥，後來他們很敬佩我教學的精神。

林老師面相重點分析

如何能瞭解六親或是父母的身體健康，我們身為子女的，早上起床未洗臉前，在鏡子前先看自己的氣色，就能瞭解六親的健康。

28.可憐天下父母心——不孝順之人的面相

冬至是一個節氣，古代的人很重視此節氣。在冬至的前後，天氣寒冷變化多端，會影響一個人的身體，所以在冬至的節氣，家有老者，要特別的保養，稍不小心就會影響健康。

我從事風水命理多年，認識很多殯儀館的人士，他們說冬至在這一行是大月，也就是說生意好的意思。

冬至的前夕，我到殯儀館為學員的父親送別，遇到一件很感慨的事情。有位李老太太也辦喪事，送別的人議論紛紛，好奇之下過去打聽，才知道李老太太的兒子在國外工作，母親過世，他的太太竟然沒有回來。

跟我同來的學員也好奇這件事情，問我怎樣的面貌可以看出對方是一個不孝順的人。剛好在播放李老太太一生生活經歷的幻燈片，也有李家的兒子、兒媳與老太太合影的照片。我看完後，大致有了瞭解，送喪後與學員回到工作室，一邊泡茶一邊聊天。

我對學員說，難怪有很多拉保險業務的人常常為了業績說服很多老人家。這年頭，養兒防老的觀念不流行了，取而代之的是「養老防兒」。這位李老太太的兒子，自從結婚後夫妻二人就移民到國外，李老太太怕兒子全家在國外生活有困難，每月將辛苦存的錢寄給兒子，又怕家中的兒女知道。

最近自己得了癌症需要一筆開銷，才被其他的兒女發現為何幾千萬的錢財不見了。李老太太生五女一男，有重男輕女的觀念，將所有的錢財都寄給兒子，幸好女兒不計較。

讓女兒們傷心的是，李家的兒媳平時對婆婆不聞不問，婆婆過世竟然不回來盡孝道，這簡直是極大忤逆。

【跟林老師學面相】

我從照片上看李家兒子的面貌，是營養質兼筋骨質，額頭高，天倉飽滿，眉清秀，眉尾隨下，鼻子低，顏面肉多，下巴飽滿，嘴巴小，只有眼睛亮還有一點筋骨質的形質。額頭高，天倉飽滿，出生的環境不錯；日月角豐隆，讀書很優秀；眉清秀給人感覺很文雅；眉尾隨下處事不會與人當面對峙；眼睛亮處事有衝勁，但是顏面肉多，嘴巴小，這種格局反而不好，使其遇事不敢面對，氣會往內吞。這種格局的人，在家庭上無魄力，無主見，無權力，依賴

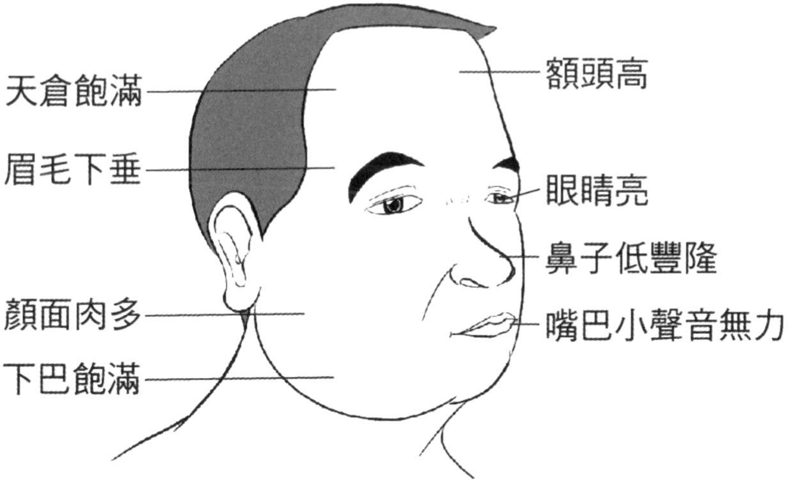

性重，從小就被寵壞，結婚後必聽老婆的話不敢「吭聲」，論理是可憐的男人。

再論李家的兒媳，是心性質兼營養質，額頭低有一點凸，天倉飽滿，眉尾稀疏，眼睛柔，鼻子挺，嘴巴大，嘴唇薄，顏面肉多，顴骨反，膚色白。心性質的人自我要求高，追求時尚，額頭低思想單純，最主要是額頭有一點凸，以自己的邏輯為主，加上眼睛柔處事不知輕重，如果在人際方面只會顧自己，不會顧別人的感受。加上鼻子挺主觀強勢，不容許別人對自己批判，虛榮心重又喜歡與人比較高低。在家庭上，會要求丈夫以她的邏輯為主。而眉尾稀疏的人與六親的對待比較無情義，與別夫家的六親互動少，比較自私；顴骨反，處事反覆不定難捉摸，顏面肉多膚色白只會享受不會付出；嘴巴大貪得無厭，嘴唇薄處事刻薄無人情味，不會體諒丈夫的感受。

林老師面相重點分析

原本我對李家的兒子不滿意，但看他配偶的面貌，倒是覺得他很可憐。各位為人父母的，選擇兒媳一定要謹慎，如果不幸娶到這種兒媳的話，一定要保管好自己的養老錢，好好規劃。

29.整個世界遺棄了你——老來孤獨之人的面相

一個人從年輕開始奮鬥，最怕老來孤獨。相信每個人都想瞭解將來的運勢，到底怎樣的面貌會有此現象？

我在教企業面相學常對學員說，人到老有三個格局，一種是兒女拿錢來供養是天經地義，最重要的是兒女會與你聊天，關懷你。給你帶來快樂才是重點。一種是兒女會供養你，但互相會有衝突，話不投機就會避開你。這不是兒女不關心你，是你的個性脾氣不好太固執。還有一種是兒女不關心你，連供養也不願付出，老來最孤獨。

【跟林老師學面相】

學員問我，怎樣的面貌與兒女互動良好？

依照面相學的理論，將人的面貌分為三等份，上庭、中庭、下庭，一個人到老最重要的部分是以下庭為主，因為下庭代表家庭，也是與子女的對待。

第一，下巴飽滿的人，到老衣食不愁；聲音穩定的人，處事穩重比較受人尊敬，子女也比較喜歡與他聊天，因為個性溫和理智，有事情會與他商量；嘴巴大，左右頤頰飽滿的人，個性隨和豪爽，自己有錢財，不用兒女來供養，兒女在社會上也比較有成就。

第二，眼睛亮聲音有力的人，下巴飽滿的人，到老還不認輸，凡事以自我的邏輯為主，個性主觀強勢；眼睛越亮內在越無法安靜下來，又愛管閒事，又愛搶風頭，加上聲音有力，自己稍微看著不爽，就認為不尊敬他，又帶霸氣，開口就會指責別人，不會去考慮兒女的看法。這讓兒女會有壓力，但必須要供養他，因為下巴飽滿的人，有供養之福，因此兒女與他對談，就是怕他嘮叨，所以會盡量避開他。這一種也可以說是老來孤獨。

第三，下巴削，眼睛大無神，聲音無力最為孤獨。因為下巴是到老的食祿，代表自己的錢財及財庫，下巴削代表財庫難聚財，到老為三餐煩惱。下巴也代表兒女的經濟狀況，下巴削，兒女的經濟有問題，也可以說他們自身難保。如果聲音有力下巴削，最為孤獨，因為聲音有力，不服老，又不認輸，到老了還在發脾氣，與兒女的互動不佳，越老越孤獨。

老來孤獨的特徵：**筋骨質，額頭低，天倉削，眼大無神，顴骨高，鼻子露骨，嘴巴大，聲音有力，下巴削，耳朵不佳**。

林老師面相重點分析

一般到老最需要安逸享受，而到老一生孤獨，其重點的部位，面相學稱為有兩空——天空地空。天空為天倉部位，主一生無貴人凡事要靠自己努力去爭取；地空是指下巴削的人，到老與子女互動不好。眼睛無神，處事抓不到重點，一生無大成就；鼻子露骨，個性主觀強勢，不輕易向人低頭又固執；顴骨高有主見又喜掌顴力，在家庭上，兒女都要以他的邏輯為主；鼻子無肉無財氣，因為露骨的人一生比較無財運；耳朵在面相學主老來運勢，耳朵不佳無福氣，耳朵大有珠，老來子女供養，與六親兒女互動良好，如耳朵不佳與六親無互動，無緣分，遇有災難無人相挺；嘴大鼻子小，有庫無財。市面上有很多流浪漢，大部分有此格局：下巴削，天倉削，眼大無神，到老來孤獨。

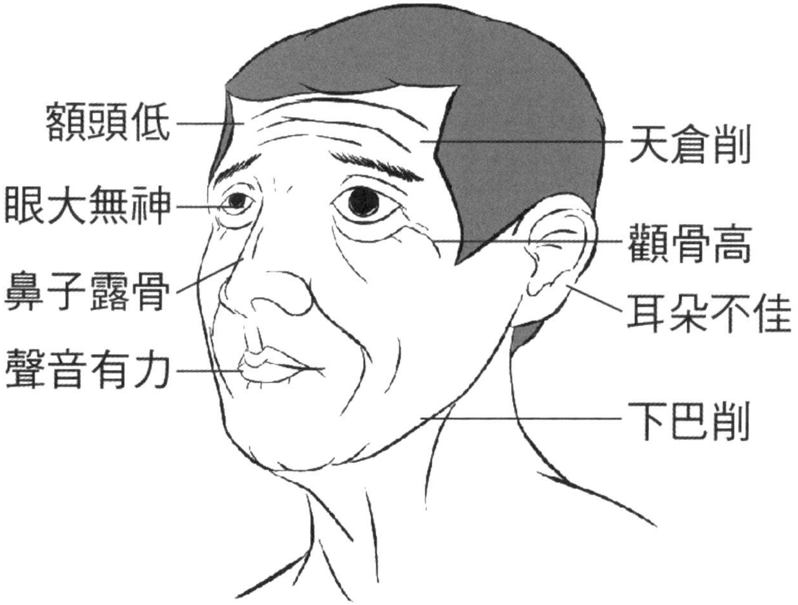

第三章

人可貌相——「看」出來的職場人生

1. 這一餐沒有白吃——老闆的面相

在上海教完課，吳學員說要帶我去吃特別的涮涮鍋，我想涮涮鍋不就那些料，難道上海較特別？正好五臟廟也好久沒祭拜了，於是請學生帶個路瞧瞧去。時值傍晚，正逢下班時間，在人潮裡我與學員找到排第一的等候位，正覺慶幸之際，車門一開，一眨眼，我與學員頓時成為最後上車之人，我跟學員笑說：「上海進步真是『快速』啊，連坐個地鐵速度也要這麼快……」這也表示上海不論做什麼事都又急又快，彷彿機會永遠是稍縱即逝似的，以搶為先。吳學員靦腆地對我說：「老師，要去吃的這家涮涮鍋，一定有位子，肉是從蒙古進來的羊肉，特新鮮，當然主要還是要請老師去看看這老闆娘的面相……哈哈……」我心想，這頓飯可辛苦嘍！

【跟林老師學面相】

一路閒聊到店門口，一位三十來歲體態豐腴的女士出來，看到吳學員來，立刻招呼道：「大師，您來啦！」原來我的學生已是這家餐廳的五術顧問了，頗感與有成就。經介紹知道老闆娘姓蘇，第一印象即知老闆娘聲音有力量、鼻子略低、下巴飽滿。

要開店就要有如蘇老闆這樣的格局：聲音粗，充滿信心與鬥志，下巴飽滿則人脈廣，開店最主要就是靠人脈了。

◆六府顴骨下巴都是關鍵

店有千百種，跟開店的人長相很有關。像蘇小姐她適合開大眾式的餐廳，因為蘇小姐六府飽滿（所謂六府，即天倉、顴骨、下巴），膚色略黑，聲音又有力量。此種性質所呈現出來的較屬於大眾化的飲食，如果是膚色白、聲音柔和者，此種屬心性質的人所經營的餐廳，大多講究品味與氣氛，譬如西餐廳之類。

我看蘇小姐在顧客間穿梭，與每位客人都可閒話家常，這是在於她鼻子低，下巴飽滿，對人隨和，不與人計較。

我對蘇小姐說：「妳剛創業時很辛苦吧？」她哈哈一笑，反倒問我「為何錢存不起來？」六府飽五官小的人，容易受周遭人的影響，再加上聲音有

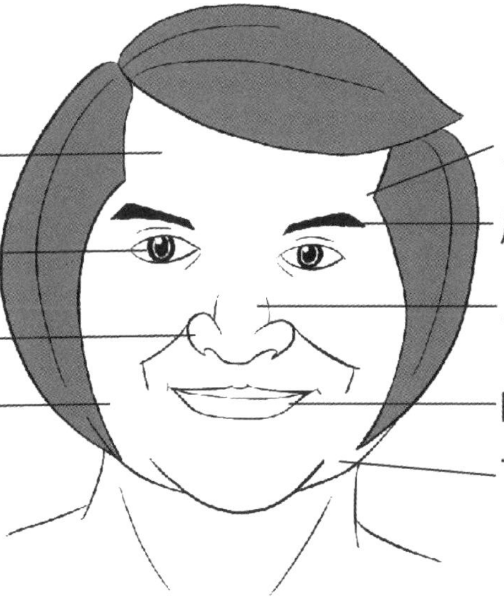

力，對於六親朋友付出多，我問她「是不是朋友跟妳借錢，大多有借無還？」「就是這樣啊，只要賺到錢，無緣由的錢就被借走了，請問可有辦法改？」這就在於蘇小姐鼻子低小，眉目清秀，無法拒絕別人的要求，命宮寬但有紋路，表面上蘇小姐看來像是很豪爽之人，但內心卻有股幽怨之氣，或許就在於無法拒絕吧。

◆瞭解自己的特徵

我給蘇小姐的建議是，自己長相上的特點是六府勝過五官，鼻子低小，這些因素搭配起來，呈現出自己主張不夠，易受到朋友的影響而吃虧，下巴飽滿，聲音有力，做事乾脆，不會要求別人，如果知道自己這些弱點，當下次有朋友要借錢時，一定要他們寫借條，自己也要有主見。

「大師，真是感謝您的指點，這蒙古的羊肉，吃起來特有咬勁的，吃不夠店裡還很多……」

我對吳學員說：「你瞧，才說完她不怕給人吃多的個性，這下可全表露無疑了！」

吳學員笑著說：「哇，這一餐，真是不但吃得飽又可學到老師的學問……」

我心想，這餐我是被算計了吧！

◆營養質兼心性質的特徵

一日與學生到一家小麵店就餐，當時正逢午餐時間，來客卻不多。點完菜正在等候時，聽見一

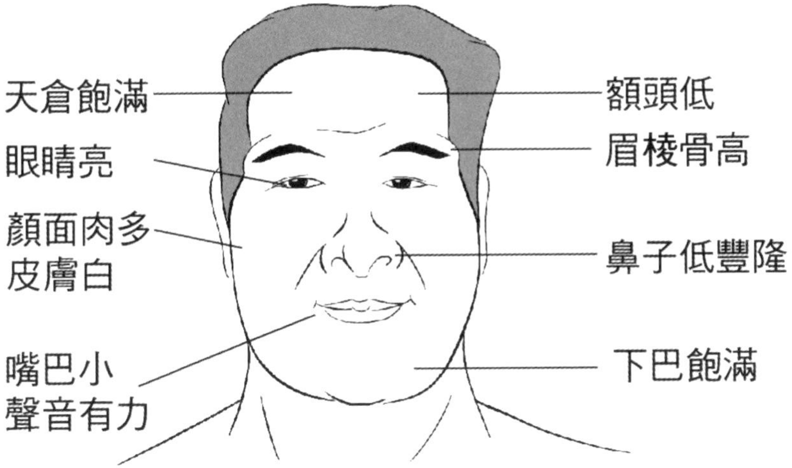

位先生跟著電視一搭一唱很是悠閒，原來他是這麵店的老闆。此人膚色白、體型胖，屬於營養質兼心性質。營養質的特性，就是做事情總是不疾不徐，而且重飲食，講究口味，再加上心性質要求完美的性格，大多在五星級餐廳任主廚。

麵店工作人員大都是筋骨兼心性質，從事體力勞動的工作者，一定要有筋骨質的成分，才有動力，因帶有心性質的特性，會把菜排得美美的端上桌。有趣的是，工作人員雖然是筋骨兼心性質，但有幾位是筋骨質的特性較重，這幾位是負責煮麵的，因為不怕熱氣及滾燙的湯湯水水，能耐勞。外面那種快炒店，大部分都是筋骨質人掌廚居多，但對於盤飾就比較不在意。而做小菜的工作人員，心性質成分居多，所端出來的小菜，看起來色香味俱全。

「老師，現在中午用餐時間，可是桌子沒有坐滿，但是那老闆好像不擔心的樣子耶！」學生疑惑地說。

這就是營養質的特性，生性求安逸。這麵攤老闆好在有個大嗓門，這讓他具有動力，該做時他還是會下手幫忙。先前有提過，從事體力勞動行業的人，一定要有筋骨質的成分，才動得起來。而聲音代表內在的動力，所以該有的動力他也充足，只是大嗓門的人，個性較霸氣，所以他善於發號施令。如果是聲音無力的老闆，恐怕他不但無法掌管員工，還會被員工欺負，因為缺乏威嚴。

再回到這位麵攤老闆的面相，他的下巴飽滿，人緣不錯，但略顯小氣，所盛出來的小菜分量就是比他的員工少。這是因為營養質、下巴飽滿的人，重視自己的享受，以自我利益為優先考量，所以對人就不大方。如果是筋骨質、下巴飽滿的人，一定是滿滿的分量，尤其是聲音粗的人，生怕你不夠吃。再者，這位老闆眼睛亮，他會把員工的一舉一動全看在眼裡，要求嚴格，所以他有這些員工為他打拼，他當然可以輕輕鬆鬆地一邊看電視一邊數鈔票嘍！

林老師面相重點分析

故事中的女老闆，在觀相學理論上，屬於筋骨質兼營養質，個性較豪爽，下巴飽滿人脈極廣，適合在大眾方面的事業發展，做飲食業很適合。因為筋骨質兼營養質的人，比較豪爽，不怕客人來吃，最怕客人吃不飽，這就是筋骨質的特徵，在處事乾脆不喜拖泥帶水，一生比較勞碌命。

而故事中的男老闆，性格卻和她恰恰相反。

選擇飯店，也是有技巧的。想要吃俗又大碗的就要去找筋骨質的下廚者或經營的店；如果想吃味美精緻的，就要去營養質人經營的餐館；如果想要享受氣氛，則要選心性質人經營的餐廳了。

2.求職的訣竅——搞定你的面試官

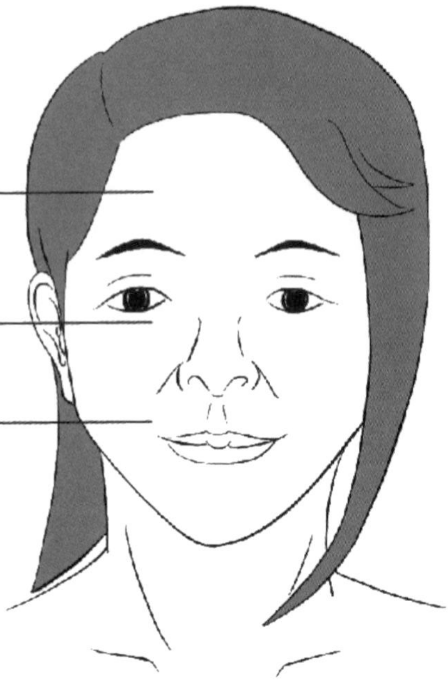

夏末秋初，畢業的年輕人邁入社會的時候，也是青澀的畢業生踏入社會面臨求職的競爭時節。

有兩位小姐到工作室來找我，詢問她們的工作及運勢。才從大學畢業初入社會的人，沒有經歷的情況下，難免會有一點緊張。她們問下個星期三要去應徵面試，自己沒有閱歷，該注意什麼事項，並且怎樣展現自己的才華，及要如何應對進退，順利被錄取。

【跟林老師學面相】

大學畢業的年輕人，要踏入社會的第一步，就是求職。一個人面臨求職或是有願望的時候，首先要知道自己的氣色好壞。氣色的部分以額頭最重要，如氣色佳代表自己充滿信心。這時兩位小姐互看對方的額頭氣色。我對張小姐說妳現在額頭的氣色還不錯，代表妳很有希望會被錄取，在旁邊的陳同學說她的氣色如何，去應徵會被錄取嗎？我對陳小姐說，妳的面貌氣色很平均，代表妳現在的心情沒有憂慮，如果沒有錯的話，妳並不急著找工作。張小姐說，老師你很厲害，從氣色就能看出來她現在的狀況。原來，陳小姐畢業後，在自己家的公司上班，今天只是陪張同學一起來的，她說有很多位同學去求職，結果都不是很理想，是跟經濟是否景氣有關係嗎？

我說沒有關係，既然有要應徵人員，代表此公司需要人才。

妳們剛才說有幾位同學去應徵不是很理想，妳們有空可去觀察她們額頭的氣色，想必一定不佳，其中的因素是你們這一些年輕人，大多晚上都會玩網路，到半夜還不休息，自然額頭的氣色不佳，必會影響錄取機運。因為額頭在相學上稱為事業宮，也代表一個人的思考，如你對一件事情很在意，又充滿希望，你額頭的氣色自然美，也代表未來有希望。如果你自己都不在意的話，半夜不睡覺，會讓人感覺額頭有一股暗滯的氣色。

一個人要如何瞭解自己額頭的氣色呢？在早上起來先照鏡子，看看自己的臉上的氣色美不美，如果氣色好，則今天做什麼事情都順利，如果氣色不佳，今天做的事情將不如你意，說不定會有倒楣之事發生在你的身上。

我對張同學說，妳要去面試，必須調整自己的精神，早睡早起多運動，會幫助妳的氣色及運勢。

當你要去應徵時必須瞭解幾個原則，如果你今天遇到的面試主管，第一眼就要瞭解對方的個性，才能與他應對，進而有機會被錄取。

如果遇到面試官額頭高，代表他的思想豐富、聰明、反應快，鼻子挺者，主觀很強勢，這種人對任何事情都要求完美，也就是比較挑剔，如果膚色又白者，那他的要求高，是完美主義的人。

林老師面相重點分析

額頭高、鼻挺、膚色白屬於筋骨質兼心性質的人，與他對應，盡量以專業來對談。因為鼻子挺的人主觀強勢，在對談中不要跟他搶風頭，加上膚色白，是完美主義的人，記得此種格局的人，連你的舉止、坐姿及穿著，都會很重視。

額頭高、鼻子挺、聲音有力的面試官，代表此人思想豐富，在處事上能抓緊機會，做任何事情不會輕言放棄。鼻子挺自我要求高，主觀強勢，聲音有力，有衝勁有魄力，個性比較霸氣，這種人吃軟不吃硬，你要與此人對談的話，不要自吹自己的能力，這樣反而會被他看不起。遇到此格局的人，盡量以他的意見為主，也就是說有一點喜歡人家拍馬屁，但也不要太過於虛偽，因為這種人是比較講求實力派的人。

額頭低、鼻子低、下巴飽滿，膚色微黑，聲音柔講話慢的人，這種格局的人，屬於營養質兼心性質的人，在處事上要求務實性。與此格局的人對談要拉關係，比如說你住在哪裡，住台南，那我們是台南同鄉……他會很高興與你拉關係，因為鼻子低的人，比較有人情味，而聲音柔者，你跟他講話要有耐性，與他對談時講話要慢，不然他認為你沒有耐性，處事太急躁，對你的看法就會打折扣了。

3. 咖啡店的女人——創業者的面貌特徵

一日應客戶之邀，勘查公司的風水，為避開擁擠的塞車潮，我提前驅車南下。到達目的地，環顧了一下四周環境，對此公司的風水就已經瞭若指掌了。此時一股濃鬱的香味撲鼻而來，原來附近有一間僅容約二十人的咖啡店，看看手錶還有些時間，於是進到店裡點了一杯咖啡，在長廊坐下品嚐，而我的職業病也隨咖啡香飄散開來。

【跟林老師學面相】

這個店有三位服務員，都是年約三十左右的女性。從三人的面相看，我斷定此三人應是一同投資這家咖啡店的合作者而非雇員。其一，有創業心的人必須要有鬥志，嘴巴代表鬥志，此三位女性都具有吃四方的嘴巴。其二，她們都有挺直的鼻子，有主見，不輕易認輸。其三，體型瘦，骨肉多，屬筋骨形質，肯吃苦能耐勞。此三樣都是創業者必備的鬥志力。

詢問的結果，果真如我所料。

在古時男尊女卑的社會風氣下，總認為櫻桃小嘴的女性才會小鳥依人，處處以夫為貴。從面相的角度來論，嘴巴比較小的人，個性比較保守處事按部就班，也就是比較無意見。嘴巴大的人比較有衝勁，也比較會頂嘴，所以在古時候娶兒媳選嘴巴小的女性，最大的含意就是要她乖巧。而現在時代不同了，男女平等，女性漸漸在社會上嶄露頭角，越來越多肩負重擔，在職場上甚至不讓鬚眉。

創業之人除了上述所說的嘴巴大之外，當然還要配合聲音有力量，才會有衝勁、有雄心。瞧此三位女性腮骨出，眼睛亮，雖然對自己充滿信心，但創業會較辛苦。所以，當我們進入一家店，看到老闆娘如果是屬骨多的筋骨形質，則我們可以論及此店尚在上升中，如果氣色呈現潤白透明感的，那可斷定此家財運不錯。如果看不到老闆娘呢？那我們可瞧瞧會計，會計若是膚色白，體態豐腴者，則可說此家生意已步入軌道，若氣色佳者那顯示此店已有營收了。

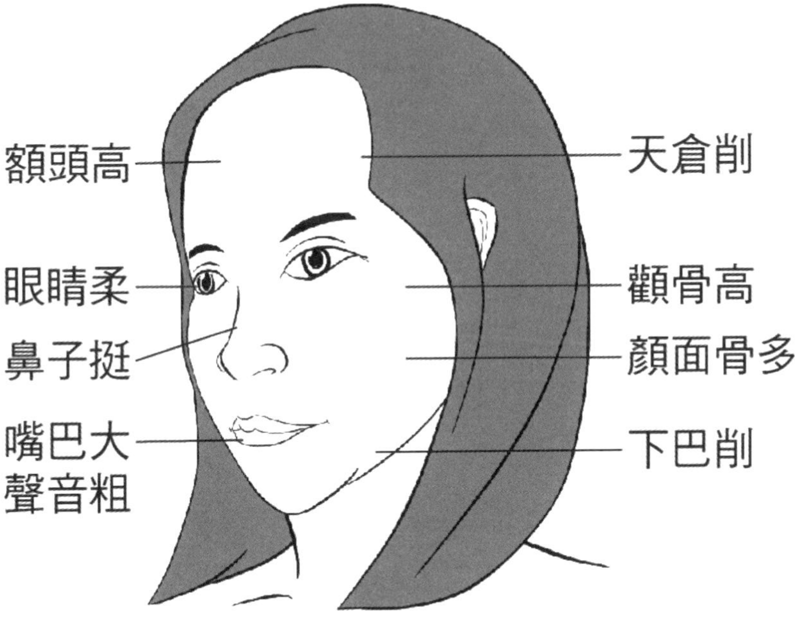

◆聲音與膚色都是關鍵

餐飲業百種樣，有平價的如路邊攤，有高級的如四星以上的餐館，我們會發現一個有趣的現象，一般平價的店，裝潢不起眼、不講究，老闆或廚師大多膚色較黑，聲音粗、洪亮，此屬筋骨形質，較不講究裝飾及排場，多以大眾化的口味為主；而高級餐廳呢？則是以排場為要，講究氣氛、情調，出菜也需精心擺飾，來用餐的人大多是心性形質和營養形質的人居多（如膚色白、額頭高、體型豐腴、聲音柔、體態柔……）。為什麼呢？因為膚色白，聲音柔的心性質，此種人因為細膩、優雅、較羅曼蒂克、追求品味，在飲食上講究氣氛，而營養形質的人，喜歡享受，講求舒適，在飲食方面求精美。再論高級餐廳的大廚多是屬營養形質、膚色白者為多，因為此種形質的人較講究餐飲的精緻及品味。各位在用餐時，不妨眼觀四方，會發現人的長相其實很有趣的。

繚繞的咖啡香，把我的思緒拉回了店裡，細細啜飲著咖啡，香醇的味道，正如三位老闆膚色白、鼻子高，對品質的要求也高。米白色的店雖然不大，由風水來看，此店正迎接「乾」氣（西北），又逢太歲，更加輔助了此店，讓三位的人緣佳，舉手投足間，更加充滿信心。

此店生意興旺後，相信此三位小姐人也會豐腴些，因為豐滿為聚財，為享受，若體瘦者為動，為衝刺；祝福此咖啡店能生意興隆。

◆事業大起大落的特徵

大起大落的特徵：筋骨質兼營養質，額頭高，天倉削，眼睛亮，眉尾疏，鼻子大，顴骨高，嘴大，聲音有力，下巴飽滿。

一個人事業大起大落，依照命理的解說，命中必有大沖。我常講命中無煞不成局，有煞的人處事比較有魄力，但也容易失敗。以面相而論，一般比較有衝勁的人，筋骨質比較多，筋骨質代表生命的動能，是勞動付出的形質。筋骨質兼營養質的人，會給人感覺有魄力有衝勁，如果加上聲音粗，此格局一生的事業必會大起大落。因為聲音粗，代表內在充滿信心，行動力十足帶霸氣，在事業投資貪大不做小。

◆星巴克靈魂人物霍華蕭茲的相貌分析

在教企業面相時，有位李學員，每次

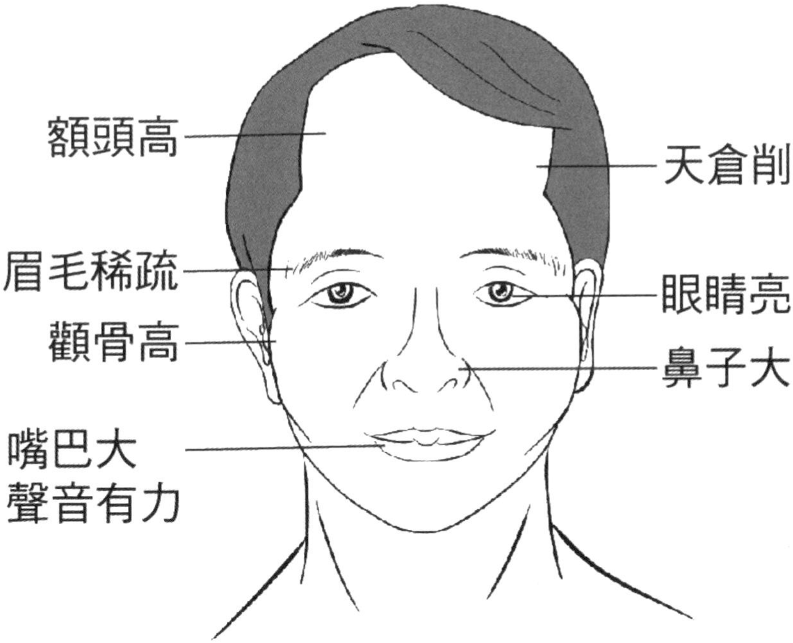

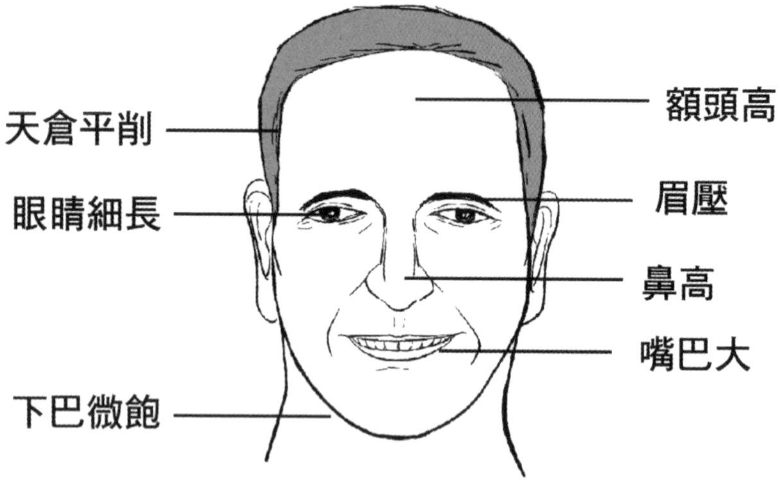

都會到星巴克咖啡店買一杯咖啡請我喝。

一次，他拿來一篇介紹星巴克的文章，看到這品牌的靈魂人物——霍華蕭茲的相貌，深知此人定有不平凡的人生，當然這就成為此次上課的題材了。

一個人的出生環境以耳朵及額頭來論，霍華蕭茲先生的額頭不平整，代表他小時的家庭環境不是很好，但是他的日月角有一點凸，表示讀書時能克服一切困難；眉棱骨高，絕對不向命運低頭，也就是有個性，以中國五行論法，眉壓眼的人，處事會急躁，其實不然，如果配上聲音柔，則會將急躁的個性變為積極，如果是聲音粗，那就真的是急躁性格了；再說天倉平削，處事上比較主動肯付出，不怕吃苦，有耐勞的精神；眼睛是一個人把握時機及抓緊機會的關鍵，霍華蕭茲的優點就是他的眼睛定神黑白分明（在歐美人來講就是眼珠與白眼球清晰分明），眼睛定神的人，在判斷上能抓住機會，又加上他的眉棱骨高，判斷果決，決定任何事情都有自信；他的鼻子挺，主觀強勢，有自己的主見，而且顏面骨多，處事勢在必得，會堅持自己的理想奮鬥到底。

霍華蕭茲的嘴巴大，善於口才，聲音柔中帶剛，最具有吸引力，也就是說服力強，加上有一點腮骨，表明有毅力不認輸，因此他在業務拓展上是一位人才。

霍華蕭茲對待部屬如兄弟，也就是他能以心來帶人。一個老闆會受到部屬的擁戴，第一點眉毛要清秀，這樣的人對朋友、部屬付出得多，要求得少；第二點鼻子要豐隆，鼻子代表一個人的錢財，鼻孔大捨得花錢；第三點下巴飽滿有朝，處事有原則，賞罰分明，該付出就會做到，所以能讓職員心服；第四點顏面要有一點骨，對部屬很照顧，好事會與職員分享。

林老師面相重點分析

筋骨質兼心性質，處事比較細膩完美，講究情調氣氛。筋骨質兼營養質，處事比較乾脆。要吃苦耐勞，必須要有筋骨質的特徵。

一個人會成功必有他的優點，值得我們借鏡與學習。星巴克公司對於品質的要求講究完美，這也與負責人的容貌有關係。霍華蕭茲先生的面貌是心性兼營養的形質，屬於完美主義者，加上膚色白，重視外表的整體美化，所以他對職員的要求也是要有一定的水準。

4. 炒老闆的魷魚——什麼樣的人喜歡跳槽？

一個人在工作上不穩定，常換工作他也不是很願意，為了找工作也覺得很累，這樣的人面相有什麼樣的特徵呢？一般來工作室找我論命的人，如果問工作的問題，如與同事之間互動不好，或是工作上得不到上司的欣賞與認同，想要跳槽，另外找工作的話，在面相學的特徵，以耳朵為重點，因為耳朵主管人事的穩定部位。

【跟林老師學面相】

有位張小姐問：「我要換工作時機是否對，將來工作上會順利嗎？」

先談此人的面貌，她是屬於心性質兼筋骨質的人，顏面看起來骨比較多，個性比較好動，額頭高思想豐富，處事反應快，加上天倉削，處事有衝勁。整個面貌的缺點，就是額頭的髮際雜亂，額頭主官祿專管事業，如髮際蒼亂，在事業的發展會受到阻礙。**耳朵代表一個人的穩重性也是人緣，耳朵反的人比較有才華，個性比較好動，在事業上要靠自己白手起家，因為耳朵不佳的人與六親互動比較少，遇有困難六親相挺不多。**如果天倉削耳朵不佳的人，一生很少有貴人提拔，在工作上會感覺自己努力盡職，沒有受到上司的重視，所以工作一段時間，就想離開換一個環境。

我對張小姐說：「你是不是經常換工作？」

她說：「對，老師你怎麼看？我也不想一直換，真的很累。」

◆眉毛耳朵都是關鍵

在面相學還有一種人也比較容易跳槽，就是眉目比較淡的人，與上司同事之間無親切感，加上耳朵不佳，本身人脈不多。因為耳朵為資訊，在資訊方面容易產生誤解，也就是說，好的資訊傳入到你這裡，聽到的資訊就不一樣的解釋，加上鼻子低個性隨和，比較無主張，容易受到環境的誘惑，因此在工作上常會變動或是想換一個環境。如果聲音有力，決定的時間快，因為聲音有力的人，處事乾脆不喜歡拖泥帶水，這種人要跳槽，從不會考慮後果的好壞。

額頭高，天倉削，髮際蒼，耳朵反，眉尾散，眼睛亮，鼻子低，聲音有力，下巴削，都是關鍵。

在面相學上，耳朵與眉主人事的變化，一般耳朵小而反的人，人事比較會變動，因為耳朵代表小時候的初生環境，如果耳朵不佳的人，易受到四週環境的影響。眉毛代表異性朋友、同事、夫妻的對待及忠誠的拉力，眉清秀重情義，人事穩重人緣佳，如果眉淡雖然主聰明，但是人緣不佳。如果眉清秀要離開此工作，同事或是上司會挽留，也就會受到人情味的壓力，比較不會跳槽，眉淡的人要離開，同事或是上司不會留人，因為平常與人互動不佳。額高思考豐富能力強，加上眼亮的人，比較好動不喜被約束，反應快，但受到髮際蒼的影響，在工作事業上會受到阻礙，一生比較無貴人

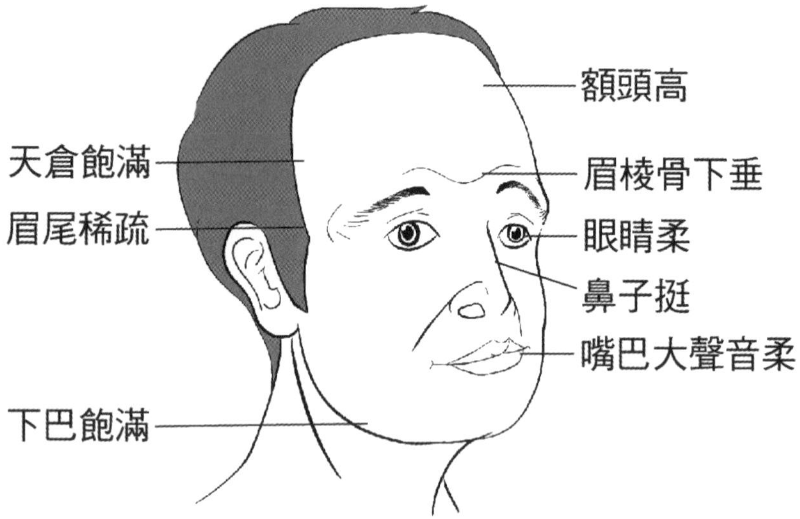

提拔。耳朵反得到的資訊會猶疑不決，鼻子低無主張，聲音有力有膽量，遇到不如意的事情或是工作上受到打擊，就會想換一個環境。聲音有力，就會想去試試看，有沒有好的機會，絕對會跳槽，加上額頭高眼亮稍微對工作上不滿意，就會想離開此工作崗位。

其實一個人會離開工作崗位，大部分是跟上司及升遷有關係，如有受到重視或是有升遷機會就不會跳槽。因為髮際蒼及耳朵反的人，很少能得到上司的提拔賞識和同事的尊重，這種格局的人跳槽機率比較大。

◆按部就班，適合朝九晚五的人

特徵：心性質兼筋骨質，額頭高，天倉飽，眉尾散，眉棱骨下垂，鼻子挺，眼睛柔，嘴巴大，聲音柔，下巴飽滿，膚色白。

額頭高，天倉飽，思考能力強，想像力豐富，但眼睛柔使整個格局就被拉下來，因為一個人的眼神是他的鬥志，眼柔之人比較自私，怕吃苦，思想上活在自己的世界中。加上鼻子挺主觀強，眉棱骨下垂，眼無神，個性隨和無責任感，遇到困難或是挫折想盡辦法推卸。嘴巴大，聲音柔，下巴飽滿，一生只求安逸，不喜歡去創業，只會享受不付出。

林老師面相重點分析

比較容易跳槽之人的特徵：心性質兼筋骨質，個性屬於動態；額頭高，天倉削，髮際蒼，耳朵反，眉尾散，眼睛亮，聲音有力，下巴削，無法安靜下來，個性較情緒化；加上耳朵不佳，一般都忽略耳朵，其實耳朵是很重要的部位，代表人事的穩重及聽判斷的資訊，耳朵佳不喜歡變動。

5.慧眼識人才——選擇合適的主管

受到台海兩岸的經濟牽引，西進中國早已是不爭的事實了。我也經常受邀為他們勘察風水及規劃等。

陳董事長在東莞有個一千多坪的廠房，多年前由我幫他規劃，此次請我去，是因要擴充廠房另外還有一個更重大的任務，就是要我幫他選一位業務主管。以往管理階級大多聘請台灣人去從事，而今非昔比，一則聘請台灣幹部的費用昂貴，二則中國現下的水準已不輸於台灣了，現實說法，台灣人在中國已不吃香了。

【跟林老師學面相】

「陳董事長啊，我看你應該是已經有中意的人才了吧？」

「哈哈，老林，總是瞞不過你的眼睛，我是有幾位人選了，但無法再進一步斟酌，幹部會影響到整個公司的運作，好與壞就牽扯很大了，這次當然要你的幫忙了。」

面相學論下巴代表子女，也代表部屬，陳董事長的下巴（頤頦部位）氣色明潤飽滿，表示他與部屬互動良好，受部屬的擁戴，且職員們認真努力，不用陳董事長操心。下巴飽滿也表示陳董事長的事業為多元化，可擴展四方，而我看他眼光清潤，說話不急不徐，我就知道其實他心中早就有自己的打算了。

「陳董事長，那你就找個藉口，請那幾位進來，我幫你看看」。

通常我去到一家公司，不論是看風水或是論面相，我並不希望讓其他職員知道，尤其是以一個五術老師的身份。因為顧及到老闆在員工面前的形象，盡量不讓員工認為老闆是個迷信之人，也不希望讓員工知道公司的風水狀況，以免員工心有罣礙，影響上班情緒。曾有次我去新竹一家科技公司勘查風水，卻沒想到我的名聲早已在這公司傳開來，每個員工都跑來問我他的座位風水是好是壞，當時內心暗嘆「不妙」，事後我與公司的總經理說「約個日子，到我服務處來，再詳做解釋」。

約定之日，我說：「總經理，你公司員工現在人心應該有些浮躁吧？」

他說：「對啊，每個人都覺得自己坐的位置風水不好……」

我說：「這就是為什麼我不在你公司說的緣故……」

◆聲音粗與柔都是關鍵

一邊與陳董事長泡茶、閒聊，一邊打量著陳董中意的幾位員工。全部過目完畢，我對陳董事長說其中有位蔡先生，現年二十八歲，額頭高，對未來的事業充滿信心，對老闆也有情有義，天倉削，對事業有衝勁，唯一聲音粗了些，個性上較急躁，缺少冷靜思考，雖適合業務發展，但年紀尚輕，還需要歷練，假以時日，必定會是一位好主管，但現下尚不適合；另一位吳先生，年約三十五歲，眉與眼間距較寬，下巴頤頦飽滿，表示人脈廣，聲音柔中帶剛，處事穩重，與人對待懂得拿捏，額頭高、眉毛清秀，在外易得貴人、朋友的相助，天倉微削，有吃苦耐勞的精神，可在外多方發展。

陳董事長想往北方發展，我說此吳先生下巴飽滿，下巴屬北，額頭高亮，一定可闖出名氣，所以派吳先生北上發展最適合。

「哈哈，老林啊，你學生說你的眼睛像X光機，還真不是亂說的，一掃全無所遁形，只要讓你過目，你都記在腦子裡了。」

時代的變遷是很快速的，如何能讓企業趕上時代的潮流，就要先學會發現人才，進而運用人才。我也常建議各企業的主管階級人員，最好能

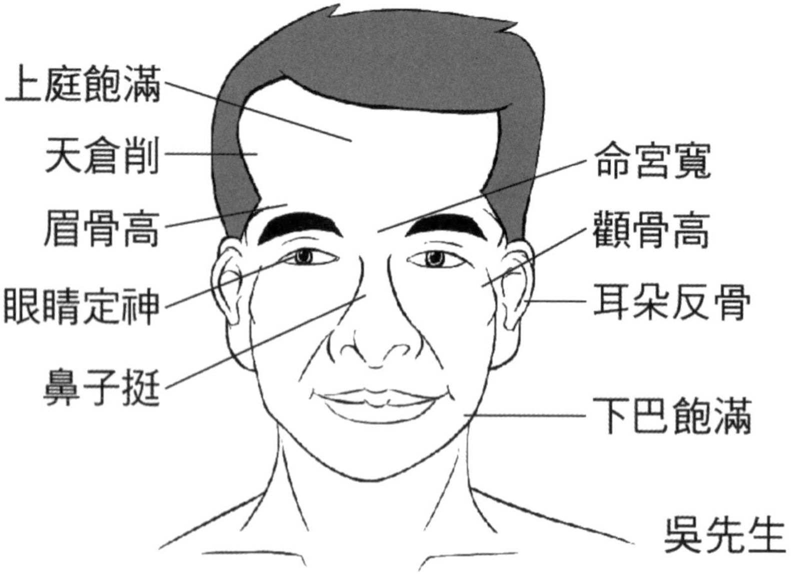

學會這企業面相，在徵選人才時，就能量才而用，這才是一個企業能永續發展的基礎。

依照面相學的理論，人的面貌分為三等份，上庭、中庭、下庭，每個庭所代表不同的見解：上庭代表是長輩的對待及緣分，代表事業的成就，一個人的思考能力，未來的信心，未來的希望，兒女將來的成就；中庭代表平輩，朋友的忠實，兄弟與六親的緣分，夫妻的拉力及感情，異性在外的人際公關人脈，事業的權力，自己的主觀，判斷的能力；下庭代表家庭的對待，子女的供養，家計的穩定，部屬的對待，事業的擴展，人際公關的人脈，經濟的財庫。

◆下巴飽滿與下巴削的區別

蕭先生與朱先生同是一家電子公司的課長，兩個部門私底下常互相較勁。此次蕭先生憤憤不平地來找我，抱怨公司升遷不公平，他的部門業績比較好，為何公司升的是朱先生！原來，公司要西進拓展，想找一位派駐外地的主管，要能獨當一面的才幹，公司選上了朱先生。

「蕭先生啊，你公司選擇他，自有公司的考量，如果是我，我也會派朱先生過去。」

蕭先生很驚訝地問「為什麼？」

我以面相的角度來講，朱先生的天倉飽滿，也就是額頭寬廣，腦筋很靈活，這對能不能獨當一面來講是很重要的。因為他必須隨時應付不定數的問題，再就是朱先生下巴飽滿、眉毛清秀，交際手腕不錯，堪稱人緣佳，要派駐到外地，是極需要人脈的輔助；而蕭先生你雖然額頭高，很聰明，

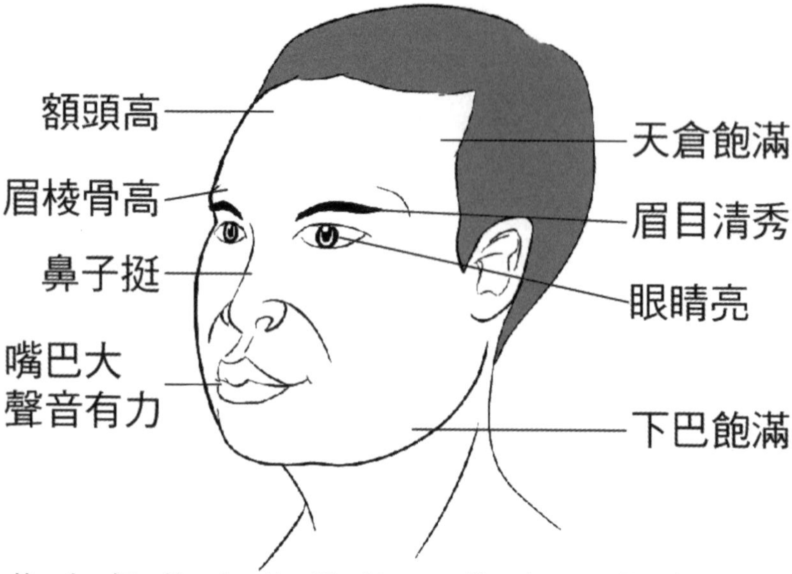

但差在你的下巴削，缺乏人脈；另外，朱先生的嘴巴大、聲音粗，雖然行事霸氣點，但是有魄力、有衝勁，是個不認輸的個性，這對於往外地開發的人是必須具備的條件。光是那飽滿的下巴和嘴巴大，朱先生的協調能力就勝過你了，所以為什麼我說「如果我是老闆，我也會派朱先生去開發業務。」

蕭先生的膚色白、聲音柔，做事情會有選擇性，他的優點在於眼睛亮、眉棱骨凸出，對於時機的掌握和判斷的準確度極好。但是下巴削，個性急躁又缺乏了人脈的輔助，再加上蕭先生膚色白會選擇，又鼻子高，主觀較強，看不順眼的人就不想理會，這在開發業務方面會很吃力的。幸好蕭先生的聲音柔，不會有咄咄逼人之感。朱先生的膚色黑，聲音粗，精力充沛，獨立性夠，再就是他的嘴巴大、下巴飽滿，敢開口與人對談，而且人脈多，也容易採納別人的意見。重要的一點就是朱先生的鼻子低，鼻子低的人比較有耐性，今日被回絕了，明日再接再厲，對他來說沒有「碰壁」這回事。如果是鼻子高的人，被拒絕就會覺得顏面無光，恐難再去第二次。鼻子低的人就會很有耐力，一而再，再而三的嘗試，鼻子低再配上嘴巴大，此種格局很能跟人家閒話家常，攀親帶故，所以從事業務推廣是最佳的人選。

另外一點，朱先生的額頭氣色潤澤有光，額頭主事業，也是長輩，氣色漂亮代表事業上的運勢佳，也代表受長輩的提拔。反觀蕭先生的額頭有雜氣，當然升遷之路就會坎坷。

以面相的形質來講，朱先生屬筋骨兼營養質，此一形質的人對財務很有概念，因為營養質的人時時刻刻都在盤算著錢財，一有賺錢的機會不會輕易放棄。配上筋骨質的個性，為了賺錢，他會拼了命去打拼，這樣形質的人，適合去開創。因為不怕吃苦，也不服輸，這是筋骨營養質的優點，但缺點在於容易衝過頭，反而誤了時機。蕭先生則屬於心性筋骨質，自我要求高，自尊心強，擅權謀，適合在企劃或專業技能方面較能一展長才。

林老師面相重點分析

在古相書的解說中，額頭代表南方，下巴代表北方，額頭高的人往南方有利，下巴飽滿的人往北方有利。其實以現代面相理論來講，是以眼睛亮及聲音的帶動為主，加上以氣色也是重點，如額頭氣色明潤，代表事業上會有擴展，處事順暢，如下巴氣色潤，代表事業的版圖繼續擴展，部屬忠實努力上進。

與其一味的抱怨公司用人不公，倒不如先瞭解自己，知道自己的優點在哪裡加以開發，讓自己成為一顆閃亮之星。到時不論在何處，你將永遠都有屬於自己的光環。

6.適合西進發展——用風水的磁場來輔助自己的事業及運途

以往的職場，幾乎是男性的天下，現在女男平等，在職場上共處一片天，近幾年來女性已有水漲船高之趨勢，躋身為企業家的總裁也大有人在。有時想想，這對女性而言是能幹還是勞碌？

【跟林老師學面相】

盧小姐看過我的寫給女人的一本書，她很認同我對風水的見解，所以請我為她的公司勘查風水。

盧小姐大約四十來歲，是一家貿易公司的負責人，我看她額頭高、天倉削，眼睛定神，聲音柔，在相學理論上，此種人屬於筋骨質兼心性質，這種質的人比較重視事業，自我要求高，理想也高，對任何事情要求完美，屬於業務上的高手。筋骨質的人配上聲音柔，從事商業方面最能表現才華，因為筋骨質的人會給人感覺很有衝勁又能幹，處事又很細膩。眼神定神配上膚色白的人，給人一種有氣質的感覺，處理事情能掌握時機，處事有原則，在人際公關與人互動良好人緣佳，尤其多會得到異性的幫忙，額頭高者，年紀大的異性對她最有助力，也會暗中相挺。天倉削者，本身肯努力求上進不怕吃苦，對理財很敏銳。

我說：「盧小姐，妳很有才華，如果沒錯的話，妳公司的業務應大多都是妳帶動的吧？」

「老師您過獎了，是我公司的產品受大家認同，所以公司才能經營好，但是大環境的影響，我不得不往外發展，請教老師，不知我是應該整個西移，還是台灣的公司要保留呢？」

盧小姐的公司住宅的格局還不錯，在西方有好的磁場的氣流入宅，西方氣在風水學的理論上屬於文昌，此氣流對公司的規劃企劃方面有利，也代表公司的產品，每年都有新的創造力，所以公司在產品的規劃上很穩定。再配上盧小姐的膚色白、鼻子高，一般自我要求高的人鼻子高，對品質的要求很嚴格。

我說：「五年前，妳的公司生意很興隆。」

盧小姐很驚訝地問：「老師，連這你都能算出來？」

我笑了笑說：「因為妳公司是由西方氣影

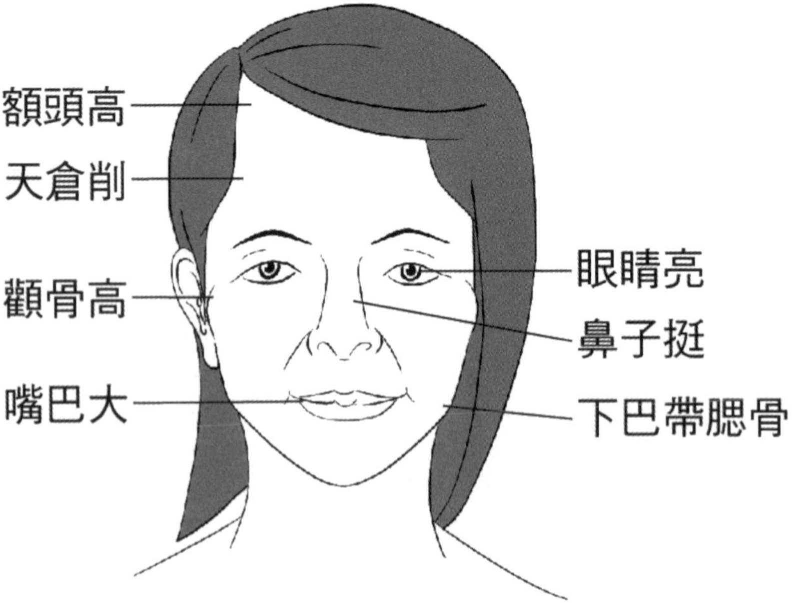

響最大，而五年前西方氣最為強盛，所以當然那時妳的公司是最賺的嘍！因為這股文昌氣，對於妳們產品的規劃及開發最為有利，如果妳想西進發展，我會建議妳，在台灣的這個根還是要保留。」

盧小姐因為眼睛定神，鼻子高，下巴有朝，個性上會較主觀有時也很固執，但與員工的對應都還拿捏得宜，也頗受員工的敬重，而受到此西方氣場的感應，則有助於盧小姐推展業務。

我說：「盧小姐，將來妳是必須台海兩邊跑，而妳因為鼻子高，顴骨也高反，主觀強又固執，自我要求也高，我給妳個建議，妳出門在外時，身段放柔和些，對妳的業務發展絕對有幫助。妳走在四十五～五十歲時，往外發展將會有另一個事業高峰。」

面相是父母賜給的，無法去改變，但我們可運用風水的磁場來輔助自己的事業及運途，這也是讓我熱衷於五術的原因之一。

林老師面相重點分析

在面相學裡面有三個質，最有衝勁是筋骨質的人，最會談判是心性質的人，最會理財是營養質的人。如心性質的人兼眼睛有神鼻子挺，稱為心性質兼筋骨質，在處事穩重判斷直接，如加上鼻子挺處事有主觀，在職場方面能發揮專長，下巴有朝，處事穩重有始有終。

7.「旁聽生」的幸福煩惱——五術與面相搭配運用

曾有段時間，在講授紫微的班級中，來了位意外的「旁聽生」，這位是與我有數年之交的朋友，服務於司法界，常因公至臺北受訓，只要一下課，就會往我的服務處跑，一則打發時間，一則老友敘舊。若逢我在授課時，他便在一旁聽課了。

某次，學生們說：「老師，可不可以不要再用八字命盤來上課，我們換個真實人生算算如何？」糟啦，又不方便拿客戶的命盤來教學，該如何是好呢？哈，哈！老朋友就犧牲一下吧。

【跟林老師學面相】

此位老友他目前的大運正逢天干化科在事業宮，父母宮也化祿在事業宮，依鬥術的命理論法，他此大運必會有升官的跡象。事業化科代表能展現自己的才華，對考試升遷最有利。

我跟學生們說：「好，今天教你們如何將五術與面相互相搭配運用。」

「哇，賺到了，賺到了，今天沒來上課的人損失太大了！」

我們瞧這位老朋友的面相，他的額頭高，鼻子挺，眼睛定神，聲音穩重，是心性質兼營養質。額頭高，天倉飽滿，鼻子挺的人，處理事情穩重，易得長輩的提拔。

老朋友說：「對啊，這次也是老長官的提升，所以才要到臺北來受訓。」

一個人的氣色最為重要，如果額頭高，氣色暗，則有志難伸。

我對學員們說，你們詳細觀察，他的額頭氣色明潤，再配合他的命盤今年太歲化科，是不是對升遷有利？

這位老朋友的額頭高、天倉飽滿，顯示父母在家鄉也是個有名望之人；日、月角漂亮，在求學期間成績表現優異，大學畢業一路高考，進入司法界服務；以他的面相，三庭均等，五官正，此種相貌最適合公家機關。額頭高、下巴飽滿、聲音柔，擅長協調，法令紋不深，具有慈悲為懷之心，比較會為人著想，不但受長官的提拔，也深得部屬的愛戴，再配合命盤來看，事業宮化科，父母宮也化祿到事業宮，與他的面相是不謀而合，最主要是老友現在額頭泛亮，顯示事業上正春風得意。

「怎麼會春風得意呢，長官提升我一次，我就

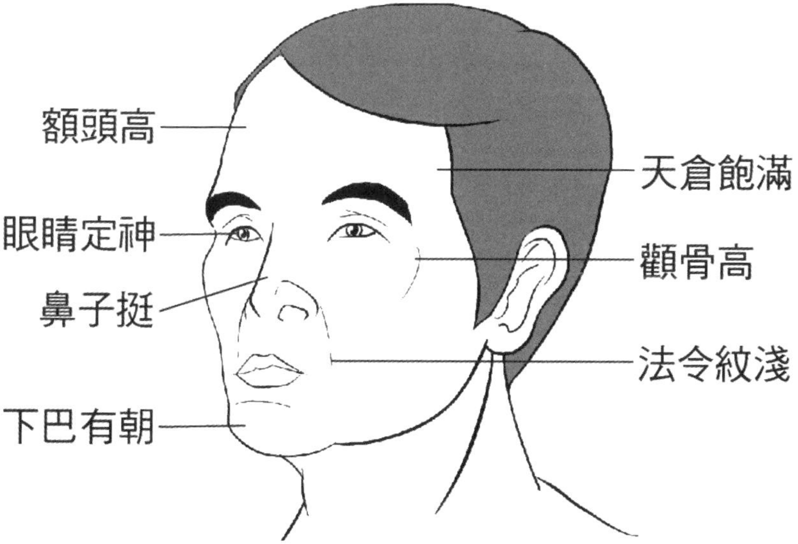

必須北上受訓一次，經常南北奔波也是累人的。」老朋友不平地說。

我笑著說：「你是捨不得離開家，捨不得離開你的賢妻吧！」老朋友竟然臉紅了。他的下巴飽滿，聲音柔。下巴代表家庭，下巴飽滿，氣色好，則表示家庭美滿，財運穩定，有位賢妻會把家庭照顧得無微不至。下巴飽滿、聲音柔的人較戀家，也正符合命盤上，老朋友的太太在夫妻宮有化祿……

我常建議學生們，現在的命理應以面相為主，其他的為輔，因為命盤或八字，都要用生辰來運算，一不準確，所斷的運勢即有偏差，況且同一生辰，不見得運勢都一樣，試問與王永慶或郭台銘同生辰的人運勢都一樣嗎？又中國人民十之八九，不能確定自己的生辰，那如何論運勢呢？

面相就如同一張履歷表，自出生起輪廓大致上不會改變，而是經由後天的環境來影響，從五官與氣色加上流年，即可論斷個性、財運、家庭、運勢等，所以面相的輔助性質其實是大於其他的命理。「命好，不如運好」，如能預先得知時來運轉之機，努力掌握，其輝煌騰達之日是指日可待的。

林老師面相重點分析

現在是一個競爭的時代，人們都想鴻圖大展，飛黃騰達，婚姻美滿，家庭和樂，但常敗於識人不清，用人不當，遇人不淑。俗話說，不識字請人看，不識人輸一半，面貌就如同一個展示櫥窗，顯現一個人的個性好壞及成就。從一個人的面貌上，就知道他的優點與缺點，如上中下庭平均的人，一生的成就穩定，加上五官正，一生的成就非凡；如下庭飽滿聲音穩重的人，比較重視家庭；下庭微削聲音有力的人，一生比較奔波。額頭氣色明潤對事業升遷最有利，下巴氣色明潤家計穩定，在公司與同事部屬相處互動良好。

8.不想升遷——面相不同追求也不同

一位朋友邀我去參加一個餐會，與會的其他人士，不是企業界人士就是與法律有相關行業的人。餐飲中，朋友提議到：「今天我請來一位風水命理面相大師，各位如有什麼疑惑、困境或運勢等，可以盡量『詢問』。」

在座的都算得上是有名人物，事業也都有一定的成就，但詢問的範圍卻也不脫離事業、金錢及社交。可見「更上一層樓」的心態，並不是只存在於小市民的心中，連事業有成者都希望好，能更好。

【跟林老師學面相】

其中有位清瘦的男士，特別吸引我注意，別人的話語不斷，他卻靜靜地聆聽，偶爾淺淺一笑，偶爾又若有所思的，不引起別人注意也很難。此人五官正，眼睛細長，清瘦的身材，標準的清秀格局，從他的相貌我斷他是從事文職方面，他說他是軍職人員。

我說：「你是軍職人員，但職務上應屬文職方面吧？」

在場的人問我：「何以如此說呢？」

武將之格，通常具備的條件是聲音要洪亮，才有動力，法令紋要深且明顯，才有威嚴。此位軍職人，聲音柔、法令紋不深，已不具備武將的條件，雖然額頭高，受上司的喜愛，但命宮寬，做人處世隨和，不會與人爭權奪利。

他開口道：「老師，你說得沒錯，有很多機會，長官想提拔我，但我都把機會讓給其他同仁。」

額頭高的人，通常會博得高名氣，也易得長官的提拔，所以看一個人的升遷，首先要看額頭。

要受長官提拔不是額頭高就可以，當然工作績效最重要，此先生眼睛細長、定神，代表他做事情很穩重，有才華，自然會博得長官的賞識，再加上流年正逢走在眼睛運勢，更是可讓事業更上層樓的好時機。

但已五十歲，開始走下庭運勢，嘴巴不大，聲音柔，氣色清潤，代表他的內心想求安逸了，

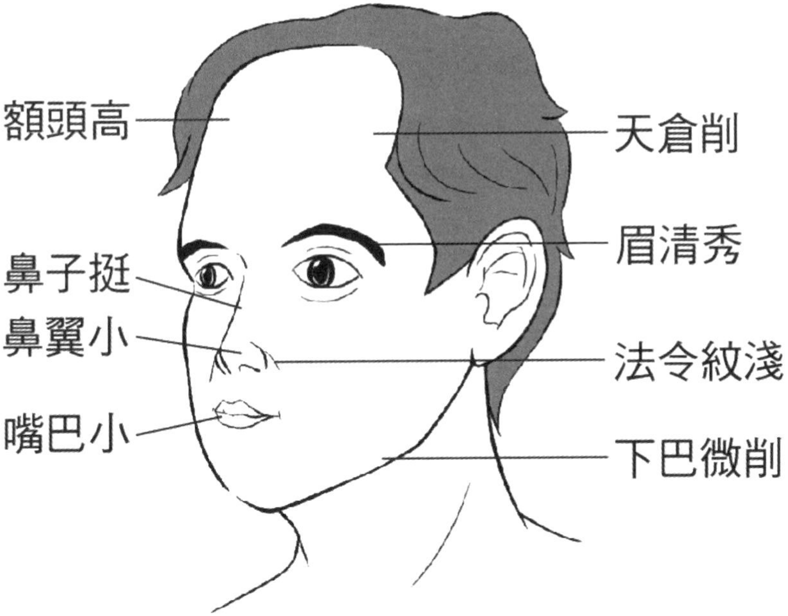

而下巴有朝，較想回歸家庭。我看他額頭上的氣色，有如瓊漿玉液般的清潤，已經沒什麼憂慮之事，我說：「其實你內心是想退休了，想去過逍遙自在的生活。」他點頭說：「目前上下班都可接送太太，如果升遷，將要調職到南部，當然就要離開家了，很多事情就會有變遷，的確，我內心是想要安定了。」

我在想，如果他的面相，換上聲音洪亮的話，他的選擇一定不一樣，逢有升遷機會，一定會去爭取。今日這位男士，額頭高、法令紋淺、聲音柔，本性就清高，不會與人爭權奪利，最主要在於他的氣色呈現潤白，顯示內心很平靜，不會為名利所惑，不喜歡被約束。此種格局之人，大多會放棄名利，較喜歡享受自由自在的生活。

面相的氣色論運勢及願望，配合三個質的論法有一些差別，如故事中的主角他屬於筋骨質兼心性質，如果面貌明潤的話，此人就比較不與人爭權奪利，如果此人是筋骨質兼營養質的話，如果氣色明潤的話，有機會升遷，一定會把握時機達到目標，在事業上會一段時間會擴大事業的版圖，有時會不惜代價力爭到底。所以，一個人的額頭氣色潤澤，代表事業或是升遷充滿信心及未來，如額頭氣色不佳，代表事業或是內在充滿不滿意的心態，怨言多認為有志難伸。

◆陰靜的格局

有一天我為楊先生看家宅風水，事後共進午餐時聊起了面相。

楊先生開口說：「一直以來，只知道林老師的風水本事了得，原來老師的面相更勝一籌。正好今天有一個人的心思，著實叫人猜不透摸不著，想請老師為我解惑一下……」

原來，楊先生的公司有位許課長一直都在總務課，楊先生看他工作頗勤快，而且年資也久了，想為他調升。可是總務課沒有更高的位階，要調升只能調往外務部，但是每次跟許課長提起，許課長總是婉拒。公司的人都很納悶，怎會有不想被升遷的人呢？

從許先生的面貌來在看，額頭高、膚色白，是個活在自我理想的個性，因為額頭越高者有時會超脫現實。許先生的聲音無力，更加重此傾向，此格局的人如果沒有達到自己的目的，反而會淪為消極，表面看上去與世無爭，內在其實是不服氣，但又不敢表達。

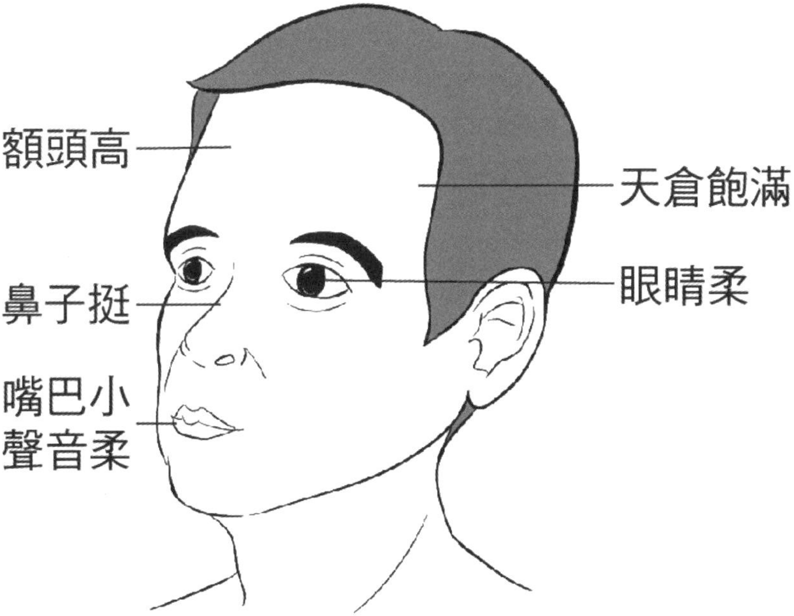

許先生天倉飽滿，一般屬於安逸型，加上膚色白、聲音無力，這種現象就更明顯，不喜歡變動，只要有更動，他在心情轉換上就會變得無所適從。他的眉尾有一點稀疏，在人際方面屬於被動，加上聲音無力，平常不會主動與人對談，與人互動少，自己的朋友也不多，所以在人際公關方面比較吃虧。再看到他的顴骨有一點反，如果沒有達到他的理想的話，此人會消極；許先生的下巴不夠飽滿，代表人脈少，如果公司要他外調，他會有恐懼感，加上下巴後縮，容易半途而廢，處事有時無法堅持到底，遇到事情時不敢明確的表達。所以他不敢面對吃苦的現實，有無法承擔的一面。整體形態屬於安靜型，適合從事文書、企劃方面。

每一個人都有他的優點與缺點，不可能都是完美的，像許先生這種格局屬於「陰靜」，一般而論，眼睛柔、聲音無力的人，他的內在喜好安逸。只要你能瞭解就懂得如何與他對待，運用他的優點安排合適的崗位。

像這位許先生，你要如何與他溝通，讓他有衝勁，能積極行動呢？你先要知道他的內心在想什麼，因為天倉飽滿者，防衛心重，也極重視面子，此格局的人虛榮心及自尊心都重，往往礙於面子不敢表達。這種格局的面貌屬於文秀型，在企劃方面有作為，如果你將他的創作公開表揚，他會覺得受到了肯定。不要因為額頭高、眼睛柔、聲音柔、膚色白，看似文弱，就是與世無爭，這你就錯了，其實這種人很喜歡被人讚美。

所以，面相不只是論命，它更可以讓你瞭解你周遭之人的心思及性格。在公司來講可以發掘人才，不會大材小用；在商場上，瞭解對方的喜怒偏好，即知如何應對進退；甚至上至長輩下至子女，都可無往不利，瞭解面相就是這麼好用。

林老師面相重點分析

一個人若是比較求安逸最主要是聲音。故事中的主角走下庭而聲音柔代表內在求安逸，下巴配合聲音，以聲音柔求安逸，以聲音粗胸懷大志。

9.用人之長——把人才放在適合的位置上

一般人提到科技工作者通常想到的是歐美人士，的確，歐美在科技領域上遙遙領先其他國家。我們看西方人士大都是額頭高、鼻子高，尤其是眉棱骨也高。以面相學論，額頭高者思想豐富，腦筋靈活，鼻子高者，主觀強勢，自我意識高，眉棱骨高者，第六感特別敏銳判斷直接。以上三者兼具的人，個性上不喜歡拐彎抹角，對事情專注，所以多往專業技能發展，尤其膚白之人，自我要求高，在研發的專業上，要求完美。

【跟林老師學面相】

受邀至新竹科學園區勘查某家科技公司，此公司很幸運地得到兩股好磁場，一是東北氣，一是西方氣，此兩氣場在現代風水來說屬於旺氣，以事業來論，此公司所研發的產品具有相當程度的水準，不斷的有新的企劃發展，所聘請的員工，個個學有專精，在工作上有一股鬥志，特別是年輕職員體力充沛，腦筋靈活，研究的產品技術含量高。這就是公司得到好的磁場。我常講，有好的磁場，就會有好的職員。

我隨著董事長繞了公司一圈，回到董事長辦公室後對他說：「你公司得到這麼好的磁場，也表示你可以聘請到很好的職員，在研發上他們都很專業，而且盡忠職守，但是也有不好之處，就是他們的自我意識很強，不容易接受別人的建言，尤其是你辦公室前那幾位職員，讓你比較頭痛，對吧？」

「老師，你真好眼力，我話還沒說出口，就讓你看穿了。那幾位職員的確是風雨的來源，可是公司又少不了這些專業人才，請問老師，可有辦法管理這些人才嗎？」

那幾位職員膚色白、額頭高，本身就比較有優越感，鼻子高，自我意識高漲，再加上眉棱骨高，雖深具專業能力，但在人際交往上，不夠婉轉，眉棱骨越高的人，越難捉摸，總認為自己的想法正確，自認有才華，有一股傲氣。聲音有力的人，講話直接往往得理不饒人，聲音柔的人不會當面與你衝突，卻暗地裡抵觸，在人事方面有

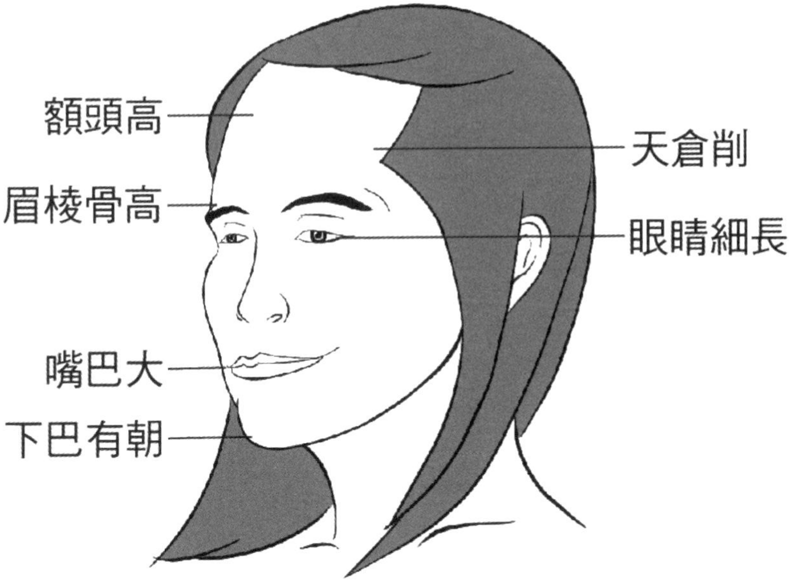

時難溝通。

我建議他說：「你要有協調能力強的幹部，來從事協調工作。」

◆獨當一面的人才特徵

在蘇州的工業區，與李董事長查看著工廠的環境。李董事長是老客戶，每隔一段時間都會請我去勘查他的工廠，他說因中國發展快速，環境一直在變化，就怕計劃跟不上變化。

沒錯，環境最怕有變化，尤其是經營公司，不只是一、二年，而是希望經營個十來年，甚至百來年的，但是只要四周環境有改變，整個磁場就起變化了。這也就是為什麼現代的陽宅學問不能再使用古代理論，其原因就是在這個地方。

所以李董事長定期會找我來勘察。我與他在二樓辦公室閒聊時，看到有三個人在商討事情。我問李董事長：「那位穿藍色衣服的年輕人是什麼部門的？」

「喔，他是廠商的職員」。

「嗯，這個職員好，可以獨當一面。」我說。

「他很能幹，講話有條裡，很有禮貌，很誠懇。」

我說李董，看能不能高薪挖角過來，你這公司需要這種人才。

「老師啊，我不是沒想過，但他不為所動啊！」

到底是怎樣的人，讓我跟李董事長都很惋惜無法招攬呢？

且聽我分析；此人額頭高，代表他學習能力強、反應快；天倉削，對事情很積極。這兩個器官搭配起來，就顯示此年輕人做事積極主動、想法豐富、反應靈敏，遇到困難會力求突破。接著來看他的眼睛，細長有神，代表他遇事能抓緊機會，有責任心；再來論鼻子，鼻子高，有主見，有原則，不會人云亦云，給人公正不阿之感；眉毛清秀，對人有情有義；另外一個部位就是人中，人中就在鼻子以下到嘴唇之間，此年輕人屬人中長，人中長的人，守信用，答應之事必會盡力去完成，而且守時守法；聲音也是重要的部分，他的聲音相當的穩重，柔中帶剛，聲音柔的人比較冷靜，做業務者，聲音柔較吃香，因為聲音柔不會帶給人壓迫感，而這年輕人柔中帶點

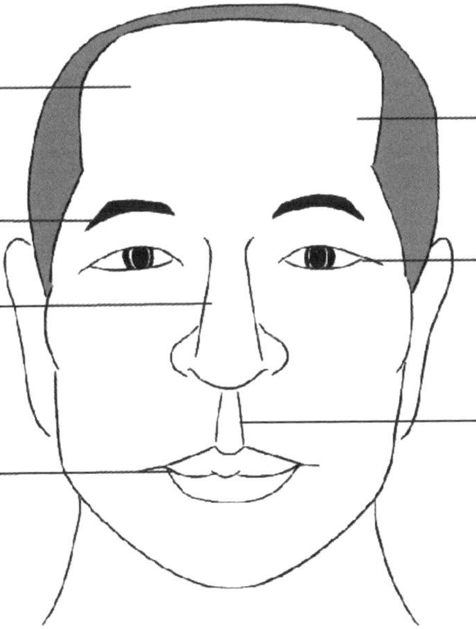

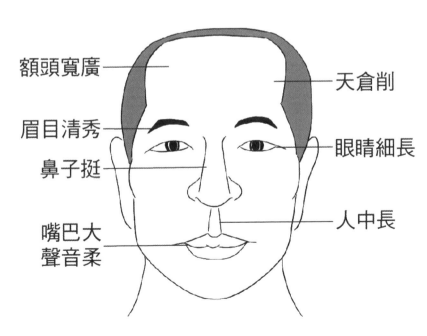

剛，顯示他處事不會急躁，有始有終，而且言談之中，他會尊重別人的發言，不會想要去搶風頭，這是從事業務者必備的一個條件。

說到此，各位讀者，你們把他的面相綜合起來了嗎？額頭高、天倉削、眼睛細長有神、眉毛清秀、鼻子高、人中長、聲音柔中帶剛……當然有人會說：「老師，好複雜喔，需要搭配這麼多！」這才叫做面相啊，每個人的臉都是由這些器官組成的，當然每個器官都有它的作用和代表性。想必還有人會說：「嘴巴沒說到。」對，他嘴巴大，善於言辭，如果他搭配的是小嘴巴，那他所呈現的又是另外一種格局了。

所以我常對公司的主管或負責人說，公司的發展都掌握在職員手上，在現今瞬息萬變的社會脈動中，發現人才，運用人才，才是企業永續發展不可或缺的基礎。各人一相，千變萬化，每人都具有獨特的氣質與才華，通過面相的運用，瞭解員工的優缺點，對公司的發展是絕對有加分的效果。

◆如何才能學有所用？

陳小姐在求學時，所讀的專業是財務金融，畢業後發現自己根本不喜歡與數字打交道，進入金融公司上班總覺得工作起來倍感壓力和痛苦。

社會上有很多人從事跟自己所讀的科系毫不相干的行業，論理來講確實浪費了資源，也白白的浪費了這些學費。

一個人的興趣是本身俱來的天分，加上後天的環境培養，所以這離不開自己的本質。就像陳小姐，以她的面相而論，是筋骨質兼營養質的人，也就是說她的顏面骨多，額頭高、眼睛亮、聲音有力，個性比較好動。如果她是從事業務方面會是一流的人才，結果她的工作性質屬於坐在辦公室的人，當然她會很痛苦。因為顏面骨多的人，比較好動，處事有衝勁，不怕吃苦，從事人際公關的業務工作最適合。

面相學的理論上分有三個質：

第一個質，顏面骨多的人，稱為筋骨質。其特性是無法沉靜下來，比較好動、急躁，個性上獨立，處事情乾脆不喜歡拖泥帶水，但在思考方面卻顯得不夠周全。如果是聲音有力，代表他的一生屬於動態，不適合處在

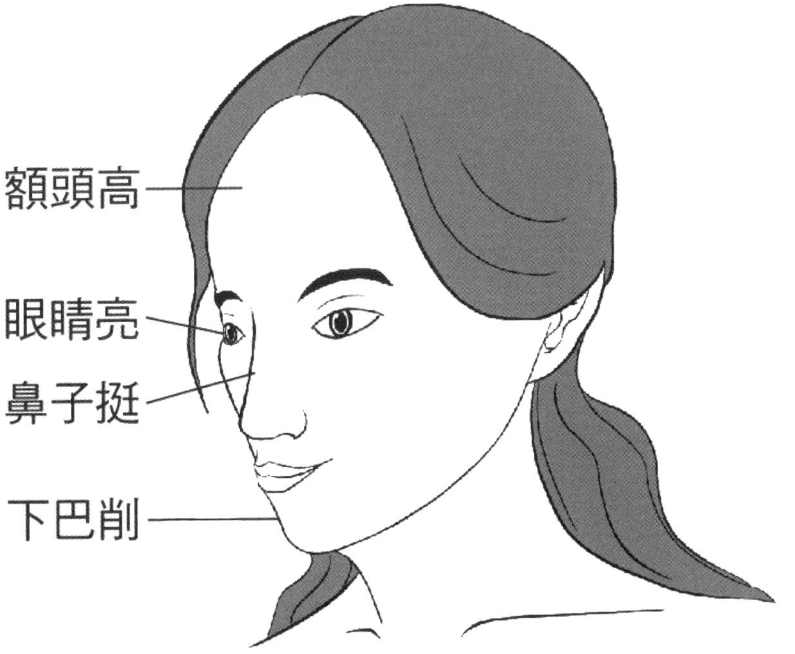

辦公室裡，或從事學術發展，這種形質的人，在業務上發展反而有利；如果聲音柔的人，代表他本身內在雖有動態，只是不喜歡表現出來，那麼在人際公關方面就比較弱，因為聲音柔的人，喜歡文靜，這種格局的人適合在技術方面發展。因為顏面骨多的人，有吃苦耐勞的精神，加上聲音柔，處事細心，適合在開發、研發等方向發展。

第二個質，營養質，也就是說顏面肉多。此格局的人，個性方面喜歡安逸，不喜歡變化，也就是不喜歡行動，但在理財方面比較有概念，也就是說喜動頭腦不動勞力的形質。如果是膚色白的人，依賴性重，如果聲音柔，適合在金融業，或是固定的職務上，比較適合。

如果你的顏面肉多有一點硬，聲音有力，稱之為營養質兼筋骨質的人，這種格局屬於動態，此是屬於商人的格局。在選擇職業上，適合在財經、企劃方面發展，因為這種格局的人，將來的事業錢財是來自四方。

第三個質，心性質，也就是說膚色白、額頭高、下巴削、鼻子挺，屬瓜子臉型。此格局的人頭腦特別靈活，反應快，依賴性較重，氣質高雅，因為思想豐富，比較會天馬行空，所以往文學或是藝術方面發展最適合。但如果配上眼睛亮、聲音有力，稱為心性兼筋骨質的人，個性就比較好動，不喜歡被約束，思想豐富，獨立性強，比較適合在業務方面發展，所以在企劃、創新方面，能展現其才華。

以上是概略的論述一下，當然還要配上你的五官，例如營養質的人重視的是錢財，但是如果搭配眼睛柔，他就適合走財務規劃，不能深入商場與人周旋。因為眼睛柔比較無法掌握機會，在商場上容易吃悶虧。筋骨質的人喜歡冒險與挑戰的工作，所以創業者或開疆闢土的屬筋骨質的人居多，但是往往會衝過了頭，所以筋骨質的人若是搭配上聲音柔，則多了一份審慎與細心。

在觀相的理論上，聲音代表一個人的內心聲音，顏面骨多代表耐性及衝勁。故事中的陳小姐額頭高、鼻子低、眼睛亮、下巴飽滿、聲音有力，是筋骨質兼營養質的人，要她整天坐在辦公桌前上班，或是單調的工作，對她來講真的會感覺很痛苦，有志難伸。如果換另外一種工作，以開發或有挑戰性的事業，這種格局的人，就會展現自己的才華，就會感覺很有成就感，再苦也不怕，交代的事情必如期完成，視工作的挑戰為樂趣。

林老師面相重點分析

最好的管理，就是把人才放在適合的位置上。

①嘴巴大，因為善於口才，聲音有力比較愛搶風頭，這種格局的人，盡量安排兼公關方面發展。

②額頭要高，眉棱骨高，聲音穩重，因為頭腦靈活，處事敏捷，聲音穩重，不喜歡變動在工作上，喜歡安靜，適合在企劃方面發展他的專長。

③天倉削，鼻子挺，處事會主動，不怕吃苦，工作上求上進，如果下巴飽滿，處事很圓融、在外人緣佳與人互動良好可兼業務上發展，善於公關手腕。

④額頭高，眼睛定神，聲音柔，懂得應對進退，這種人的協調能力強，由他來帶動這些精英分子最適合不過的了。

在面相學上，將人分成三大格局：心性質，筋骨質，營養質。佔專業領域居多的是心性及筋骨質的人，因為顏面骨多的人，個性比較直，判斷直接，行動力快，加上心性質的人，自我要求高，做事要求完美，比較細心，所以筋骨質兼心性質專業的比例大。

而營養質兼筋骨質的人，則大多擅長公關、協調方面。一般專業人士主觀強、剛直，需要個性圓融、穩重的人來調配，心性質的人，重視品味，自我要求完美，思想豐富，這也就是《易經》所講的一陰一陽的對待法則。

10.尋找訴訟的有利時機——官司的成敗看氣色

蘇女士是個事業有成的女性，是穿梭於台海兩岸的企業家，有著白淨豐腴的臉型。現在她大多常駐中國，久久才回台一次，每次回來都會來找我。

此次看到她的氣色，我問說：「妳最近有官司嗎？」

她苦笑說：「真是不知從何說起。」

一個人面貌氣色跟你現在的思考及一些想法有關係。額頭的上庭氣色有所變化，代表事業及家中的長輩；如中庭代表平輩朋友六親及錢財的問題；下庭的氣色有所變化，代表家庭子女部屬的問題。

我說：「一個應該是跟妳朋友或事業夥伴有關，一個應是與妳祖產有關吧！」

「老師，您真是厲害，什麼樣的官司你都可看出來，沒錯，就如你所斷的，目前的確是這兩官司纏身，請老師看看我是否可勝訴。」

【跟林老師學面相】

官司是否會勝訴，看額頭的氣色。如果呈現潤白光亮的色彩，那表示穩操勝券，若再加上眼神

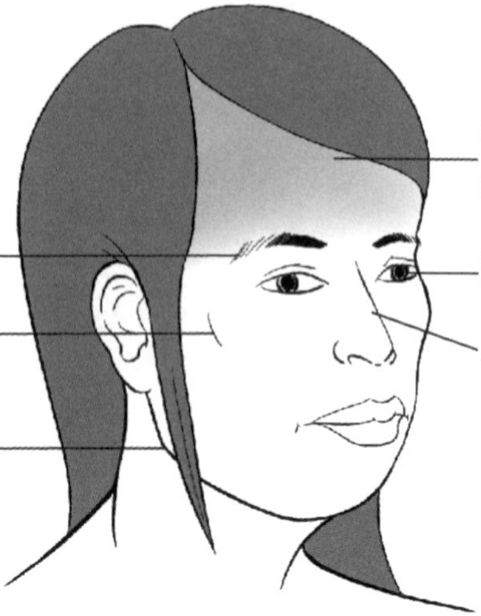

閃耀著光芒，那表示你信心十足，一定會勝；如果眼神散漫，表示內心雜亂，仍處不安，並有長期的鬥爭之象；如果眼睛無神，那官司必敗。額頭所代表的很廣泛，上至祖先下至子孫都可由額頭看，當然它也是官祿宮，事業或官司，也都看額頭，所以額頭的氣色之好壞是非常重要的，如氣色不佳，在官司方面極為不利。

蘇女士在中國與人合夥做生意有些爭執因而告上法庭，這點可由她額頭與顴骨氣色暗濁看出，先前提到額頭是事業、官司，顴骨則是代表朋友、合夥人，所以論蘇女士因事業與合夥人有官司。

從氣色上來看，蘇小姐的額頭氣色，赤滯氣色有點暗，代表與合夥的官司已經有一段時間的糾紛。我對蘇小姐說，如果可以跟合夥協調的話，讓一步對你有利。她說我沒有對不起他。我對蘇小姐說，兩個人如有爭論時，每個人都說自己對，錯在對方，你要冷靜想一想，這次與合夥人有爭論，應該是在文書方面有誤解。她說

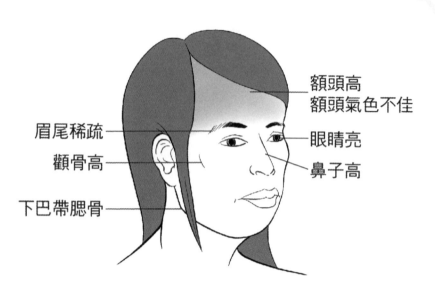

對，就是文書方面有一點爭論，才導致今天的官司。

而蘇女士的髮際參差不齊，代表父輩在感情上有變化，而第二個官司就是由髮際引起的。因為額頭也代表祖業，表示因為家產之事而引發的官司。蘇女士告訴我他父親在外養了小老婆，而祖先留下的財產全被那位「外婆」給侵佔了，為此雙雙告上法庭。

蘇女士問：「勝算大嗎？哪個時機對我最有利？」

我說，以現在你的氣色不佳，在冬天對你不利，因為蘇女士額頭寬廣，額頭屬火，為春天和夏天之氣，我建議在夏天上訴最為有利。

林老師面相重點分析

觀相學理論上，打官司訴訟以額頭的氣色為主，氣色潤代表能打贏官司，若是額頭氣色暗，打官司無望。

11.對症下藥——應對辦公室裡的棘手人物

陳學員帶了一位蘇先生來，我看他臉上的氣色，問道：「你工作上遇到困境了嗎？」因為蘇先生的額頭暗沉，額頭代表工作或上司的問題。

「聽小陳提林老師的察言觀色很有一套，本還半信半疑的，看來我真得要好好請教老師您了。」

這位蘇先生在公司是位主管，最近老闆給了他一道難題，讓他寢食難安，在臉上就會呈現出煩惱的色彩。原來，公司有位技術專精的職員，在此以A君稱之，自從A君進公司以來，不論在技術方面及產品的創新上都有很大的突破與改進，所以這A君深得老闆的賞識，但是人紅是非就多，A君在其他同事的眼中是個棘手人物。因為他喜歡插手別人的事，愛管東管西，有時對自己該做的事情又置之不理，影響到別人的工作情緒。老闆給蘇先生的難題就是要管管這個愛管閒事的人，同時又要留住他。

【跟林老師學面相】

我看了蘇先生帶來的照片，問清楚他的聲音，心中也產生了跟蘇先生一樣的壓力。因為聽到蘇先生講說「聲音像小孩」……，要管，是有點難度。大家想想看，聲音像小孩的人就如同小孩子的

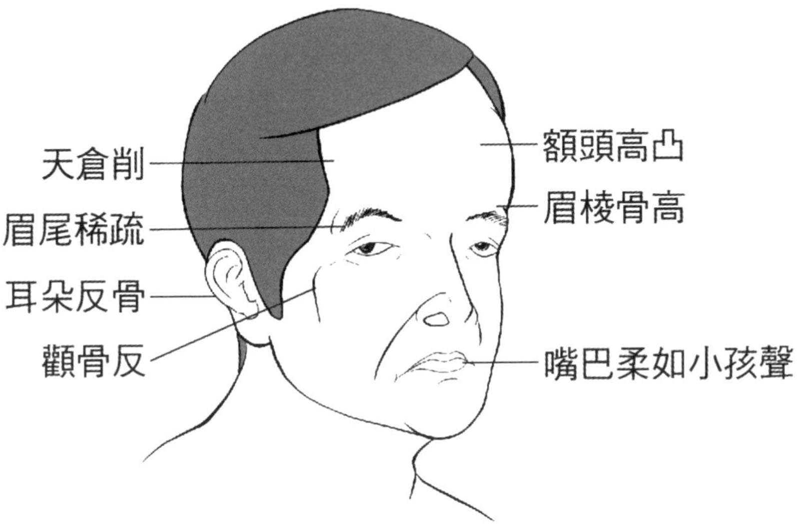

個性，沒有定性、好奇心重、愛湊熱鬧。

「老師，如果A君是這麼沒有定性，那他又為何可以在專業領域上這麼有才華？」小陳不解地問。

◆面有反骨不安定

因為A君額頭高、眉棱骨高、耳朵有反骨，耳朵是一個人的才藝指標，耳朵有反骨的人，代表他的才華洋溢，加上眉棱骨高，具有準確的判斷，再配上高額頭，腦筋靈活敏捷，所以他會有點傲氣，認為自己的想法比較好、自己的判斷才是對的。他如果不管東管西的話，那今天得憂鬱症的就會是A君了。再看看A君的顴骨也屬於反的，相學來講，顴骨反的人，個性、處事上也是會反反覆覆，那你說，A君的個性，怎麼可能靜靜地坐在位子上呢？

所謂的顴骨反，就是顴部的骨頭比較向外凸出，代表此人容易改變原則，不喜歡被約束，處事上較霸氣，有時因對事情的一廂情願，而招致四周人的反感。因為顴骨反及耳骨反，A君在專業上能突破困難，也就是說A君的才華碰到困境時，他的顴骨會引導他轉個方向求突破，這也是顴骨反的人較適合從事企劃方面的工作。但是顴骨反的人權力慾望較重，而且較以自己為主。

再說說A君的眉，有點稀疏，這樣的人自我本位主義較強，重於現實面，而在人緣方面較薄弱，所以他無法博得同事的共鳴。有的人雖然愛管閒事，但人緣很好，這就是眉毛的差別。**眉毛是情誼牽引的關鍵，眉清秀的人，人緣就好，眉稀疏的人，人緣就薄弱，但是眉稀疏的人頭腦聰明。**這位A君不但眉毛稀疏而且額頭高，代表他真得很聰明，反應又靈敏，再加上鼻子高，此人個性獨立、主觀強勢還帶有傲氣，在專業上堪稱是個人才，可惜就差在聲音。

「老師，您好像跟他相處過一樣，把他的個性描繪得淋漓盡致，但是這樣的一個人，你說他不喜歡被管束，又沒定性，那我該怎樣跟他溝通呢？」蘇先生煩惱地問。

他的個性既然像小孩，你就用對小孩的方式對待。一個聰明有才華還有些自傲的人，他重視的就是面子，你可以讚美他，又不能太寵，因為他會恃寵而驕。有時候必須給些壓力，告訴他事情的嚴重性，讓他產生恐懼感，再給他一點鼓勵，他會覺得有受到重視，較會專注在自己的範圍，也就是說你要恩威並施。

「哇，老師您給我出了個難題啊！」蘇先生說。「出難題的可是你的老闆啊！」

◆見人說人話，見鬼說鬼話

張小姐是位善於言辭，做事很圓融的人。因為她協調能力不錯，在公司裡與同事相處愉快，公司特別將她安置於人事部門，從事協調事務，但最近她也碰上了棘手人物，來找我協商。

張小姐的額頭高、鼻子低，能屈能伸，嘴巴大能言善道，下巴又飽滿，顯示人脈頗多。連這樣八面玲瓏的人也沒轍，讓我好奇心大起，是位怎樣的人物呢？現在靠著先進的科技不但能看到清晰的照片，甚至聲音都可傳達了，真是方便。片中人物一頭短髮，白淨的臉蛋，帶著幾分固執與堅持。據張小姐的描繪，小賴平時就靜靜做自己的事，話不多，也不太主動與人溝通，讓人感覺防衛心很重，無法親近，但是有很多技術面的問題到他都能迎刃而解。老闆很重視這位人才，但是這位先生平時對人太冷淡了，與同事之間不太融洽，所以老闆希望張小姐能關照一下。

小賴是屬心性兼筋骨的形質，在邏輯、推理方面很有才能，膚色白有潔癖，鼻子挺主觀強勢，對事物、交友會有選擇性。

「這位先生耳朵不是很漂亮，看來幼時家境並不好，吃過苦。」

「據說他求學階段，都是半工半讀才完成學業的。」張小姐回。

耳朵可看一個人的出生環境，通常家境不好的人，耳朵比較單薄，這樣的人比較能吃苦耐勞，因為自小就要靠自己努力，所以會特別珍惜自己所得的一切。再看他額頭高又寬廣，頭腦靈活，會特別保護自己，所以在對應上就會有拒人於千里之外的感覺，甚至容易疑神疑鬼。而他眉棱骨高，很有判斷力，也有毅力，配上額頭高，他會想盡辦法將困難克服，一般在專業領域或學有專精者，眉眉棱骨都高。

再看他的眼睛細小、神韻清亮，處事很細心，配上聲音柔，處事前總會仔細斟酌再下定論。因為聲音柔，不喜歡張顯自己，也不善於競爭，所以在公司給人一種冷漠高傲的感覺。

林老師面相重點分析

至於要如何與他對應，鼻子挺、聲音柔的人，個性內向比較固執，處事有原則，要引他對談，最好先以專業切入。而且像小賴這樣的格局，就算他不喜歡你的言論，

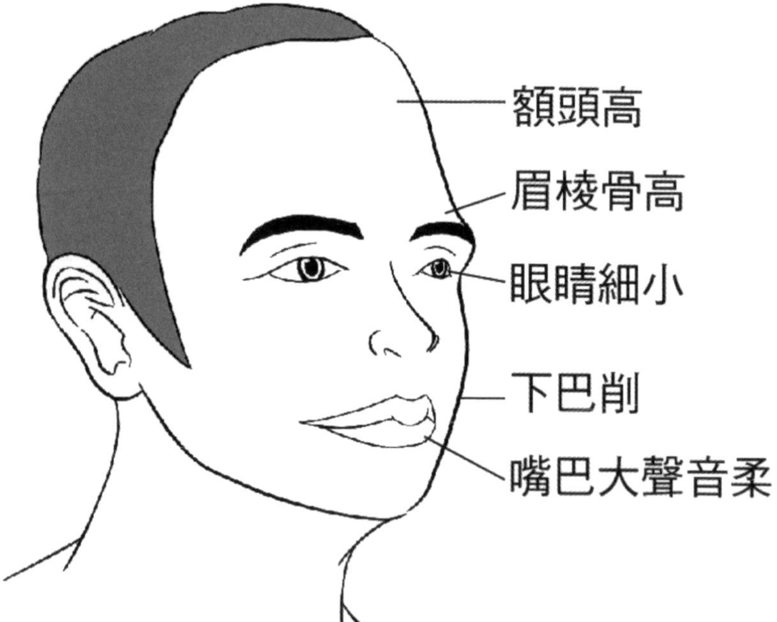

他也不會當面表達，所以你要隨時的問他的想法，讓他感覺你尊重他的才能。因為聲音柔、膚色白的人，內心很害怕受傷害，所以往往他會以被動呈現，如果你能讓他主動，由他來主導的話，他就會對你敞開心胸。有句話「見人說人話，見鬼說鬼話」，這雖是一句諷刺的話，但卻是一個溝通的好方法，當然前提是你要認知對方的性格。

12.兩難選擇——錢景與前景

小李很煩惱地來找我，在工作與深造兩方面猶豫不決。

「你現在不是有份不錯的工作嗎？為什麼想要再深造？而且現在經濟狀況不好，就算高學歷也不見得能找到像你現在這樣的工作啊！」我疑惑地詢問著。

「讀書一直是我的興趣，正好以前的教授現在是研究所的主任，他建議我再繼續我的學術路程……所以有些心動，但是兩方都難以割捨。老師，你覺得我適合走學術路線嗎？」

小李是個眼睛亮的年輕人，眼睛亮的人容易看準機會並掌握機會。小李還有著高額頭及飽滿的天倉，雖然思緒敏捷，但容易考慮過多，因為天倉飽滿的人防禦心比較重，對事情的取決會先衡量自己的利益；額頭高的人思想很豐富。但小李因為聲音柔，兩相搭配之下變成思考細膩但思慮太多，容易形成猶豫不決的情況。另一個重點在於小李有眉棱骨凸，眉棱骨代表一個人的毅力及判斷力，而且有不畏困難的精神。一般在研發上有一定成就者大多眉稜骨都有凸，所以我建議小李他適合往學術方面發展。

「做事業還是做學術？」這是很多人都會來詢問的問題。如果顏面骨多，眼睛亮又聲音有力的人，那你適合去闖天下。我們看那些在商場上有成就者，大多都是眼睛亮、聲音有力的人，因為眼睛代表一個人的判斷能力，也是對事物的反應機制，而聲音代表著膽量和衝勁，要在職場上佔有一席之地，此三者缺一不可；如果是眉棱骨高、聲音柔、膚色白，適合走學術研究的路子，因為眉棱骨高的人能夠堅持，配上聲音柔，讓研究者有細膩的心思一直鑽研下去，再搭上膚色白，對事情要求完美的個性，所以走學術路線是最適合不過了。

而且小李的顴骨不高，不適宜在管理位階。

面相學裡將「顴骨」列為權力的象徵，顴高的人處事較強勢霸氣，具有威權，也喜歡掌控權力，但容易遭到批判，所以顴高要配聲音

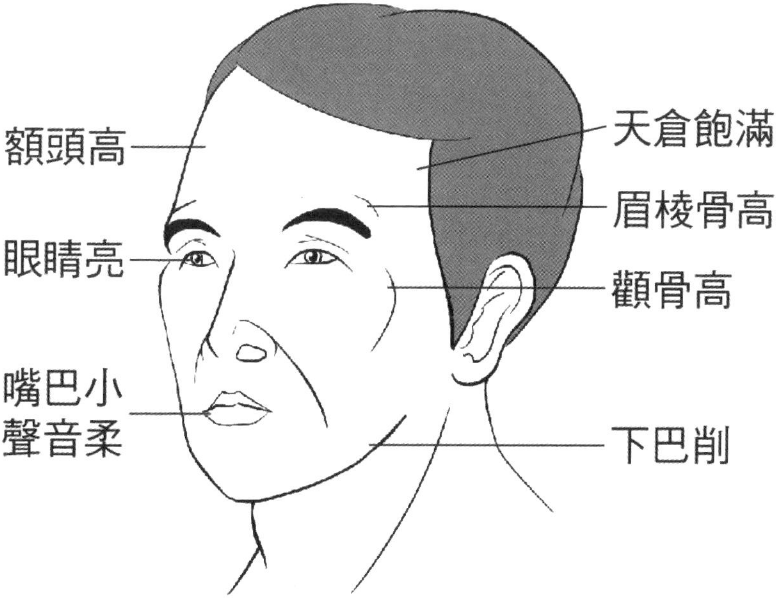

柔的人，較會受到尊重；顴骨比較凸出的人，個性單純，直來直往，做事情比較武斷，希望受到別人的認同；顴低的人，處事較猶豫不決，心軟。

小李顴骨有點低，所以會不好意思管別人，又聲音柔，不會與別人爭論，如果在一般公司做管理，會吃力不討好。

聲音即是鬥志，想要在外面發展的人，一定要有鬥志，所以聲音有力是必備的。我們看社會上那些呼風喚雨的人，幾乎都是聲音有力者，因為聲音有力者，霸氣十足，善於運用人脈，活動力及企圖心都強。聲音柔和的人，心思較細膩敏感，是理想主義者，執行力強，但是優柔寡斷，一般在推理及企劃方面佔有重要地位。

林老師面相重點分析

一個人要如何為自己打造美好的將來，首先就從自己的面相去瞭解，看看自己有哪些特徵，適合哪種路線，再配上自己的性格特點，相信不論是在職場上或人生上，都充滿著亮麗的色彩。

13.察言觀色——搞定你的上司

一個人除了家庭之外，接觸最多的就是職場，職場的一言一行往往關係到日後的升遷與順遂。相信每一個人都希望與同事、工作夥伴相處和樂，互動良好，但不如意之事十有八九，尤其是與上司處得不睦，那只怕每天都工作得很不開心。

【跟林老師學面相】

有兩位小姐就是碰上了不開心的工作環境來找我。

A小姐說起她的主管：「決定事情不乾脆又喜歡碎碎唸，常常把許久前的事情翻出來講……」我邊瞧著主管的照片邊聽著描述，內心卻是有一絲絲的笑意。

我對A小姐說：「妳與人共事時一定希望別人能照妳的意思做，否則妳會不高興，而且有了錯誤妳一定會當面指責。」

「那當然，做錯就要指正啊！」A小姐不服氣地回答。

「妳不覺得妳主管的個性跟妳很像嗎？」

「哪有，我才不會像他那樣碎碎唸，還把陳年舊事都翻出來講。」

A小姐鼻子高、眼睛亮又聲音有力，主觀強，有自己的主見，看到不順眼或不如自己意的，就會直接說出來。而A小姐的主管也是眼睛亮、聲音有力，只是差在鼻子低，鼻子低的人比較念舊，而他聲音有力，不說出來心裡會難受，自然產生碎碎唸及翻舊賬的特性。鼻子低的人處事的確會反反覆覆，因為他們缺乏主見，但鼻子低的人比較重情誼，「所以妳的主管雖然愛碎碎唸，但相信他也是關心妳們的。」

A小姐的主管除了鼻子低重情誼之外，還有個飽滿的下巴，重人情味，能採納別人的建言，而嘴巴大聲音有力，行動快速、愛面子。所以與這種主管相處，必須要跟上腳步，且不要搶了他的風頭，可以捧一捧他，也要適時給些建言，這樣他會認為妳很上道。

說起B小姐的上司，是位個性難捉摩的人，

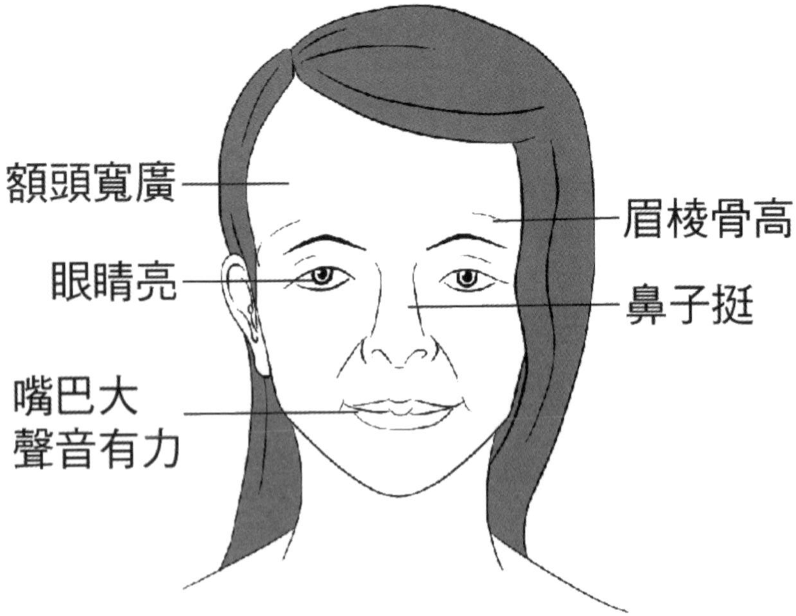

高興時就對妳好，不高興時妳怎麼做都是錯。這位主管額頭寬廣，膚色白，此種格局的人容易受長輩的提拔。

「確實，他在公司升遷最快！」聽得出B小姐不服氣的聲音。

一個人容易被上司提拔，必然有他的優點；額頭寬廣、眼睛柔，處事情善於思考，推理能力強，加上他眉棱骨高，具有判斷能力，再則他顴骨也高，善於掌握事情，配上嘴巴大聲音有力，處事有氣魄，所以產生霸氣，強人所難的個性。

「他真的很霸道，如果沒照他的意思做，那就要倒楣了，而且做了錯的決策，他也不承認，最後倒楣的還是我們這些部屬。」B小姐滿腹的委屈。

的確，這種格局的主管會讓部屬感覺有壓力，但是往另一方面想，他會被提拔，必定有過人之處，才會受到上司的賞識。此位主管顏面骨多，顯示他做事有不屈不撓的精神，加上他鼻子挺，主觀雖強勢，但處事上有原則，遇到困難會想盡辦法克服，配上聲音有力，主動積極，這在上司的眼裡就是盡心盡力的表現；額頭高、鼻子挺、聲音有力的人，不喜歡做事推諉，也不喜歡拖泥帶水，加之膚色白，具有完美主義，所以對部屬自然要求多。也是因為他的完美主義，讓他無法承受自己錯誤判斷的過失，表面上他在責怪別人，實際上他是在懊惱自己的過失。至於為什麼他的人緣不好，在於他下巴削，下巴代表人脈，飽滿者比較健談所以人脈多，削者心直口快，做事一板一眼，人際自然不佳了。

要與這種格局的人相處融洽，其實也不難，多多跟他聊天，因為聲音有力的人最怕寂寞，有話不說他會很難過。與他一起時，先讓他開口闡述他的理念，婉轉加以回應，自然可相安無事。

林老師面相重點分析

人與人相處，不滿意、不順心之事隨時有，尤其在職場上，與其你每天面對他、厭惡他，讓自己心情不愉快，何不去瞭解他的優點，欣賞他、接納他，將自己的職場換個氛圍呢？當然若無法做到這點，那除非你將上司開除，自己另謀他職，但是相信每個職場都會有不盡如人意的事情，所以一切還是轉換自己的心情是為上策。

14.得失之間——三個女人的職場人生

張學員是我陽宅班的學生，帶了三位朋友來找我，一位姓陳，一位姓蘇，一位姓范，她們四個人是大學同學，如今各奔前程，今日聚在我這裡訴一訴職場的辛酸。

在學校時，她們都認定陳小姐將來在職場上會很出色，因為陳小姐對事情始終抱持積極的態度，加上對人和藹可親，總認為她將來在工作上一定很吃得開。沒想到陳小姐工作後，卻常常吃悶虧，她們都替陳小姐打抱不平，張小姐問我怎會如此呢？

陳小姐額頭低，本來就比較務實，思考較單純，之所以處事積極，在於她顏面較骨感，也就是骨頭較明顯，加上眉壓眼，這種格局的人，內心會比較急躁，遇事自然會積極地想要去完成。陳小姐鼻子挺自尊心強，而眉毛清秀則重情誼，這在職場上確實是位盡責又容易相處的人。可惜的是，她嘴巴小、聲音柔，不敢開口去爭，雖然眼睛亮，能看準時機，處事積極主動，但配上嘴巴小、聲音柔，個性趨保守，只懂默默耕耘，卻不敢邀功，自然是少不了悶虧吃了。

以家庭來說，這樣的缺點就是成為賢妻良母的優點，因為她會為家庭無怨無悔地付出，也是會幫另一半開創事業的好幫手。

蘇小姐在校時就是位機靈的人。因為眼睛亮、額頭高，思想靈活，腦筋轉得快，一看準機會，便勢在必得；加上嘴巴大、聲音有力，有膽識有魄力，處事總是精力充沛，勇往直前，但是此格局的缺點就是做事缺乏考慮。眼睛亮、聲音有力的人做事只想衝、想去掌握，卻不會考慮後果，反而容易失去機會。這種格局的人，若有過失通常不會認為是自己的錯，因為額頭高、鼻子挺，自我主觀強，一有不如意就會發起牢騷來。蘇小姐在職場上向來是有話直言，為自己的利益爭取，卻也是個刀子嘴豆腐心的人。因為下巴飽滿、眉毛清秀，常常為那些吃了虧的同事仗義執言，所以頗受同事的信賴，成為公司的大姊頭，因這樣的個性卻讓她成為上司眼中的棘手人物。

一向不多說話的范小姐，在公司總

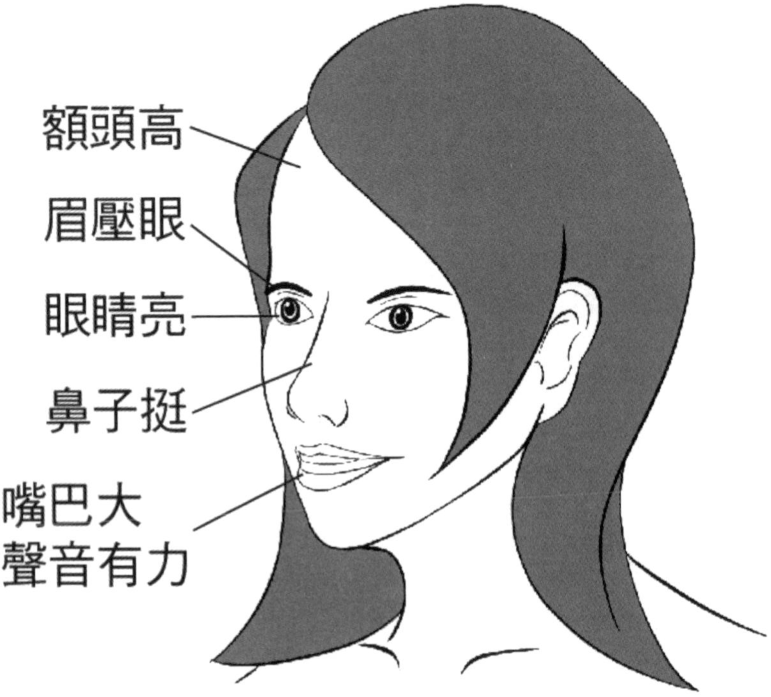

是盡心盡力的做事。她雖然知道有很多同事會巴結主管，拍主管的馬屁，但是她只是希望做好自己的工作，沒想到卻被同事排擠，害她被調職。

不喜歡說話的人，大部分是聲音柔和的人，因為不善於表達內心情緒。范小姐就是聲音柔嘴巴又小，個性保守，比較沒有鬥志，不敢表達出內心思想，是常會吃虧的格局。加上她的額頭低、天倉削，是位務實的人，可惜只懂得默默付出，而缺乏融通性。再加上她的骨多、眉棱骨高，在專業領域上雖有才能，但是比較自傲，不輕易肯定別人，難怪她不能認同同事的作風，與同事無法相處融洽。

個性雖是與生俱來的，但也並非不能改變。范小姐最大的欠缺在於表達能力，生來嘴巴小聲音柔，口才不佳，那就多多運用書面來溝通，以書面來展現自己的才華。同時要訓練自己說話的膽量，而且不能太堅持己見，再加上盡職的工作態度，相信范小姐可以轉變同事以及主管對她的態度。

像范小姐這樣的個性，在社會上真的很難跟人相處融洽，因為鼻子太高挺了。

鼻子就是主觀意識，高挺者，雖具專業素質，但是太有原則性，永不低頭，相學稱之為「孤」，也就是說個性屬於孤僻。如果是膚色白的人，凡事就會有選擇性，也就是容易挑剔。如果配上聲音有力，那此人就具有攻擊性，又擅長發號施令。

【跟林老師學面相】

中國有許多詞句形容年幼及長大後的不同，如「小時了了，大未必佳」、「大器晚成」等，在面相的角度而言，其實是有跡可循的。人除了有形質之分外，面相上又分三庭，即上庭、中庭、下庭，各代表著少年、中年及老年的運程。除此之外，還需配合流年的走向，這才能論及一個人的運勢。雖然個性是自娘胎就已註定，但後天的調教及環境的培養都會影響到性格。

林老師面相重點分析

面相沒有十全十美的，運勢自然就會有起伏，今日得意了未必明日就如意，今日失意了也別氣餒，或許來日有意氣風發之時。最要緊的是得與失之間，都要平靜待之，心平氣和則順心，順了心則事事就如意了。

15. 一堂面相課——「看」出來的工作能力

有一次在台中教面相學，有位吳學員問我，從面貌可以看出此人的工作能力嗎？我對他說，大略可以看出端倪，你先形容他的相貌，也讓所有學員來學習分析他的能力及個性。

吳學員說他有一位李同學，在貿易公司任職，工作能力強，很認真也很勤奮。這位李同學最大的優點就是口才流利，我們常說他有三寸不爛之舌，其實他的努力大家都認同，經常為公司創造佳績。最難能可貴的，就是與人互動良好，同事之間都相處得不錯，人緣頗佳。在我們這群同學裡沒有他出現，就創造不出氣氛，最近這幾年他受到重用，業績突破，受到老闆的認可，被拔升為業務經理。

【跟林老師學面相】

我借機考考學員們，看看他們對面相認知有多少。

「剛才吳學員說他的同學，在短短的幾年內，從職員升到業務經理，此人因什麼優點被提拔呢？大家動動腦筋分析一下。」

「他的同學必是筋骨質兼營養質，天倉飽滿聲音有力。」

「他的眼睛必是有神，鼻子低，眉目清秀。」

「李先生的業績好，主要是人脈廣，所以與下巴最有關係。」

眾人你一言我一語討論了起來。

一個職員容易被提拔，必須要有條件，在觀相學的理論上，額頭高的人比較有機會。

因為額高的人，思想豐富，在處事上善於溝通，遇到事情有馬上去協調化解的能力，反應快。額頭代表與長輩、上司的對待，一般額頭高的人，比較有長者之緣，也就是說會有長者來照顧他。李先生的額頭寬廣，代表他對事情的看法比較有宏觀性，天倉飽滿在相學的理論上，主個性安逸，但是配上膚色黑，就會主動，肯付出，如果聲音有力，此人的個性就有衝勁。

講到這，有學員就發問，如果此人是膚色白，聲音柔，有何差別？

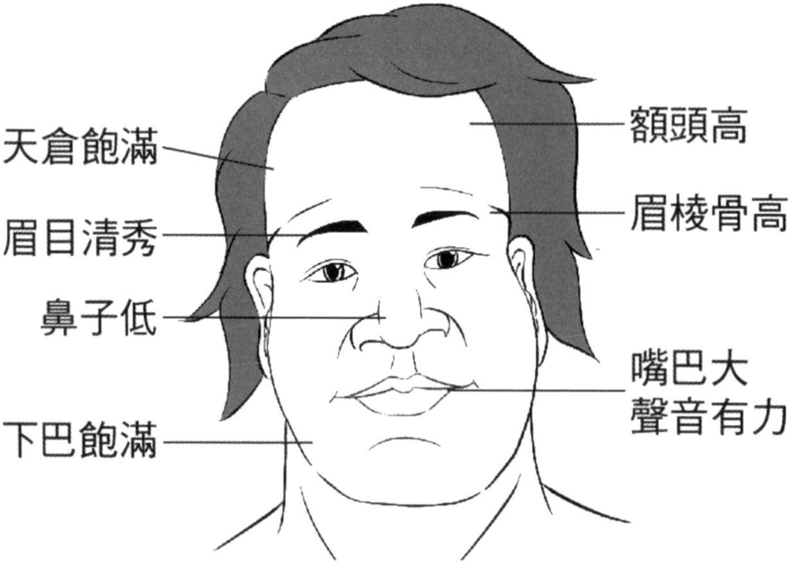

那這種格局就高了。

額頭高、天倉飽滿、膚白的人，天生就是一個好命的格局，代表他的祖先有德，會留下財富。

李先生的眼睛亮，眉目清秀，代表他對事物能看準機會，眉目清秀讓他在外人緣佳，也代表他對朋友兄弟有情有義，相對的，朋友對他也是有情義，遇到困難時朋友會拔刀相助。如果一個人能屈能伸，最主要的部位就是鼻子，鼻子低的人有吃苦耐勞的精神，此人從事業務最適合，因為鼻子低的人，有耐性，處事也比較有人情味。如果是鼻子高，主觀強勢，自尊心強，有時會不願意低頭。李先生的聲音有力，處事有膽量有魄力，善於表現自己的口才，並具有說服力，也就是說他是個高EQ的人。

一個人在業務上要有人脈，才能助事業發展，最主要的部位就是下巴。下巴飽滿人脈多，如加上聲音有力，則人脈極廣，在外人緣佳。同時，耳朵也是很重要的部位，如果耳朵大有珠的人，人緣更佳，因為耳朵代表人事、人緣。

「可是你們忽略了年齡。」我對學員們說。

「年齡有差別嗎？」

「是的，因為剛才吳學員說，他最近幾年運勢特別好，業績不錯，又升職又發財，有此現象的話，跟他的大運有關係。以李先生的面貌來看，是走眼睛運最漂亮，因為他的眉毛與眼睛的流年，對他最有幫助，也就是走三十二歲至三十八歲。與李先生的面貌來配合，眉毛及眼睛對他的運勢最有利，因為眼睛亮的人，處事能抓緊機會，眉毛代表朋友，也就是人緣，就是說這期間在事業上容易得到貴人的幫助。」

林老師面相重點分析

如果這種面相的人是女性，她在事業上也能如李先生這麼順利嗎？

在相學的理論上男女會有一些差別，如果是女性的話，這位女性就要勞碌了。雖然在事業上是一位能幹的女性，但是在家裡付出得多，卻又得不到丈夫的安慰及愛護。一對夫妻，如果丈夫膚色白，太太膚色黑，太太就要無代價地付出，因為相學定義是「黑的付出多，白的來享受」，如果太太鼻子低，在外雖有人緣，在家則會受到鼻子高的先生指使，下巴飽滿會為丈夫孩子任勞任怨，所以對女性來講是勞碌之命。

16.辦公室裡的「受氣包」——老實人的面貌特徵

記得某個下雨的日子，李小姐依約帶一位蔡姓朋友來找我。

李小姐說：「老師，我這朋友最近是不是運氣很背啊，不但常被主管批評，找工作又被騙，連她自己都搞不清楚怎麼回事……」

我對蔡小姐說：「你的個性太老實了，遇有事情不敢面對，又很容易相信別人，在社會上你當然常吃虧。」

李小姐大聲笑出來說：「老師真厲害，一針見血。」

我看蔡小姐的額頭氣色，有一點紅帶黑，問她：「是不是最近在工作上有問題？」她說對，準備要離開這個公司，當初去應徵時，講好一個月底薪兩萬五，另外有加伙食、勞建保，如公司有賺錢還可以分紅利，那時覺得很滿意就上班了，到了月底領薪才發現，薪水少一萬元。追問人事主管，他說你是試用期，所以以時薪計算，蔡小姐又不敢跟公司理論，所以選擇離開此公司。

李小姐問：「我的朋友是運勢不佳，還是本性如此？」

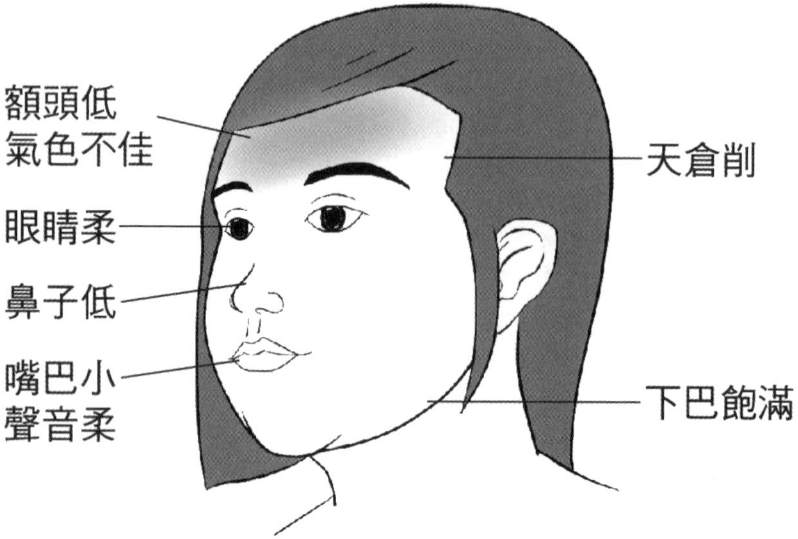

每個人都會有時運差的時候，也就是流年，想要瞭解自己的運勢，可從自己的面相來察看。先看自己的五官，如果你的臉型大、鼻子小，那你的運勢在走鼻子運時，就要特別小心。曾有位林先生，他的事業辦得很大，但是走到嘴巴運時，也就是中年後，事業就不順了，因為以他的臉型來看，嘴巴太小，走到嘴巴運，錢財事業就出問題。依照面相學的理論，稱他有運無財庫，也就是有財吞不進，因嘴巴小影響到時運。

蔡小姐的臉型大、額頭低、天倉削、眼睛柔、鼻子低、聲音柔、下巴飽滿，我對蔡小姐說，依妳的面相來看，妳是一位懂得付出的人，換另一個角度來說，妳是位仁慈又忠厚的女性，在未嫁前會為娘家付出，嫁後為夫家付出，是一位標準的賢妻良母。

李小姐說：「的確她是一個沒脾氣又慈悲的

人，在我們這一些朋友裡，我最喜歡與她在一起，拜託她的事情很少會拒絕，是一個好人。老師你要教她一些方法，不要常被人家欺負。」

蔡小姐的相貌，是心性質兼營養質的人，額頭低，處事比較務實性，腦筋轉動會慢三拍，這種個性的人無心機；又加上天倉削，處事肯主動，有吃苦耐勞的精神；眉目清秀，比較重視人情味，也重視情誼，為六親或朋友付出多無怨言；鼻子低的人，本身無主張，個性上較隨和，加上眉尾下垂，遇到事情不敢當面與人對質。蔡小姐最大的缺點，就是眼睛柔。**眼睛是代表一個人的內在思考，及行動的能量**。眼睛柔的人在處事上比較抓不到重點，加上聲音柔，是一生最大的致命傷，因為聲音代表一個人的鬥志及魄力，聲音柔的人，對任何的疑問不敢當面發問，如果被欺負的話，會往內吞。蔡小姐的個性就會產生此現象，所以有很多人遇到不愉快的事件，大部分會怪自己運勢不佳。

我建議蔡小姐，遇到不如意的事情，不要放在心裡，多請教別人。如果不敢與人對談，我建議你請對方白紙黑字寫出來，或是由別人來為你發問，這是一種變通的方式。

李小姐說：「老師說她的面貌，最差的是鼻低、聲音柔，但蔡小姐的下巴飽滿，不是常說下巴飽滿的人有錢財嗎？」

我對李小姐說：「你的錢財不如她的財庫。」

蔡小姐說：「李小姐的錢財出入大，有時候會賺大錢，我哪有錢呢？」

我對蔡小姐說：「你今天的財就是你的聲音柔、下巴飽滿，雖然鼻子低，賺錢很辛苦，但是你

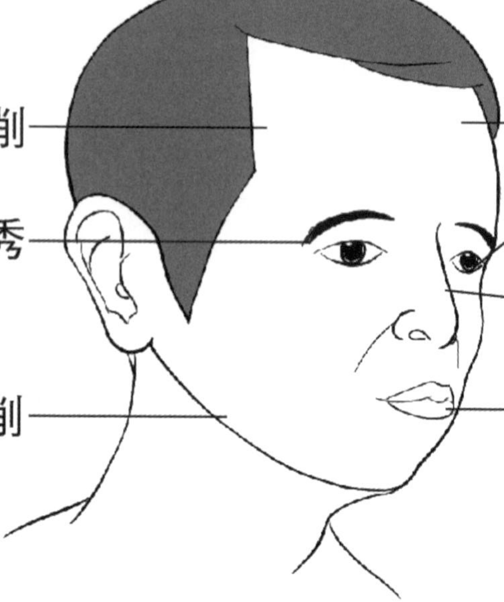

存起來的錢不會亂花亂投資，所以你口袋有錢。

李小姐鼻子挺，嘴巴大，但是下巴不飽滿，一生的錢財賺得多，來得快去得也快，所以她的錢財是過路之財。」

◆勇於向老闆說「不」

張太太看著先生日漸消瘦的身影，心裡好擔心卻又幫不上忙。

現在經濟不景氣不好，張先生擔心失業，公司交代的工作加班加點甚至不睡覺也得必須完成。

但有時候公司的要求並非都是對的，必須勇於向上司說「不」。

不敢說出來、不敢開口的人，在相學的理論上，是嘴巴小、聲音柔的人，叫他開口說「不」很難，永遠不好意思拒絕，也就是不敢推辭。

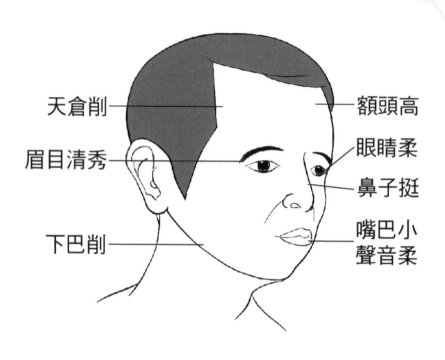

因為聲音柔的人，個性比較溫和、膽子小，也比較無主見，又愛面子，對不起或是推辭之話，不敢明確表達出來，遇有事情有時會措手不及。這種格局以心性質的人居多。

張先生額頭高、眉目清秀、眼睛柔、鼻子挺，嘴巴小、聲音柔，膚色白，下巴微削，是標準心性質的形質。為人氣質高雅，處事細膩，容易感情用事，具有優越感，自負心重，自尊心強極愛面子。

張先生的公司是一家高科技公司，他從事的工作是專業技術，很適合他的專長。因為額高、鼻子挺的人，處事比較主觀有原則，加上眉棱骨高，判斷敏銳，膚色白優越感強，責任心重，加上眉毛清秀，天生比較重情義，在事業上對公司付出，在家庭中對六親付出。加上嘴巴小，聲音柔，遇有困難或是無法達成的目標，也不會當面拒絕，此格局就形成了張先生不敢說「不」的個性。

在故事中有提到，因為現在經濟不景氣，很多公司處於休無薪假的狀態，張先生忍氣吞聲，是考慮到家庭的經濟來源。張先生眉棱骨高、鼻子挺，加上顏面骨多，有志氣，不認輸，不依賴別人來照顧，也就是說別人可以做，我為什麼不能做的個性，所以你要叫他說「不」，愛於面子他說不出來。

林老師面相重點分析

當今社會，忠厚老實的人不見得有出頭天，只有懂得如何進對應退的人，才能在社會上占一席之地。故事中的蔡小姐和張先生，從二人面相分析，都是不善言談的人，應該在人際公關方面多與人接觸，多多溝通。另外，在講話中要有力量，因為聲音代表一個人的膽量及衝勁，講話聲音柔的人要加強聲音的力度。

17.額頭上的學問——氣色與事業的關聯

宋先生來找我占卜問卦，因為他下周將要去應徵一家外商公司，是否有被錄用的希望。

一進來我觀察到他的氣色不佳，從卜卦的顯示，剛開始有人強力的推薦，但他的能力有限，也代表這次去的公司是一家大公司，錄取率不高。

為了要讓宋先生瞭解自己的運勢，我對他說，一個人在事業上有成就或是有阻礙，最明顯的就是自己額頭浮出的氣色。如果額頭氣色佳，表示你對未來充滿信心；如果額頭氣色帶有一點暗滯，代表你會有一些阻礙。

我請宋先生到浴廁照照鏡子，看看自己的額頭氣色如何。

然後我對他說：「一個人如果運勢不佳或是臉上的氣色不美的話，就會影響你的運勢，就像你今天來占卜的卦一樣，卜卦結果也不理想，這跟你的運勢有關。你還是可以去面試，但建議你先不要離開原有的公司，依你現在額頭的氣色，代表你的內心想法，不管有無結果，都一定要離開的心態。」

「老師，你怎麼知道？」宋先生訝異地看著我。

其實我是參考卦象，又加上他額頭的氣色帶一點紅黑之色，一定是跟上司鬧得不愉快，有一點意氣用事。我勸他，一個人氣勢不佳到哪裡都不會順，忍一忍等到有好的氣色，再考慮離開。

額頭代表一個人的思維、道德、對事物觀察、未來的希望、與上司的對待、長輩的提拔、升遷、遷移等徵兆。

在臉上常出現的氣色，大部分是紅、黑、黃、無氣色，這是經常看到的，比如你最近與上司的意見不合，你的額頭就會顯示出不佳的氣色；你今天在工作與同事不合，在你的顴骨及眉毛的部位就會氣色不佳，處事上受到阻礙；如果你現在遇到一件事急著想要知道結果如何，你的額頭氣色會帶紅。故事中的宋先生，他的額頭就是其中的一種氣色不佳的現象。

呂先生是一家公司的業務課長，到工作室找我問運勢。他的工作性質，是台海兩地跑業務。進來時我觀察他的面貌，在顴骨及鼻子的氣色不是很好，他說想卜個卦，問問最近的運勢，及業務如何。從呂先生的卦象來看，跟朋友之間似乎有糾紛，如果是問求財的話，那百分之百必是被劫財；問事業及業務則會有競爭者來爭搶。

我提醒呂先生，你的錢財跟朋友有關係，要小心會有破財的現象。

「已經出問題了，老師。」

他說有一筆生意，是朋友介紹的，本來大家都談好了，沒想到在傭金抽成上面，有一些誤會。公司對此事情不滿意，讓我很頭痛，也不知要如何化解。

呂先生的面相顏面骨多，下巴飽滿，屬於筋骨兼營養質，眉目清秀，鼻子低，聲音有力，下巴

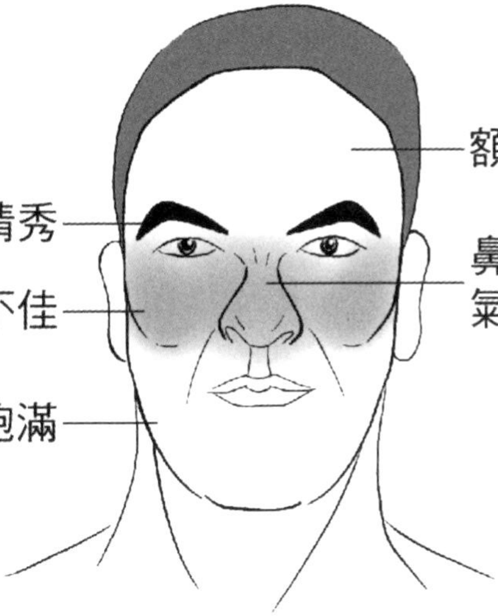

飽滿，很適合從事業務工作。他今天的顴骨與鼻子有一些氣色帶紅暗，代表最近的事業及業務是跟朋友有關係，也就是受到朋友的牽連，才會出現此氣色。幸好他的額頭氣色還不錯，不是很暗，代表他平常受到上司的信任。

「老師，如果我坦白告訴老闆我是被朋友陷害，老闆會相信我嗎？」我說沒有問題，從你的相來論，額頭代表上司，氣色美，眼睛定神，代表你的老闆是個很明理的人。

林老師面相重點分析

其實一個人都可用自己的能力化解一些事情，最怕不懂又疑神疑鬼，對自己缺少信心，盲目中就尋求一些神蹟，或是太迷信。呂先生額頭的氣色還不錯，在顴骨跟鼻子的氣色是紅，代表他對此事想去協調，所以會帶紅色的氣色，如果呈現黑色，就代表此人已接受命運擺佈，回天乏術了。

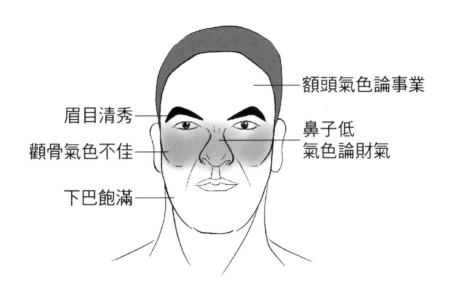

18.無骨不成氣——老闆的面貌格局

王先生在職場上是一個很有衝勁的人，工作的能力很強，經常一人頂三人用，因此受到老闆的賞識。雖然受到重用，薪水比同事們高，但是他還是無法忍受老闆反覆無常的脾氣，決定辭職。

【跟林老師學面相】

我們常會在各個角落裡聽到對老闆的批判，各位先生小姐，你們要用另一種角度思考，為什麼他會當上我們的老闆，肯定有與大眾不一樣的面貌格局，才有了今天的成就。

一個成功的人要能獨當一面，一定有他與眾不同的特徵。

面相學認為，臉有三骨，才能成為領導格局，第一骨是眉棱骨，第二骨是顴骨，第三骨是腮骨，我常說人無骨不成氣。

眉棱骨與眉毛同一個部位，眉棱骨有一點凸就屬眉骨高的人。眉棱骨是一個人的判斷能力，其特徵就是判斷直接，做事堅持，能當機立斷，但也會比較固執，有時聽不進別人的建議。

王先生是我一位老朋友的兒子，他想要離職，今天到工作室找我問運勢，一方面要問工作，一方面借機發牢騷。我順勢借題發揮，講解一個人成功的條件，讓他知道人能成功不是沒有原因的。

我對他說：「你老闆的眉棱骨肯定是有點凸。」他點頭稱是。

我笑說：「你也是眉棱骨凸，有時也會很固執，但是你今天所取的成就，你在公司受到老闆的賞識，就是因為你的眉棱骨漂亮，處事有原則，在判斷上直接果斷，特別是你在技術方面有長才，所以會受到重用。不過你容易剛愎自用，有時會意氣用事，想想，兩個在一起工作的夥伴，雙方的眉棱骨都高，能互相接納對方嗎？而今他是老闆你是職員，所以雙方的職位不一樣。老闆要管這麼多的職員，他必定有顴骨，如果沒有顴骨就不成氣，有顴骨才有能力管別人。」

王先生說：「對，老闆確實顴骨高。」

我對他說：「有顴骨的人才有魄力和主見。」

王先生說：「老師你的形容真得很準，老闆就是有這種面貌。」

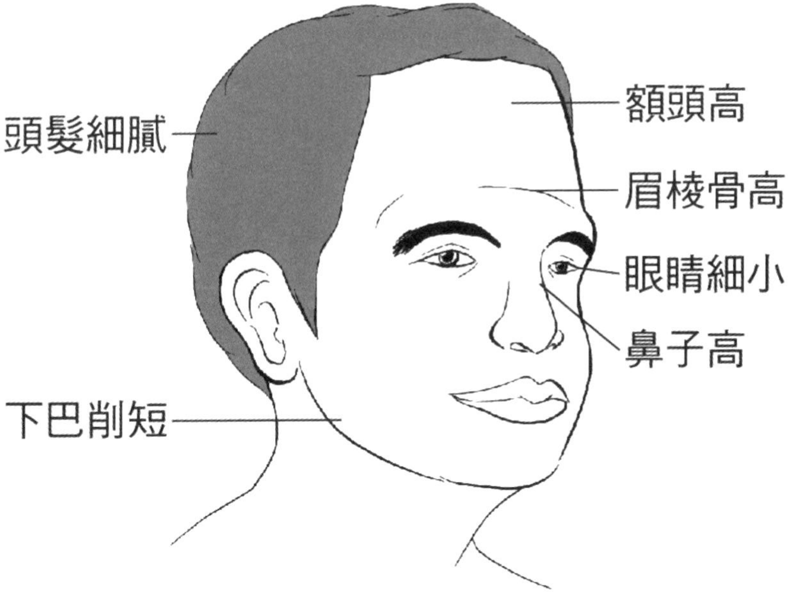

我繼續求證說：「你的老闆必是眼睛小細長，下巴有一點縮，也就是下巴向後斜縮，他的思慮太多，做事往往雷聲大雨點小，有始無終，所以造成個性的反覆無常，導致你覺得跟他在一起工作，感覺有壓力，想離開公司。」

額頭高的人，他的思維方式會與眾不同，加上頭髮柔軟，特別在規劃方面很細膩，如果在專業的領域上，就能展現才華。

王先生的老闆最大的缺點就是下巴有一點斜縮，又加上左右的頤頰有點削，也就是下巴不夠飽滿，處事上不夠穩定，有時會莫名其妙地發脾氣，在工作上常會意氣用事。與這種格局的人對待時，在他面前不要搶風頭，因為他是靜態取向，如果你太搶風頭，他會認為你不實在。並且額頭高、眼睛小的人，容易疑神疑鬼，可一旦你被他看中，必受重用，並且不惜代價留住你。我對王先生說，他是個能賞識你才華的人，就看你自己如何取捨，是要以「錢景」為取向還是「前景」為考量。

◆我的老闆是總統

為了要讓學生瞭解面相，我常找來名人的照片，加以補充說明，而元首當然就成為最佳的範例。以馬英九總統的面相來說，他的額頭高、天倉飽滿，眉壓、眉尾有一點稀疏、鼻子挺、下巴微削有一點朝、帶腮骨、顏面肉多骨少、膚色白、聲音柔，屬於心性兼筋骨質，並且心性質的比例佔比較多。此格局的人帶有一點神經質，在處事上心思細膩，思想豐富，自尊心強，內心怕受挫折，愛面子，依賴心重。馬先生最漂亮就是眼睛定神，眼睛定神的人在處事上能抓住機會，但是他的神韻有一點柔，在處事上會三心二意，有時候不知重點。

如果馬總統身為然他講究完美，但在處事上不會嚴格要求下屬，比較按部就班。馬總統的鼻子挺，他所要求的是專業知識，與他對談要直接切入主題，不要拖泥帶水。因為額頭高、眉壓眼、鼻子挺的人，不喜歡拐彎抹角，一般公司的老闆，雖不然他會不理你，報告完就要離開，他不會馬上答復你。因為眼睛柔、聲音柔的人，不急躁，考慮比較周全，如果你是他的職員，遇到這種眉壓的老闆還要表現積極一點。

陳水扁總統，額頭高、眉毛清秀、眼睛細長帶三角、眼神亮、鼻子挺、山根微陷、鼻大豐滿、顴骨高、聲音有力，下巴飽滿，屬於筋骨帶心性質，以筋骨的成分居多。筋骨的形質，代表勞動的付出，個性比較獨立、自信，絕對不輕易低頭，有時脾氣固執，衝動，配上心性的格局，在思想上就會細膩，在處事上講究直覺，只相信自己的能力及經驗。別人提供給他的意見，除非經過他的體驗證明，否則一概不採納。其人生性好強、好掌權力，聲音粗，鼻子高，主觀強勢，做事情勢在必得，霸氣，會帶給四週人壓力感。最鮮明的是他的眼睛細長，帶有三角眼，這樣的人在處事上一旦抓住機會，絕不輕言放棄。

如果像陳總統這樣的老闆，那員工會很累，因為他的腳步太快，而且處事要以他的理想為主。與他對應時，要保留三分，而且決定權一定要留給他，因為他對自己太有信心，也太高傲，絕不會認同別人的見解。

林老師面相重點分析

馬總統和陳總統這兩種格局，都是五官勝於六腑，都不適合在商場上，更不是屬於企業家的面相，所以每個人的職業，與你的長相是非常有關聯的。

19.看相論運勢——尋找命中註定的貴人

不管做業務或是直銷，其最終目的都是創造好的業績，這是每個人都想求到的目標。每個客戶來工作室找我論命，最後的結果還是離不開財運。

我常對客戶說，你們想要求錢財求業績，其實跟你的面相有關係，你要瞭解自己是最重要的，然後去瞭解他人的需求，你才能把握時機，對你的業績有助力。

有一次，工作室來了三位小姐，找我看相論運勢。

劉小姐的顏面骨多、眉目清秀，屬於筋骨兼心性質的人；陳小姐臉形肥肥胖胖、聲音柔，是標準的營養質；郭小姐顏面骨多有一點肉，下巴飽滿、聲音有力，是筋骨兼營養質。

這三位小姐的工作性質都跟業務有關係。

陳小姐問，最近她們的業績不是很順利，要怎麼樣改運，才有好的業績？

我對她們說改運不是不可能，但是妳們先要瞭解自己的運勢及妳們的「貴人」。

說到貴人，她們都興致勃勃地問我，怎麼才能找到貴人？我說，在妳們自己的面相上。我這個人有一點壞習慣，來找我論命看相時，我會用如同教學的方式告訴客戶，讓她們來瞭解面相的奧妙。

我對劉小姐說：「你的額頭有一點過高，代表你的思想太豐富，但對每件事情要求太理想化；髮際不整齊，妳小時候家境必有一些變化，或是父母本身糾紛多。」

她說：「對，父母已經離婚。」

我接著說：「妳現在走的是眉毛運，眉毛清秀人緣不錯，但是妳現在的額頭氣色不佳，最近在業務上會受到阻礙。妳眼神有一點柔，在處事方面比較抓不到重點，導致自己也不知道在忙什麼；鼻子挺，有主見；顴骨高，主觀強勢，有原則，但有時會比較固執；嘴巴大有衝勁有魄力，加上聲音有力有膽量，但是有時會衝過頭，不知進退。像妳這種面相的人，好相處，無心機。妳的貴人，是年紀比妳大的人，對妳最有幫忙。」

劉小姐說：「老師，您說年紀大的人對我比較有幫助，確實，但是有一些困擾……」

我馬上回答她：「是不是有年紀大的人在追求妳？」她點了點頭。

我對她說：「妳雖然人緣好，但不要犯桃花，因為妳眼神較柔，在判斷時會三心二意，加上聲音有力，給人感覺無心機。不過，你直率個性會讓妳的老客戶覺得妳需要受照顧，這是妳的缺點也是妳的優點，要好好利用，千萬不要胡思亂想，犯桃花失身又失財。」

陳小姐的額頭低，在處事比較務實，思想上比較不會急轉彎；天倉飽滿求安逸，眼睛亮好奇心重，什麼事情都想去瞭解；鼻子低無主張，喜歡熱鬧，處事較有人情味，個性隨和，加上聲音柔，遇到事情不敢面對；命宮寬、下巴飽滿，有容納別人的雅量，也比較會照顧別人。

陳小姐問：「我的貴人在哪裡？」

我對她說：「依你的面相，下巴比較長又飽滿，年紀比較輕的人跟妳較有互動。」

她回想了一下說：「好像是耶。」

我說：「是因為妳有一顆慈悲的心，年紀小的人當妳是大姊頭。但要記得不要以為這些人對妳有好感，其實有時候是利用妳的資源，以妳的個性不適合發展業務，建議妳找一份安定的工作，對妳較有幫忙。」

郭小姐額頭低講求實際，天倉削會主動付出，眼睛亮處事能知進退，鼻子挺有主見，聲音有力內在充滿衝勁，下巴飽滿在外人脈廣。遺憾的是嘴巴小，有時候處事無後勁。從郭小姐整個面貌來論，臉形大於五官，這種格局的人，一生的事業是靠外人幫助。

我對郭小姐說：「你貴人在外，要求財求業務，盡量往外發展，對妳有利。」

她聽我分析後說：「老師我自己也有感覺，都是外面的朋友幫助多。」

林老師面相重點分析

額頭高、眼睛柔、鼻子挺、聲音有力，劉小姐這種面相的個性，不喜歡拖泥帶水，與之洽談直接進入話題，就會有機會。

在與陳小姐這樣額頭低的人洽談時不要太急躁，因為她腦筋轉動的沒那麼快，也就是反應比較慢。但是她的眼睛亮，眼睛亮喜歡問東問西，所以洽談時以閒聊的方式較好。鼻子低最怕受到人情的壓力，也比較有人情味，所以在與她洽談時，盡量拉關係，講話要慢要有耐性，成交的機會就多。

當你聽到此人聲音有力，就知道此人處事有一點霸氣，如鼻子挺，自己主觀強勢，有時候會搶風頭、搶話題。見到郭小姐這種格局的人，在與她洽談時，講話留一半的空間，讓她有發揮的餘地，不然她會認為不受重視，業績就難達成了。

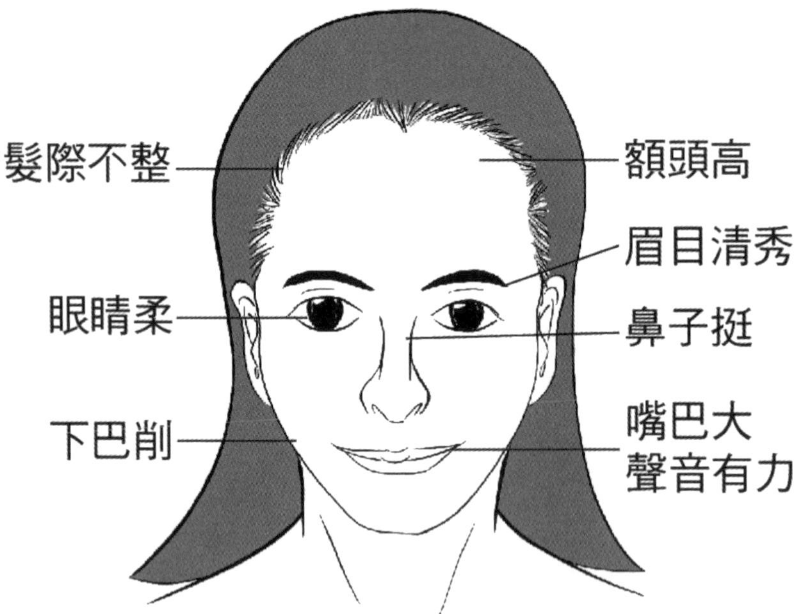

20.知己也要知彼——怎樣從面相來讀懂主管的心？

瞭解一個人的個性，表面上覺得沒有什麼，其實對你是很有關係，你在職場上的成就，因為沒有去瞭解主管的個性，常常無形中得罪他，請問他會提拔你嗎？說到提拔，有的人是靠拍馬屁，有的人是靠真本事，但是有實力卻不受提拔，到底為什麼？

有一次，我在台中演講，演講的主題是《如何與主管應對進退？》。這個問題我相信每位上班族都會感興趣，在職場上，若能得到主管的欣賞，在工作上是很愉快的；若是主管對你不滿意，相信在工作上一定會有壓力。這不是你的能力不足，是因為你不懂主管的性格和想法，不知道如何與主管溝通。

【跟林老師學面相】

瞭解你的主管，就需要你學會察言觀色。如果你的主管額頭高，鼻子挺，眼睛柔，顴骨高，嘴巴大，聲音柔，下巴微削，就是屬於心性質兼筋骨質。這樣的人在處事上比較喜歡自己的邏輯，追求完美主義，也就是說，你要向他報告盡量完美一點，因為這種格局的人，比較挑剔，若你被他看破後，永遠看不起你。因為額頭高、膚色白的人，一件事情他認為不行時，會堅持到底，加上眼睛柔，只會推理，顴骨高聲音柔暗中掌權力，聲音柔處事細膩，要他改變作風很難。

其實這種格局的人，他不是無情，因為他自己的心態，要求完美，自尊心強，所以你知道他的個性，多去請教他一些問題，但是要比較專業的事情，因為額頭高鼻子挺，要求是專業的知識，他會感覺你很認真。

一個人要當領導者，第一點要有眉棱骨，第二點要有顴骨，第三點要有腮骨，無骨不成器。

三骨是筋骨質的特徵，眉骨代表一個人在判斷的能力，顴骨主執行的功能，掌握管理方面且下達命令的部位，腮骨是一個人處事的魄力及意志力。

◆眉骨，顴骨，腮骨，都是關鍵

眉骨：當你看到你的主管的面貌中，眉棱骨特別突出，代表此人在處事上判斷能力特別強，很少

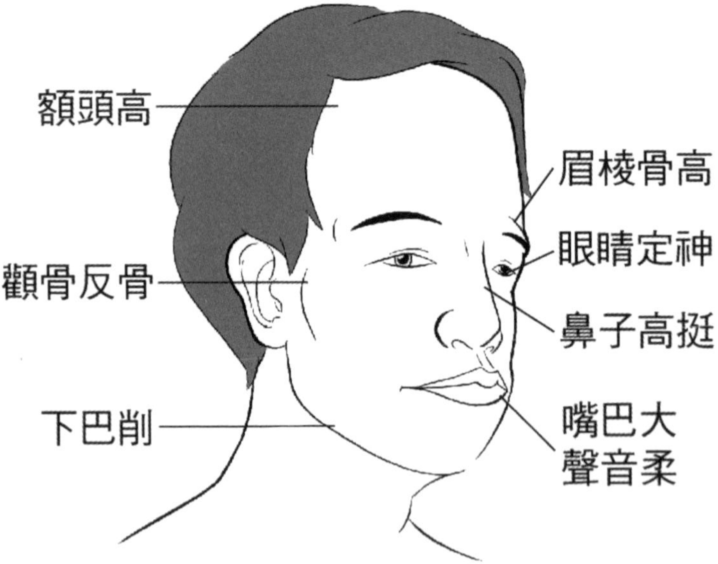

會有錯誤的判斷，也是代表他的個性很固執。若是顏面骨多，做事比較強勢，跟他共事，由他來主導，因為他認為自己的邏輯正確，若是有問題，不要當面與他對質。這種格局屬於動態，自尊心特別強。

顴骨：當你的主管顏面的臉形顴骨高，代表此人喜歡掌有權力，一旦大權在握，不會輕易放棄。若是聲音有力，喜掌權力又帶霸氣，此格局一定愛臭屁。與他共事先由他臭屁，你才不會吃虧。這種格局的人，若是你有能力，他會尊敬你，若是你要與他爭功，一定會想盡辦法跟你鬥下去。

腮骨：下巴有腮骨的人，在處事上有始有終，也就是處理一件事情，必會去完成使命。最有意志力就是有帶腮骨，有帶腮骨的人，不喜歡別人指示。唯一的好處是，帶有腮骨的人比較能付出，與他共事你比較會輕鬆。因為有腮骨的人，比較主動，如果聲音柔，膚色白，這種格局是要別人付出，也比

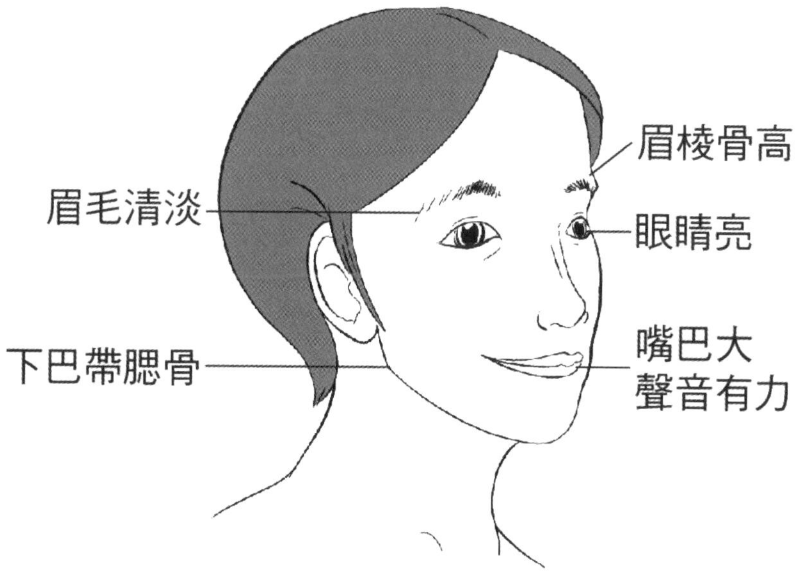

較自私。只要你能把握一個人的特徵，在相處上就比較好共事。

◆聲音顯露個性

楊小姐是一家公司的人事公關主任，也兼總經理的助理，幾乎每個星期，都要與總經理一起去開會，或是與客戶洽談。

她問我：「老師，我今天遇到一位眉棱骨高，眼睛亮，聲音柔的人，與他見面洽談時，我要注意哪些事項？」

我問楊小姐：「是男還是女？」她回問：「老師有差別嗎？」

我說：「當然有差別，若這位是主管是女性的話，代表此人在處事上很細膩，因為眉高，代表判斷能力強，聲音柔代表此人在處理事情會很冷靜；若是男性的話，此人在判斷上能力強，但不會隨意表達他的想法。若是聲音比較粗的女性，做事特別有魄力有衝勁，因為聲音代表陽剛之氣，若是聲音柔，代表此人處事上比較細膩。若是男性聲音柔的話，在處事上想得比較多，不夠果斷。」

◆顴骨與聲音

若遇到顴骨高，聲音有力的人士，代表此人喜歡掌有權力，處事不喜歡拖泥帶水；若是女性，代表此女性很能幹，處事有魄力（女性稍微聲音有力，她的魅力及魄力勝過男性），喜歡搶風頭；

若是額高聲音有力眼睛亮的人，此人在處事上能抓住機會。凡是遇到顴骨高聲音有力的人，個性上比較主觀強勢，愛掌有權力，讓他三分，他認為會受到尊敬。

◆腮骨與聲音

若是此人下巴飽滿，有一點腮骨的人，代表他在人際公關方面人脈特別多，加上聲音有力歷練很多，喜歡冒險，好奇心重，什麼事情都想去常試一下。在事業上遇到有困難，不會輕易放棄。因為有腮骨的人最有毅力，加上聲音有力更明顯。

有腮骨的人比較重情義，若是聲音柔的話，個性上就會有不同的論斷，因為聲音柔，在處事上按部就班，又加上有腮骨的話，處事一板一眼，這種人不會先付出，凡事會先觀察一段時間，也就是不果斷，與他洽談就要知道進退，才不會吃虧。

◆與主管溝通前，最好先瞭解自己的個性

演講中有一位先生提出，要如何能瞭解主管的心態？這句話問得很好，我對這位先生說，我直說你不要見怪，與主管溝通前，最好先瞭解自己的個性才是重點。

陳先生額頭高，表示思想豐富反應快。額頭這塊領域，代表事業也是與上司的溝通，額頭高的人本來比較有長輩緣，但是鼻子挺，講話太直接而頂撞上司。陳先生的眼睛柔，在處事上抓不到重

點，又認為自己的能力不輸於別人。加上他的顴骨反，本來顴骨反的人比較有才華（也是偏才華型）別人想不到的事情，他就有辦法讓你想到如何解決。這樣的人讓上司又愛又恨。

如果陳先生的主管是額頭高，眼睛定神，眉骨高，鼻子挺，下巴微削的人，陳先生一定不好過。額頭高的人若是眼睛定神，本身在處事上能抓到機會，比較有原則，也就是有他自己的邏輯。因為鼻子挺主觀強勢，加上下巴微削，不喜歡部屬對他的執行力有意見，若是與陳先生共事的話，絕對不適合。

若是主管額頭低，鼻子低，顴骨高，眼睛亮，下巴飽滿，與陳先生比較適合。因為主管的額頭低處事比較單純，顴骨高雖然掌有權力，但是能接受別人的意見，因為下巴飽滿者，比較有寬容心，容易與部屬互動，也會照顧部屬。

林老師面相重點分析

遇到的主管，若是額頭高，代表此人思考能力強；若是眼睛亮，代表他處事反應快個性急躁；若是眉骨高，代表判斷直接比較固執；若是鼻子挺，代表主觀強勢有主見；若是聲音有力，處事比較霸氣，愛搶風頭；若是下巴削，處事以他的邏輯為主，不容別人有意見較自私。

主要把握這幾各部位，你就能瞭解主管的個性，就知道如何與他應對進退。

21. 為誰辛苦為誰忙——一生勞碌命

在廣州的東莞工業區，有位台商李老闆是老客戶，每年都會邀請我到公司勘查四週的環境有否改變風水。李老闆每次都會對我說，他要退休由女兒來接班。他的女兒也從臺北來公司幫忙，並準備來接手父親的事業，在旁邊的女兒問我，幾時父親可以退休。我對李老闆說你不可能提早退休。

李老闆是筋骨質的人，在面相學的理論上，筋骨質的人一生最勞碌命，加上額頭高、天倉削，精力充沛，很少聽到他說累。眼睛代表一個人的內在潛能，眼睛亮內在還有動氣難安定，因為眼睛能抓住機會，有神韻凡事不會輕易放棄，公司的大小事情，難脫離他的眼線；鼻子挺主觀強勢，判斷直接處事不喜拖泥帶水；顴骨高，一天沒有掌權會很痛苦，公司業務無法放心交給下面的人處理。

在旁邊的女兒笑著說，我父親總以他的邏輯為主，跟他工作會很累。李先生說我很理智，是你們動作太慢不能怪我。我對李先生說，你要退休還早，除非你的氣勢有減弱。

【跟林老師學面相】

李老闆是筋骨質兼心性質，筋骨質的人最怕瘦，瘦的人更有衝勁。我常講你要找工作，如果老闆是筋骨質身體瘦的人，那你一定會很辛苦，瘦的人精力充沛，處事有魄力有衝勁。如果眼睛亮聲音有力，那是標準的筋骨質的特徵，跟他在一起工作你一定會很累。如果你的老闆是營養質身材胖，恭喜你找到一位好老闆，老闆比較會享受，你的工作也會很輕鬆。

在旁邊的女兒大笑說：「老師，我的父親像不像王永慶？」

我說對：「你父親和王先生的個性一樣。」

李老闆說：「雖然跟我在一起的職員會很勞碌，但是他們的學習比別人多。」

確實，如果你的老闆是營養質，顏面肉多，聲音柔的人，哪你隨時要離職找工作。

他的女兒問為什麼。

我對她說：「如果一個人身材胖聲音無力，個性隨和無魄力無主張，只會享受，無衝勁。這種格局的人，依賴性重，你當他的職員會更累，在工作上無成就感，是不是要離職？」

女兒說：「跟老爸在一起雖然很累，但是很有成就感，學習比別人多。」

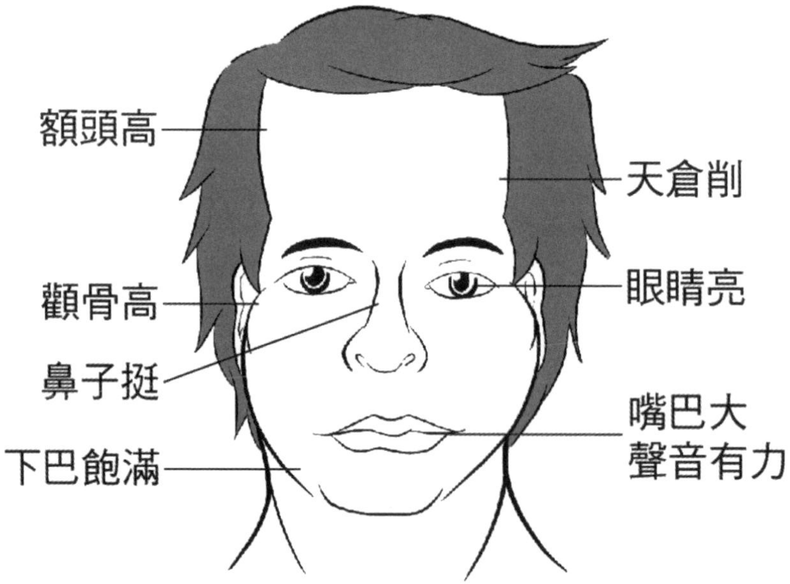

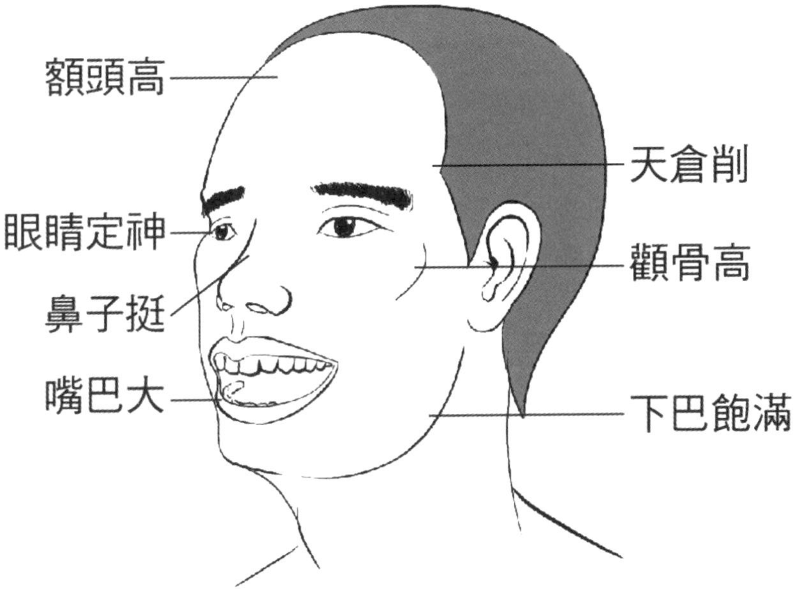

我對他女兒說：「你爸爸聲音有力，眼睛有神韻，代表他還有衝勁，要他退休除非他回台灣。」

特徵：筋骨質兼心性質，額頭高，眼睛亮，顴骨高，鼻子挺，天倉削，嘴巴大，聲音有力。

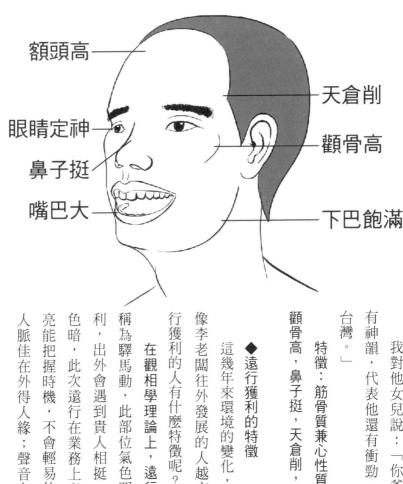

◆遠行獲利的特徵

這幾年來環境的變化，很多行業在大轉變，像李老闆往外發展的人越來越多。那麼，能遠行獲利的人有什麼特徵呢？

在觀相學理論上，遠行看驛馬。天倉部位稱為驛馬動，此部位氣色明亮，對遠行的人有利，出外會遇到貴人相挺。如天倉氣色暗或赤色暗，此次遠行在業務上必有阻礙。另外，眼亮能把握時機，不會輕易放棄機會；下巴飽滿人脈佳在外得人緣；聲音有力協調能力強能克服一切困難，如果善於發揮這些專長對出外遠行能獲利。

林老師面相重點分析

通常一個人很努力，但一生勞碌，大部是顏面骨多。這在面相學稱為筋骨質，此質代表生命的動能，勞動力付出多，有膽量有鬥志，具有冒險犯難的精神，加上鼻子挺無肉，主觀強勢。在面相學上，鼻子主財嘴大有庫，如果鼻子豐隆嘴巴大有財有庫，如果鼻小加上天倉削肯努力屬與筋骨質。這樣的人戰鬥力強，體力充沛，顴骨高有主見，一生不認輸，聲音有力個性帶霸氣，處事勢在必得，天倉削下巴削，驛馬動，到老一生還是勞碌命。因聲音有力無法安逸，聲音柔就會安逸，因此格局一生為勞碌命。

22.「看得見」的能力——職場高手的特徵

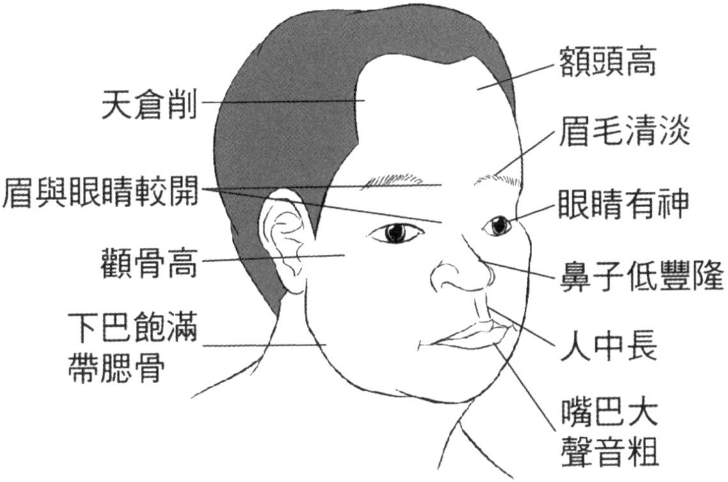

在臺北教企業面相學，平時都安排在週末上課。這天的週末，學員要求下午的課不要上了，去吃下午茶，進行實地操作。

我說好，這樣能讓學員直觀地體會到面相學的訣竅。在用餐時，聽到一位男士的聲音特別洪亮，坐在後桌，我們很好奇就往後看，原來是兩位男士在與人洽談事情，看他們的舉動是談業務。我對學員說，其中有位年紀比較輕，你們詳細觀察此人的面貌，額頭高，天倉微削，眉清秀，眉宇開朗，眼睛有神，下巴漂亮，人中長，嘴巴大，聲音柔中帶剛，應該是一位業務的高手。

【跟林老師學面相】

學員問我如何分析。我對學員說，此人是什麼質？學員說是筋骨質兼營養質，也有學員說是筋骨質兼心性質。我對他們說一個人的質是很重要，一定要觀察詳細，觀察稍有錯誤的話，在論斷上就會有差別。

額頭高，眼睛柔是心性質的特徵，但是此人是額頭高，眼睛亮，天倉飽滿，顏面骨多，膚色有一點黑，說明筋骨質佔的比例多。一定把三個質熟能生巧，在論斷上才不會錯誤。此人天倉削，代表一個人的驛馬，顏面骨多，此格局是筋骨質所占比例多。筋骨質代表生命的動能，戰鬥力強，體力充沛，不怕吃苦，適合從事在業務上發展。

再論他的額頭高，天倉削，說明學習能力強，對事情的看法比較有宏觀性，想像力豐富，腦筋反應快；顴骨高掌握權力能把握時機，遇到困難會想盡辦法克服，協調能力強，做事很有耐性；氣色明潤，特別額頭的官祿特別明顯，代表他最近談事業業務上充滿信心；鼻子高，做事有主見，判斷直截了當，不喜歡拖泥帶水，給人感覺很有衝勁很有魄力；聲音粗，做事先斬後奏，缺少思考；眉目清秀，比較重情義，遇有挫則會有好朋友來相挺；眉宇開朗貴人多，眉毛在五行上屬木，額頭屬火，木生火代表在事業上易得到朋友的幫助。

我對學員說，要觀察一個人的面貌一定要詳細分析他的形質，差一點格局就不同。

下巴漂亮的人，人脈極多，擅長依靠人際公關來幫助事業發展；人中長與人對待互動良好，答應的事情一定守信用，給人感覺很實在，處事很穩重；聲音洪亮嘴巴大，處事有魄力，講話穩重，與人互動良好。這些特徵都適合在業務上發展，或是自己創業。

學員說，還是當面實習，才能悟出面相的重點及訣竅。

下面重點來說一下商場上的高手有什麼特徵。

鼻子有肉屬於營養質，對理財方面很有概念；眉淡對錢財方面比較敏感，在商場以利益為主；下巴飽人脈極廣；嘴巴大有鬥志，人際公關一流，善於協調，說服能力強，處事有膽量；耳朵大、膚色白在外人緣佳，言行穩重，在工作上不會得罪他人，在商場也能得到好的資訊。這種格局的人適合在商場。

如果在商場上，女性勝過男性，該是什麼樣的格局呢？

在現代的陽宅理論上，如果此公司的磁場以是陰氣旺，也就是西方的陰氣最旺，西方代表女性，自然女性會比較強勢，也就是所說陰盛陽衰。

從面貌上分析：顴骨高有包肉，天倉削，顴骨高與人對談佔據主動，天倉削具有戰鬥性強，體能力充沛，判斷直接；嘴大聲柔，與人談吐有氣質，言語幽默給人感覺很誠懇；眉清秀，額頭高，易得長輩朋友之助。這種女性的格局屬於商場上的高手。

額頭代表思想，事業的未來，也是給對方與自己的希望，氣色明潤者，談業務能讓對方對你有信心；額頭高在事業易得長輩欣賞，受到長輩的提拔，事業上有發展對業務有利；眼睛定神，處事能掌握時機把握機會，如果眼睛無神的人，在處事方面抓不到重點，也不知輕重。

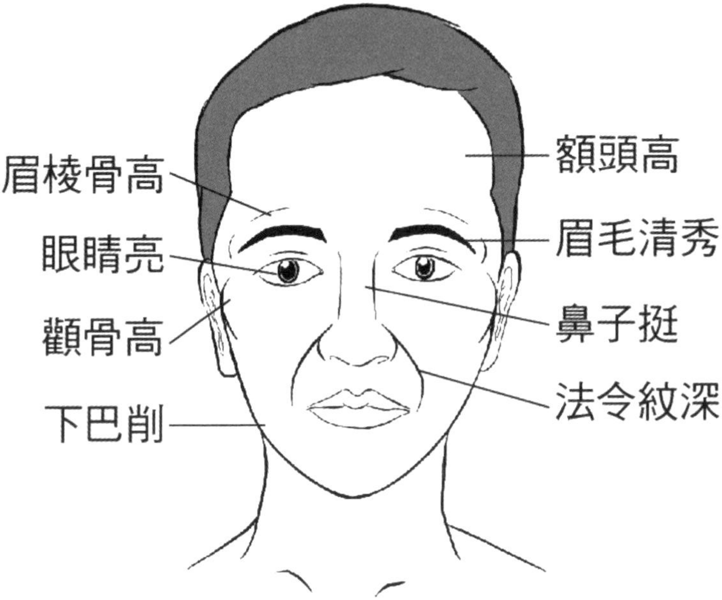

23. 會用人更要會識人——不同類型的職場人

同時在公司工作，升遷的機會是平等的，為什麼有的人每次都有升遷的機會？人比人真的會氣死人。但如果你從另一個角度來探討，就會發現這與人的面貌大有關係。

【跟林老師學面相】

人的面貌有千百種，相應的，也形成了不同類型的職場人。

◆公事公辦鐵面無私

有一次，台南的學員帶同事陳先生來臺北辦事，順便來工作室向我請安，並介紹陳先生與我認識。看了他的面貌，聽他的聲音有力，我就知道此人的個性。我對陳先生說，從你的面貌來論，你在公司是個好職員，但在人際公關方面缺少人緣。

陳先生的面貌特徵，心性質兼筋骨質，顏面五官正，額頭高，眉清秀，眉棱骨高，眼睛亮，顴骨高，鼻子高，嘴巴大，法令紋深，下巴削而短，聲音有力。

額頭高思想豐富反應快；眼睛亮能抓住機會，個性急躁；鼻子挺主觀強勢；眉棱骨高，第六感判斷直接；顏面五官端正，做事比較公正；下巴微削，不懂人情故；法令紋深，處事公正無私。

我對陳先生說：「你的缺點是不得人緣，要多聽別人意見，主動與人互動，才能得到人脈的助力。」

◆容易推卸責任

二〇一〇年的春天，在長安的呂先生邀請我到公司勘查風水地理。呂先生問我，一個員工總是推卸責任的人，跟他的面貌有關係嗎？如果真有此現象，此人的面貌有何特徵？

一個比較會推卸責任的人，他的特徵是：心性質兼營養質，額頭高，天倉飽，眼睛亮，眉棱骨下垂，命宮寬，鼻子挺，嘴巴大，聲音無力，下巴短。

額頭高，思想豐富反應快；眼睛亮處事能知輕重，會把握時機；如果額頭低，眼睛柔，思想單純做事講究務實性，不知輕重抓不到重點，遇到突發性的事件措手不及，所以不敢推卸責任。如果額頭高，眼睛亮，聲音柔的人，加上天倉飽，防禦心重，會保護自己，遇有負責的事情會推卸責任。眉骨下垂無魄力，個性比較隨和，鼻子挺嘴巴大，光會說不做，聲音無力，無鬥志無膽量，不敢負責。

另一種格局，如額頭高，眼睛亮，聲音無力，下巴短，在處理事情前，會給人感覺很有魄力有衝勁，但是最後要負起責任時，就會選擇推卸責任。最主要的因素是下巴短的人，做事沒有耐力，虎頭蛇尾的心態，加上聲音無力缺少魄力，容易做逃兵。

◆容易升遷

在公司做同樣的工作，能力相差無幾，為什麼有的人升遷特別快？老天真是不公平！但是，如果你從另一個角度來探討，就會發現人的面貌與升遷大有關係。

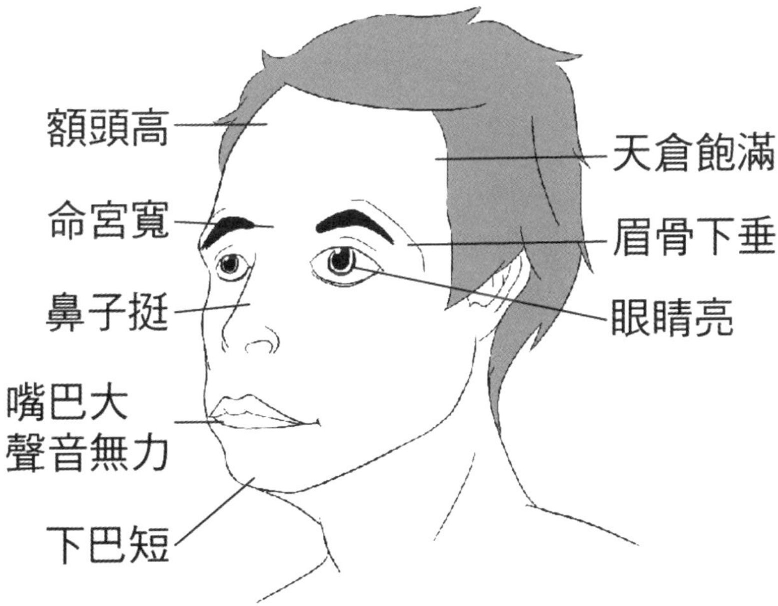

容易有升遷面貌主要看額頭，額頭為官祿。

額頭高的人思想豐富，善於溝通；天倉飽貴人多，易得上司欣賞；眼睛細長，處事情細膩穩重；眉棱骨有點凸，具有才華，判斷能力準確，責任感強；鼻子挺做事情有主見有原則；顴骨高掌有權力，能獨當一面，凡交代之事，絕對能完成；人中長的人守信用；嘴巴大處事有魄力，有鬥志有膽量；下巴有朝處理事物有始有終，不會半途而廢；聲音柔與人對待談不會急躁，處理事務有計畫性，這種格局易得到上司的提拔及升遷。

◆依賴性重

依賴性比較重的人，其面貌特徵：營養質，天倉飽滿，鼻子低，眼睛柔，顏面多肉，膚色白，眉尾垂下，聲音柔，下巴飽，體形稍微豐滿，耳朵佳。

顏面多肉膚色白，比較好命，依賴性重，而膚

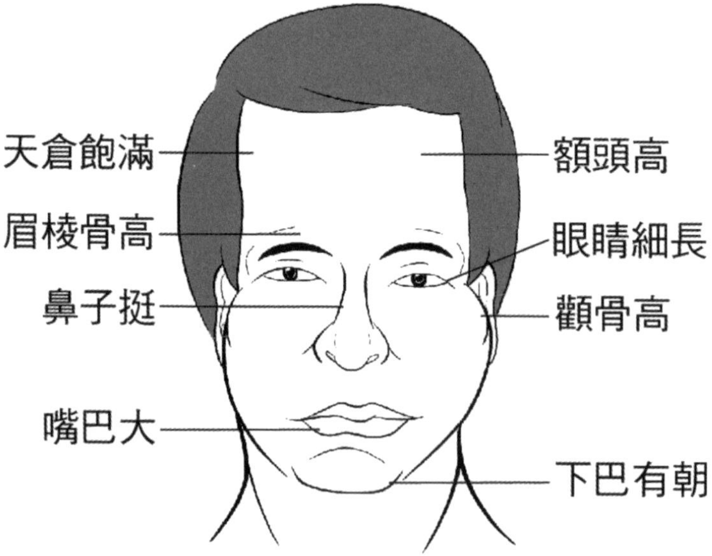

色黑的人天生勞碌命；如果眼亮則獨立性強，不依靠別人；眼睛柔加上鼻子低則依賴性重，因為眼柔不喜歡動，只會說不會做；天倉飽本身貴人多會幫忙，加上耳朵漂亮，凡是好的事情，他都會得到好處；眉尾垂下較無鬥志，也不會隨意得罪人，加上聲音柔，容易受到別人照顧。

◆總是走楣運

有些人的一生倒楣的事特別多，不可能發生的事情他都會遇上，最主要的是他的髮際蒼，因為此部位不佳，貴人少，好的事情輪不到，凡事要靠自己努力。

職場上，混得很落魄的人，一般具有以下特徵：心性質兼筋骨質，額頭低，髮際不順雜亂，耳朵反，眼凸無神，顴骨橫張，鼻子低，嘴巴小嘴唇厚，聲音無力。

眼凸無神，做事抓不到重點，常言說，眼睛亮的

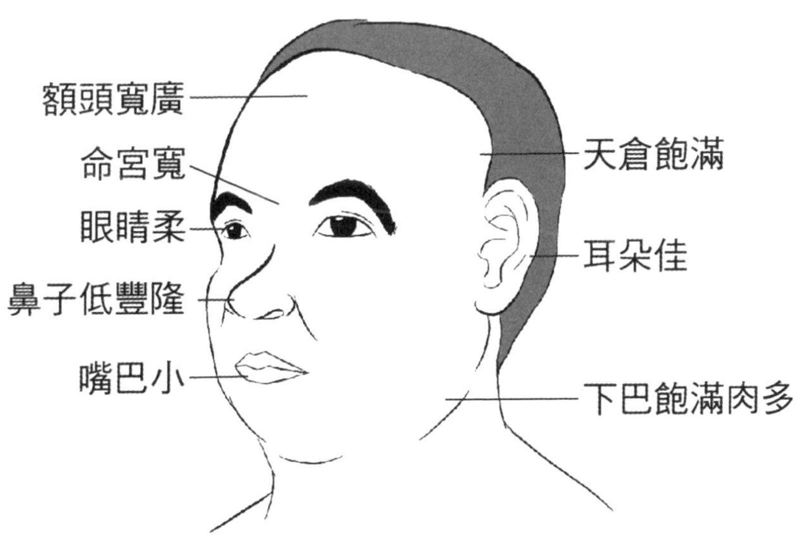

人花樣多，眼睛凸無神的人不知經重，常會遇到小人；顴骨橫張，只會衝不會守，不知進退，在人際關係不懂拿捏；鼻子低，愛熱鬧好奇心重，又無主張，不敢當面與人對質；嘴巴小，個性保守；聲音無力，與人無爭常會受人家欺負；耳朵反，所聽到的訊息不全面容易衝動，得罪他人，在人際方面人緣不佳；加上鼻子低聲音無力，不敢當面與人對質，在職場上容易吃虧。

◆大器晚成

大器晚成面貌主要看眼睛和鼻子。

眼睛是一個人走到下庭運勢很重要的部位，鼻子是的主觀及意志力。下庭飽滿的人，代表越老越有成就，鼻子挺眼睛亮，做事有耐性，不怕吃苦。

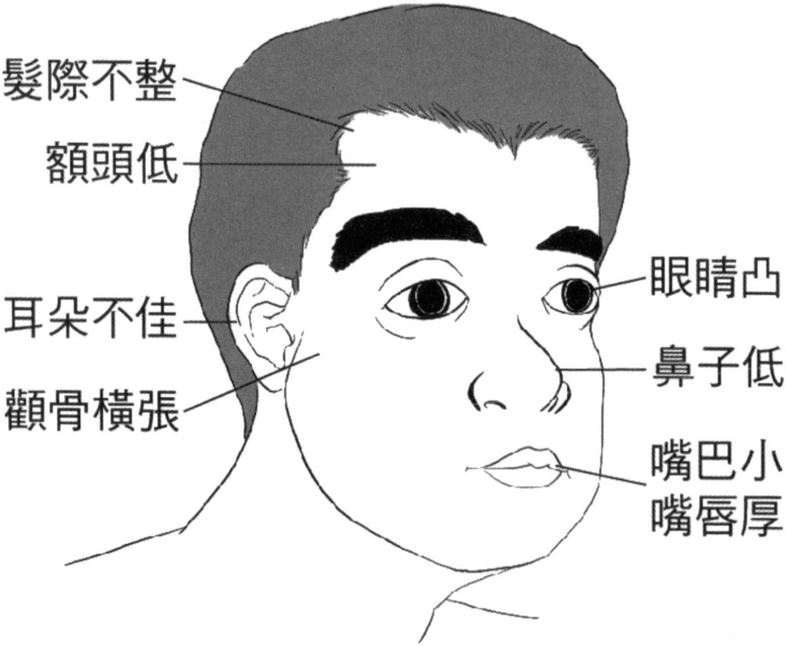

大器晚成之人的面貌特徵：營養質兼筋骨質，額頭低，天倉削，耳朵佳，眼睛亮黑白分明，眉目清秀，鼻子挺，顴骨高，下庭飽滿，聲音柔。

一個人的黃金時期是在走中下運，三十歲至四十歲精力充沛，有魄力有衝勁，走到四十至五十歲，事業打好基礎。因為眼睛，顴骨，鼻子的運勢，在中庭運，眼睛是把握時機，創造未來最重要的部位，顴骨是掌握權力及判斷的能力，鼻子是財庫也是自己的主觀，在事業上最關鍵的部位。下庭的嘴巴及頤頦，代表一生的成就，及家庭的對待，也是自己的成就好壞。

◆合作伙伴

如果你要尋找業務上的夥伴，眼睛必須有神，在外與人洽談時能把握機會，處理事情懂分寸；鼻子豐隆，做事有膽量，也比較有財氣，作業務五官正給人感覺穩重，人緣佳；嘴巴大，聲音有力，做

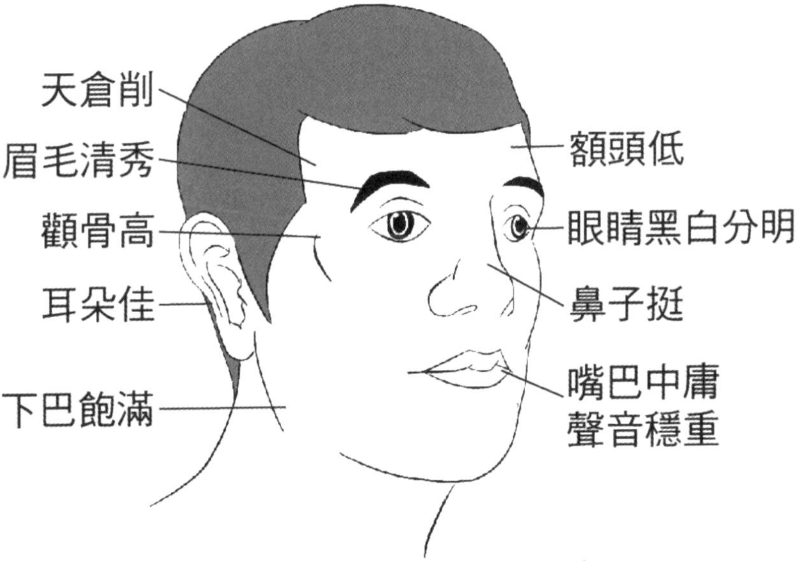

事有膽量有魄力；下巴是一個人的人脈，下巴飽滿的人，擅長應用人脈來助業務及事業發展。這種格局的人，業務上是一流的高手。

如果想找一位金主來合夥，營養質的人最適合。因為額頭低的人，個性比較單純無心機，容易相信別人；天倉飽滿，在理財比較有概念，適合在理財方面發展；如果你要找肯付出的人，在金錢上比較不會與人計較，眉目清秀，對朋友重情義，有責任感，又容易相信他人，凡事都會為對方著想。

天倉削，額頭低，眼睛定神，眉目清秀，鼻子豐隆，嘴巴大，聲音穩重，這是營養質的特徵。

雖有理財的概念但比較穩重溫和，因為聲音柔求安穩，如果此人是聲音有力，在理財方面是多方入財，適合財務投資。合夥人以眉清秀為重點，因為眉清秀對朋友有情有義；下巴有朝，頤

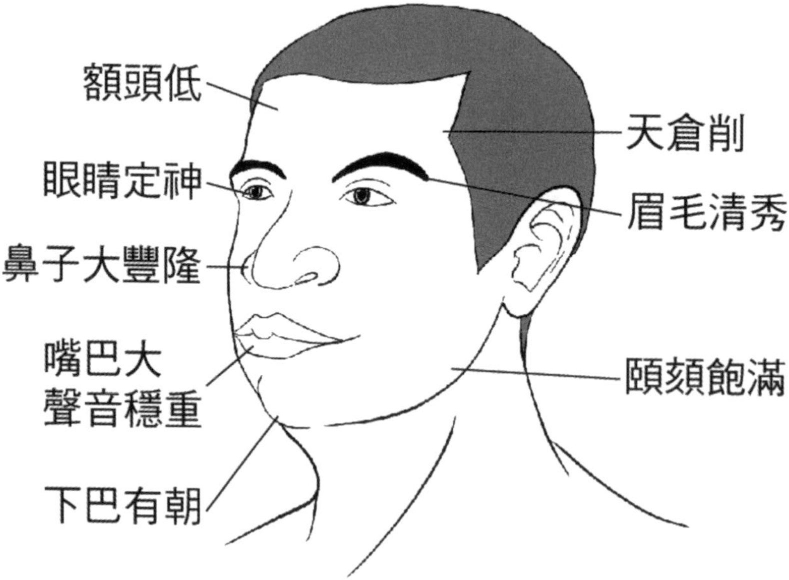

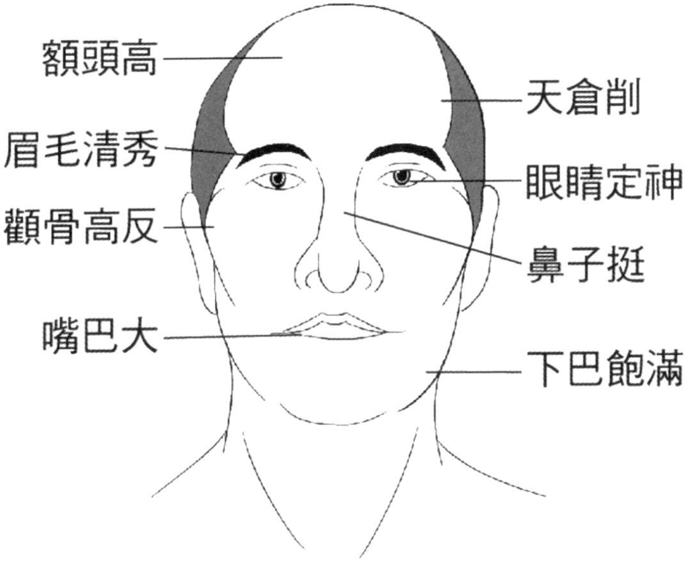

頦飽滿，可以容納別人的意見，做事穩重比較有宏觀性，有始有終，是個可以信賴的人，也是一個可以合夥的人。

◆優秀的管理人員

一個優秀的管理人才，所具備的特徵：筋骨質兼心性質，額頭高，天倉削，眼睛定神，眉目清秀，鼻子高，顴骨高微反，下巴飽，嘴巴大，聲音平穩。

通常一個人要成為優秀的管理人才，額頭要高，說明在學習方面能力足，反應快，善於協調，會用智慧與人溝通；天倉削，戰鬥力強，不輕易向命運低頭，在事業有衝勁不認輸，做事很有耐性，能吃苦耐勞；下巴飽滿，能容納他人，人脈極多，善於應用人際公關方面，來助事業發展；眼睛定神，做事穩重有原則，能掌握時機；眉目清秀與人對待親切，給人感覺重情義守信用。

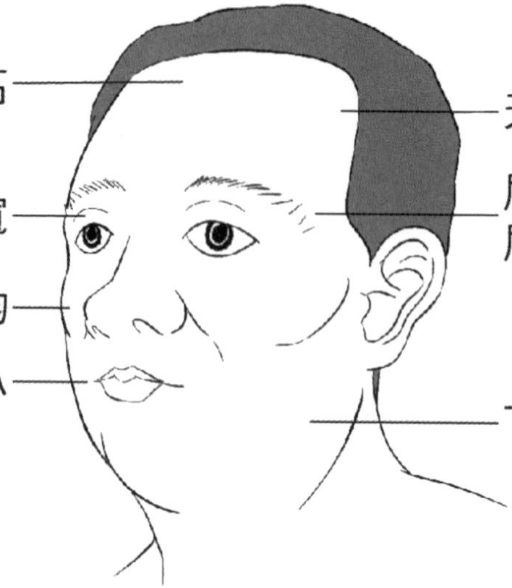

在管理方面能掌握一切，以顴骨為重點。顴骨高微反具有領導能力，受人尊重，做事有衝勁，懂得拿捏分寸；鼻高嘴大聲音平穩，處事不會急躁，易得到上司賞識和提拔；下巴飽易受部屬尊重，協調說服能力強，適合在管理方面發展。

◆不盡職的人

台灣有一句俗語很有意思，「牛牽到北京還是牛」，這句話的含意就是說人的個性難改，在怎樣調整還是不盡職。

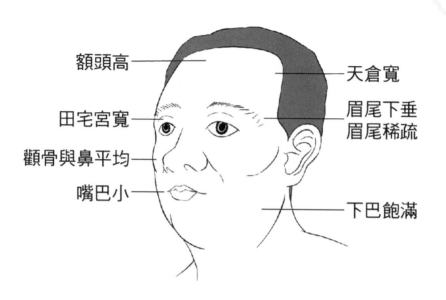

一個人讓人認定是不盡職的人，有怎樣的特徵？

心性質兼營養質，額頭高，天倉飽，田宅宮寬，命宮寬，顴骨高於鼻，眼柔眉淡，下巴飽，聲音無力。

額頭寬廣，追求高理想，但行動力不足，只流於空想；天倉飽，防禦心重，很會保護自己，容易推卸責任；田宅宮寬，個性比較隨和，不拘小節，加上命宮寬，處事冷靜，本來是好的格局，但是聲音無力，就變得很自私，依賴性強。眼睛柔，做事有時抓不到重點，也不知道輕重；眉淡的人很聰明，比較重視利益，欠缺人情味，不會為別人著想，不適合在管理方面發展。

林老師面相重點分析

要找一個好的人才不簡單，如果你不識相，明明一個優秀的人才在身邊，都沒有去用他，埋沒了人才，損失了一個好幫手。通過面相來分析，你就會規避這一問題。

第四章

貧富寫在臉上——

理財背後的面相玄機

1. 誰是有錢人一看便知——面相與理財

臺北某企業舉辦座談會，吸引了許多青年朋友的參與，主辦人希望我能在這座談會上給予不一樣的資訊。我想，在座的都是年輕人，正處於事業打拼的階段，打拼了之後有沒賺到錢呢？那就說說面相與理財吧。

在以前農業社會裡，看人以鼻子為重點，因為鼻子在五行裡屬土，土能生萬物，視為財的來源，所以坊間面相論法，都將鼻子論為財帛宮，鼻子的大小則論為錢財多寡。

現代社會的錢財觀念大不同了，俗話說「三百六十五行，行行出狀元」，行行都可賺錢，但是，是不是都可將錢賺進自己的荷包，那就要配合你的判斷力及理財觀了。說到此，有位適婚年齡的小姐發問，夫妻兩人要由誰理財較好，是否可從面相去判斷呢？

【跟林老師學面相】

「小姐，妳的喜訊將近了吧！」

在她周圍一個朋友笑著說：「她下個月要結婚了。」

因為此小姐顴骨帶有紅暈，眉毛有潤澤的氣色，所謂「喜上眉梢」完全展現在她臉上。

我說：「小姐，先恭喜妳，妳是個很能幹的人，在事業上不讓鬚眉，但如果妳想婚後擔任『財政部長』的話，那一定會左邊進袋右邊出口，因為妳很大方，對錢財很捨得付出……」

在旁的朋友大笑起來。

小姐問我：「那要如何才能守得住財呢？」

回答這個問題首先要瞭解自己及配偶的面相。《易經》的解釋有陰有陽，陽者為動態，從面相的分析顏面骨多的人，為陽屬於好動，處事有衝勁有魄力，比較勞動者；如顏面的肉多的人屬於陰，陰者為靜態，處事考慮得多，以智慧處理事務，有時依賴性重，個性保守比較會享受，如果顏面有骨來包肉最上乘的格局。再從聲音來分析，如果你的聲音粗，聲音代表動力，所以對事業有衝勁，處事不喜拖泥帶水，這是好事。但錢財要守就要靜，如果另一半聲音柔，那你們兩個就搭配得恰到好處了，理財由配偶來主導對理財有利。

◆鼻翼豐滿顴骨包肉

理財的基本觀念先看鼻子，鼻頭象徵正財，也就是正常收入，左右鼻翼代表意外之財，鼻翼大，代表財的來源多。但聲音粗屬動表陽性，代表財跟著動來動去，當然財就守不住了，而聲音柔，屬靜、表陰性，不易將財顯現於外表。當然，人的五官並非只有聲音與鼻子，還需其他部位相輔相成，但最重要的是離不開陰陽的調配。

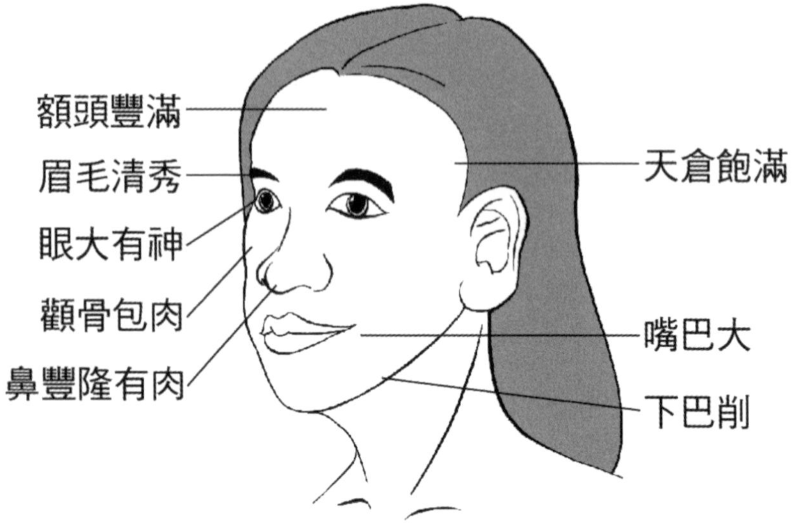

鼻子豐隆的人，一般論財多，但這是指財的來源多，是象徵性的財氣，表示賺錢可以比鼻小的人佔優勢，並不代表一定會賺進荷包裡。如果鼻翼大、鼻孔也大的人，那財的流動性就大了，若再配上聲音粗，那花起錢來可就豪邁了。

這位小姐顏面骨多，處事有衝勁；額頭高，思想豐富，腦筋反應快；顴骨高包肉，處事掌有權力，懂得與人互動；眼睛亮抓住機會不會輕易放棄；眉目清秀對朋友有情有義，又熱心助人；鼻子挺，處事有主觀；鼻孔大，對錢財方面比較捨得花；嘴巴大聲音有力，愛面子處事有魄力；下巴為削，錢財比較守不住。整體來看，她屬於動態，在事業上是有衝勁的女性，但有衝勁不代表就會理財。

《易經》裡常提到陰陽相配為中庸之道，也是孕育天地萬物的生成法則。陽主動，表現的性能是剛，所以要用柔的來協調，陰主靜，表現的性能是柔，所以要用剛來協調；夫妻是一女一男的搭配，為陰陽，聲音粗為陽、聲音柔屬陰。

林老師面相重點分析

觀相學理論上，靜的人對錢財較保守，動的人對事業有衝勁，所以動靜之間相互為用，這也是萬物的生存之道。要論及兩性的理財，也就是要取陰陽為準則。

2.股票熱——財運與理財能力

台灣自上世紀五〇年代開始經濟起飛，炒股票也隨之發展。雖然近幾年來經濟衰退，但仍擋不住人們對股票的熱情，隨著股票的波動，投資者甚至整個社會也隨著上下擺動。

常有人跑來找我：「大師，可否幫我算算看，什麼時候買股票會賺？」，「老師，幫我算個卦看哪天去買股票較合適？」，「我投資股票，可以賺錢嗎？」……

不少投資人想憑藉投資股票致富，可真在股市中賺大錢的投資人卻鳳毛麟角。股票是投機性質的產物，屬不勞而獲的橫財，又與大環境及全球的經濟有關，想要用五術來運作，恐怕無濟於事。如果五術可來輔助玩股票或彩券，那所有五術大師不都成了大富翁，又何必辛苦上媒體或幫人算命賺那微薄的紅包費用呢！

通常來到我服務處詢問有關股票、彩券等之事，我只能說很抱歉，這些不在我的專業領域之內，但若問及財運如何，這我倒是可提供一、二。

從斗數來講，若交友宮化祿到財帛宮，那就表示因朋友的關係會有財入；如果是父母宮化祿到財帛宮，那就是因父母或長輩而得財；用卜卦方式來問，那就看是由哪個卦爻來生、剋，生者，對錢財有幫助，剋者，就自己需小心謹慎，哪個月份生、哪個月份剋，自己就有個方向去趨吉避凶；

再論運用面相來看，則以氣色最為重要。

【跟林老師學面相】

一個專業的面相師，第一眼即可看出一個人近日的財物狀況，是與朋友有關還是與家人有關或是事業上的問題。一般都以鼻子論財庫，但是人的面貌不是只有鼻子一個器官，所以還需搭配其他器官一起看方能準確，如左右顴骨代表朋友關係，也代表外來之財，額頭亮則代表長輩之財等等。

前段日子，正當股市哀鴻遍野之時，李小姐來找我。

我說：「妳最近財運不佳，而且是因為朋友的關係。」

李小姐張大嘴說：「老師，你怎知是朋友的關係？之前就是聽朋友報內線消息說某某股一定會漲，結果現在整個股市慘跌，我這月已虧了近百萬啦！」李小姐的顴骨晦暗，顴骨代表朋友，而鼻子低，自己沒有主見，容易接受別人的意見，耳朵不佳接收的資訊較不準確，又加上李小姐的田宅宮寬，容易相信別人，所以我說她是因為朋友的關係而破財。

這位李小姐也曾玩過六合彩，樂透彩也隨興為之，只要是投機性的賺錢機會她都會去嘗試。因為她的鼻翼一大一小，不對稱，此種人較有投機心，這樣的鼻子有時會有意外之財，但錢財不穩定，當然就是有賺有輸了。

◆鼻子為運勢嘴巴為財庫

論錢財當然與鼻子最有關係，相書說鼻子為財，嘴巴為庫，鼻子豐隆嘴巴大有財有庫。如果你的鼻子小賺錢會很辛苦，鼻子挺豐隆賺錢比較輕鬆，鼻孔大錢財的出入大，鼻孔小對錢財方面比較會精打計算，如果鼻孔一大一小比較會有投機心，也就是有賭賭看的心態。

我建議李小姐，以你的面貌來論，在投資方面選擇長期對你最適合，因為你的鼻子大，山根低，嘴巴大，聲音有力，嘴大有衝勁，聲音有力有魄力但處事缺少考慮，在投資方面比較會吃虧。股票要以長期投資較好，或投資房地產，對你理財最有利，而且最好不要沉迷於六合彩或大家樂，自己對股市要多做功課，理財要以穩紮穩打的方式，不要再投機了，這樣下半輩子自然過得舒服。

◆什麼樣的人會理財？

中國自經濟蓬勃以來，也瘋狂的陷入股市熱潮中，有媒體報導，連小學生都在下單……聽此，真是驚歎不已，以這樣的理財方式教導小孩，在觀念上似乎有些偏頗了。

某一次，我在上海教企業面相學，有位朱小姐經學生介紹來找我。她一見面就問我：「老師，你看我近來財運如何？」因此刻中國股市正值狂飆之際，所以我直接聯想到朱小姐應該是想問股票的事，我跟她說：「妳最近在股票上有賺到錢喔！」

朱小姐笑說：「不愧是大師。」

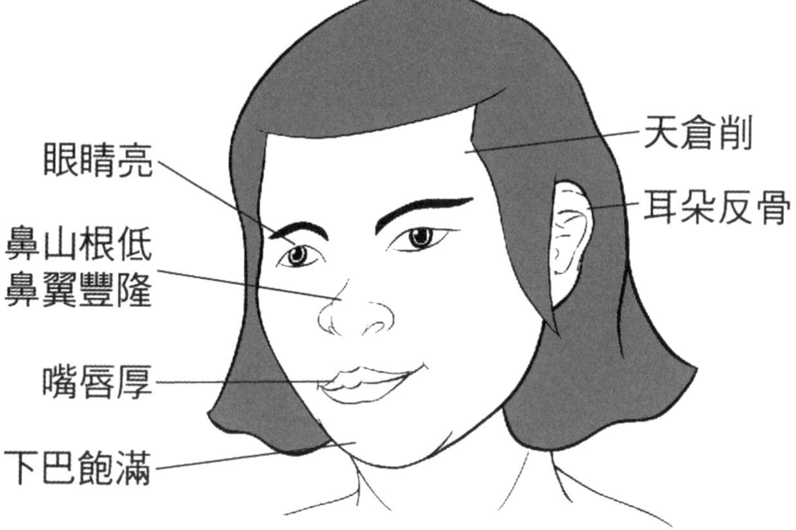

在旁的學生問：「老師，你怎麼看的呢？」

我指著朱小姐說：「今天有個模特兒在此，你們可要好好地瞧清楚了！」

朱小姐天倉削、下巴飽滿，天倉削的人肯努力肯學習，具有理財觀念，下巴飽滿視為財庫。並不是每個天倉削的人都能賺到錢，那還要看是否有「財庫」可裝錢，現在的面相學大多稱下巴飽滿者為營養質，此種形質的人對理財特別敏銳。朱小姐鼻子小且低，在內心較有危機感，加上膚色白，個性比較保守，所以只要稍有一點獲利就容易滿足，有賺到就好，不會貪大，個性比較保守。最主要的是鼻頭與下巴的氣色很明亮，下巴代表財庫，從朱小姐的面貌來論，六府比較飽滿，也就是說六府勝過五官，她在外面的人脈極廣，一生的事業或是財運有貴人來相助，代表是外來入財。朱小姐在這股市旋風裡，不貪求要賺大，有利可圖就好，自然財就入庫了。

我對朱小姐說：「妳最近應該約有六萬人民幣入賬吧？」

朱小姐驚訝地說：「唉啊！老師，你都把我的荷包看透了，下次不敢來找你了！」

◆從面貌看理財概念

額頭低的人比較保守，賺一點就會滿足；天倉飽滿的人，本身就有理財的概念；眼睛柔的人，雖然沒有眼睛亮的人能把握時機，但在投資方面會很謹慎，因為自己抓不到重點，所以思考上會想很多，也不敢冒險；鼻子低的人最有耐性，如果應用在股票投資的話，加上聲音柔更有耐性，對理財最有利。嘴巴大老來有財有庫，嘴大鼻子低的人，在理財方面保守，有入無出，加上聲音柔，錢財越存越多。

◆什麼樣的人不愁吃穿？

不愁穿吃的特徵：營養質兼心性質，天倉飽，額頭高，鼻子大，眼柔，顏面肉多，嘴巴大，聲音柔，下巴飽。

一個人一生無成就，但是人家就有好命，不愁吃穿。依照面學的理論，天倉飽的人，一般都會比較好命，個性多安逸，都有繼承格；聲音柔的人，怕吃苦求安欲，可安享祖德留下的祖產，自己也不想出來創業；額頭高天倉飽，聲音柔，本身較文秀不是勞動型，加上鼻子大山根陷，個性無主張也無衝勁，聲音柔與世無爭，不會操勞過度。這種格局的人一生不用為生計煩惱，因為上代留了一筆錢財。但是眼睛亮聲音粗就會操勞，眼睛亮的人比較好動，聲音有力有衝勁有魄力，雖有錢財還不滿足，還要求創造自己的成就，這種人比較勞碌。

顏面骨多的人屬於筋骨質，不喜歡依賴別人，所以骨多的人比較勞碌。最好命是顏面肉多，對生活需求多，力求舒適，只會享受不會付出。嘴大吃四方，聲柔懂得享受，膚白生性安逸，這種格局的人一生都有貴人來扶助。

林老師面相重點分析

在觀相學理論上，最會寵壞小孩屬於營養質的人，因為營養質下巴飽滿，重視家庭，最怕沒有經濟的來源，也比較弱愛，處處為小孩找想，怕他吃虧，怕他吃苦，其實是寵壞小孩。

3.妻子的靠山——娘家人的助力

台灣數一數二的大企業集團的龍頭——郭先生嫁女兒的消息，在媒體熱播下，頓時全國似乎都沾上了喜氣。相信身為女性，大都羨慕那一場豪華的婚禮，身為男性羨慕的恐怕是新郎。但畢竟這不是天上掉下來的禮物，相信這是需要努力，需要運氣更需要勇氣的。

朋友之間聊起了這場婚禮，我們這群五十幾歲的中年人，都投以既羨慕又無奈的眼光，直嘆說：「若再年輕二十歲，恐怕也無此種機運。」

我對同是五術大師的陳先生說：「老弟啊，你也不賴啦，你太太近日也分得她娘家的一些祖產了不是嗎？」我們這群已知天命的老友，頓時行起了注目禮。

陳大師滿臉通紅地說：「唉啊，沒有啦……」「怎麼沒有，少說也值八位數字。」我捉弄道。

陳先生額頭高，容易得到長輩的提拔及賞識，我對他說：「你岳母對你很好吧？」

陳先生點頭說：「對啊，每次去她家，我岳母都很熱情地招待我……，可是林兄啊，你說額頭高易得長輩的欣賞，那為何同樣是長輩，我岳父就沒我岳母那麼的熱情？」

「如果你天倉飽，你岳父不但欣賞你、提拔你，甚至有可能會給你財產，可惜你是天倉削。不過你下巴飽滿，下巴代表女性，當然你岳母就越看你這女婿就越喜歡了。你嘴巴大，吞得下這筆錢

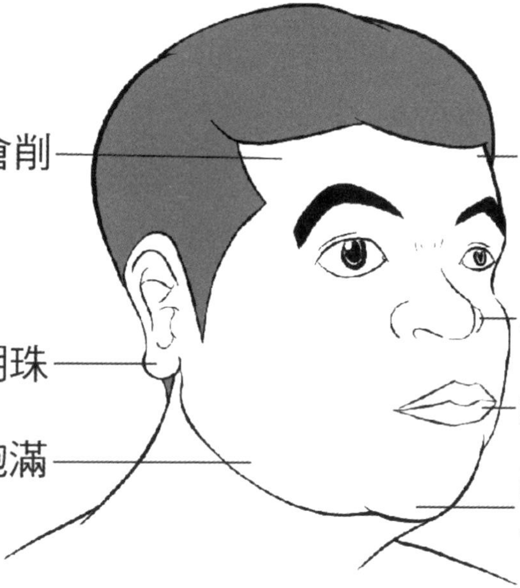

財，聲音柔，太太娘家的兄弟才不會跟你計較。如果今天你換做嘴巴小、聲無力，你只有看得到卻吃不到。不錯啦，老弟，在座兄弟當中，就屬你福氣最好了，不要身在福中不知福。」

【跟林老師學面相】

一個男士要得到女性娘家的欣賞和幫助，必須具備一些條件，最主要的是要有一個高且飽滿的額頭。而鼻高、眼睛定神，則容易結識家庭環境不錯的配偶，處事能掌握時機。另一種額頭低、天倉飽、下巴也要飽滿，此種也容易得到女方的家產。而女性來講，也需要天倉飽滿，代表娘家有祖德有財富，再加上鼻子高挺，此女性就可以得到娘家的助力。

面相的有趣就是在這裡，男士如果是聲音柔

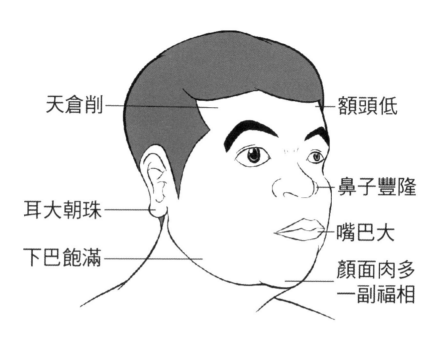

者，願意接受別人的幫助，論理依賴性比較重；若是聲音粗的男士，對自己信心十足，自認為有能力，不願意接受他的人的幫助。再說聲音柔的人，不會當面與人衝突，像陳兄不會頂撞長輩，又配他的下巴飽滿與人相處懂得拿捏。如果是下巴削者，配偶娘家的經濟狀況就會比較差。所以，妻子的背後是座山還是平原，其實是看自己有沒那個條件。

◆容易得到祖產的格局

通常祖先會留財產給下代，從面相就可以看得出來。天倉與祖德有關係，天倉削無祖產留下來，要白手起家；天倉飽滿代表祖德會留一筆財產給他，有繼承之相。重點在耳朵來配合，耳朵佳有帶珠者，代表祖產留得多。如果眼睛亮，聲音粗，代表祖產可能長輩就花掉了，眼睛柔，代表祖德留下的祖產多。因為眼亮聲粗為動不聚財，眼柔聲柔為靜，財氣會聚下來。下巴愈飽，額頭愈高，祖產留得愈多。眼睛柔，聲音柔，下巴飽滿，顏面肉多，在相學稱營養質的人，如果有祖產的話，這種人最好命又會享受。

林老師面相重點分析

觀相學理論上，男性下巴代表配偶家庭狀況。女性額頭未嫁前，代表父親的事業狀況，嫁後代表夫家的狀況。男性的額頭代表岳父與你的對待，下巴代表岳母與你的對待。

4.另類投資——命中註定的偏財運

有一次在上海參加一個企業界的聚會，在座的都是正值壯年的精英，只有我是中年人，尤其當他們得知我是來自台灣的五術老師，也是一個協會的創會會長，學員遍及各地，紛紛的提出對五術的好奇及疑惑，都希望我能對他們的未來運勢提供建言。

坐在我的正前方的一位青年，特別引起我的注意，他膚色黑，下巴飽滿，代表此人人脈很廣，聲音粗，擅長表達，是筋骨質的特徵，此種格局最適合服務業或房產仲介。**膚色黑、聲音粗的人，一生錢財進出大，財守不住，五術界稱之為「五路財神」**。我問此年輕人從事何種行業，不料周圍的人反要我猜。我在中國二十年來，走遍大江南北，中國的同胞因為文革後對五術上有一點好奇及疑惑，一般人總把五術先生跟通靈的混為一談，總認為身為五術大師的我們應該無所不知。

我說：「如果沒錯，這位先生應從事建築或仲介買賣。」所幸博得在座的一片掌聲。**以相學來說，下巴飽滿、膚色黑、聲音粗的人比較會往房地產業發展，而膚色白、聲音柔者較會走向餐飲業發展。**

【跟林老師學面相】

說到通靈者，有一次，洪先生邀請我到山東勘查風水，我與這位洪先生是從網路瞭解及認識的，只有通過話，他邀請我到山東，在機場迎接我。

第一次見面，洪先生在機場接我時第一句話問我，他從事什麼事業。我當時愣了一下，這位洪先生把我當成是通靈的老師，什麼事情都要知道，幸好我多年的觀相經驗，洪先生顏面肉多，鼻子大，聲音有力，是筋骨質兼營養質，我對洪先生說，如果我沒猜錯，你應該是做貿易或是搞地產。他說老師你說得很準，今天邀請你來就是要勘查一塊土地開發的風水，請老師指點。

在旁的人說：「老師，我今年三十四歲，可評一評我的運勢嗎？」

這位年輕人，眉與眼間的距離較寬，相學上稱之為「田宅宮」，此部位氣色很旺，應是跟田產的買賣有關。但他的眼神，神韻不是很亮，照理講，如此年輕的人，應該買不起田產，但是田宅宮部位氣色如此之漂亮，人體呈現出的氣色應是不會錯才對，加上下巴飽滿，以相學的理論上，下巴代表田宅房地產，所以我大膽論及他有購置田產相關的事情。

此位年輕人說：「老師，真有你的，但我還是個無殼蝸牛，現在房價太貴，我還付不起，所以我去投資停車位，現在汽車數量不斷增加，終有一日一定會一位難求，增值就快啦。所以投資停車位準沒錯，對吧，老師！這就是另類投資。」

◆選對行業賺錢容易

依照面相學的理論，從一個人的面貌大約可以論他從事怎樣的行業。如果此人的眉棱骨高，大多屬於專業領域的人才；如果從事貿易或是房地產的人，最需要口才及人脈，所以嘴巴大、下巴飽滿，聲音有力的人，比較適合此行業。下巴飽滿、膚色黑、聲音粗的人，比較會往房地產業發展；膚色白、聲音柔者較會向餐飲業發展。下巴飽滿的人，在處理事情上會考慮多，很會精打細算，對理財方面特別敏感，在投資上絕不會吃虧。眉毛淡，有生意頭腦。

林老師面相重點分析

此人眉毛淡，代表很聰明，做生意絕對不會吃虧，因為眉比較淡的人，俱有生意的頭腦，總是以利益為主，有好的機會不會輕易放棄。加上田宅宮寬，與人處事會給人感覺很大方；眼睛亮，處理事情行動力足，判斷直接

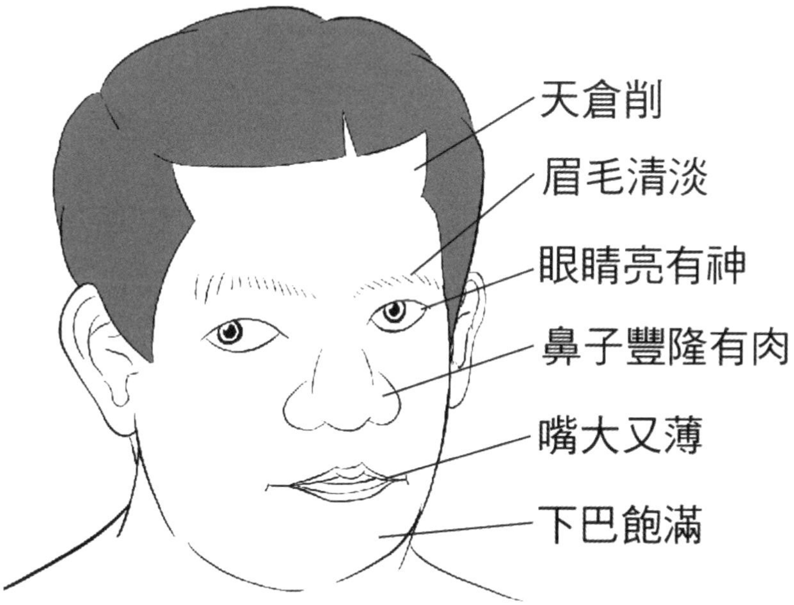

又能抓住機會，加上鼻子豐隆對錢財比較敏銳，對理財方面有概念，鼻孔小對錢財會斤斤計算，下巴飽滿，對理財方面特別敏感，在投資上，絕不會吃虧。下巴代表人脈，眼睛亮下巴飽滿的人，擅長在人際公關發揮專長，也會應用人脈來助自己的財源。適合投資獲利的人，鼻子豐隆，嘴巴大，聲音有力，在投資方面很有果斷，有膽量敢投資，但是有先斬後奏的個性，有時候會大賺一筆錢財，也會失算虧一筆錢財，這就是筋骨質兼營養質的特徵。

在座的人士說，王先生就是有這種偏財的運，他在去年運勢佳，怎樣投資都會賺到錢財，我們都稱讚他有偏財的命。今天聽老師的分析面貌，才瞭解原來一個人的才華專長與面貌有關係。這次的座談會最大的收穫，是讓中國的人士認識到了面相的奧妙。

5.從額頭談起——氣色與運勢

李女士來找我看她最近的運勢，從事仲介業的她，最關心的當然是酬傭的多寡。看她額頭氣色明亮，但顴骨略為暗沉，顯示此次案件中，因抽傭的人多，真正入李女士口袋的金額不如預期的多。李女士說：「沒錯，這次案件很多人參與。老師你可否教我幾招如何看傭金的多寡與成功與否，可以嗎？」

【跟林老師學面相】

一個人的錢財及事業的發展，跟自己的面貌氣色有關係。從額頭談起，額頭代表未來與希望，額頭的氣色佳，對所做的事情充滿信心，額頭暗者，凡事會受到阻礙。對於錢財方面，天倉的部位是很重要的關鍵，因為天倉代表一個人的鬥志，天倉氣色佳，處理事務很順暢，如果天倉氣色不佳，與對方在溝通上就會有距離。在外的人緣，天倉也是很重要的部位，天倉在相學稱為貴人，天倉氣色佳有貴人來提拔，所以天倉為貴人位。再論額頭，如果額頭越高者，代表你所接觸的人士格局高，相對你的需求也高，如果額頭氣色不佳，做事會受到阻礙。所以要求錢財的話，先要以額頭的氣色為重點。

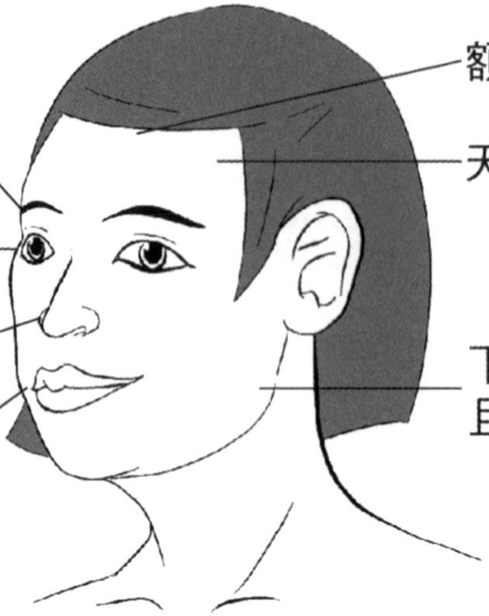

額頭代表事業，最主要的是氣色來決定運勢，氣色佳洽談順暢，氣色不佳洽談有阻礙，所以說額頭是未來的希望。

李女士額頭高，嘴巴大，這樣格局的人通常做的買賣很大，就拿仲介來說，一般是買賣房屋，李女士則是土地的買賣，所以也牽涉到參與人的多寡。

我對李女士說：「一般看自己都較難看懂，不妨觀察主事者的天倉部位和命宮，如果天倉部位氣色不錯，代表得人緣，有助事業發展，命宮有發亮者，此案的成功幾率大。再看鼻尖及眼下淚堂的位置，若色明潤，代表此人捨得與別人分享。如果具備以上氣色者，則投資獲利不求自來。」

在各個行業，比較有成績的人，基本上嘴巴要大，因為嘴巴代表一個人的鬥志，嘴巴大的人敢開口，加上聲音有力，做事有衝勁有魄力，不服輸。如果嘴巴小聲音柔的人，在業務上就比較會吃虧，因為嘴小的人不敢當面開口，故事中的李女士命宮寬、額高、嘴巴大很適合在房地產仲介買賣。

不管經濟的好壞，想靠投資獲利的大有人在，但除了先天命格註定，還要把握後天的運勢。坊間在陽宅上有很多補強運勢的佈鎮，但最主要的還是在於陽宅是否「得氣」。所謂「得氣」，是指旺氣有沒有入宅，有旺氣入宅，就已經比別人佔優勢了，如果再加上氣色好，那自然獲利有望了。

依我多年的經驗，一個人的氣色絕對與住宅的磁場有關係。如果你的氣色時好時壞的話，代表你住的住宅磁場可能有雜氣。如果你的氣色一直很不錯的話，代表你的住宅有好的磁場。

在面相學的理論上，額頭的氣色代表住宅的明堂，下巴代表住宅的內部的通氣。

◆財氣也是運氣

錢財人人愛，但不見得每人都能輕易擁有，有人一輩子辛勤耕耘，所得不多，有些人輕輕鬆鬆就將錢賺入口袋，或許稱這為運勢。的確，運勢好壞真的會影響財運，所謂財氣，「氣」這字就是運氣。

某次為客戶林小姐勘查住宅環境，這是間位於山坡地的樓房，屋宅是坐北向南，往前眺望可看層層的山形朝拜而來之狀。我向林小姐道喜，因為這間房子每到夏天都會為她帶來財氣。

「沒錯，每到夏天我都覺得工作特別順，績效好獎金就多了，所以這房子算是風水好嘍！」林小姐問我。

◆有好的磁場感應，還要再加上面相的氣色佳，自然運勢就佳。

一個人的氣色絕對與住宅磁場有關，每天受好磁場的感應，氣色自然會潤澤。如果磁場有雜氣，就會影響到居住者的情緒，臉上的氣色自然就不好，運勢也就受影響了。

在面相學裡，氣色是最難看懂但卻是最重要的一環，因為是跟運勢息息相關。面相分三個等份，相學上稱之為上庭、中庭、下庭，三個等份各有其代表的階段、年歲及運程。先來說上庭，指的是髮際起整個額頭的部位，年歲上屬於十五～三十歲，也是主思考、父母、事業、貴人、名望等的地方，此處若是氣色潤澤，代表事業順遂，財氣也佳，尤其是天倉部位氣色好的話，更顯示有貴人相助，事業、財運一路順暢。再來就是中庭，位置是眉到鼻子的準頭，年屬三十一～五十歲，主社會適應力、事業實行力及錢財的追求力，中庭的氣色好不好關乎中年時期的運勢，與財運也是有極大的關聯。此階段重在人事與公關，也是人生衝刺事業的階段，是最需要交際、溝通。眉代表人緣，眉色漂亮則人緣佳，如果顴骨部位及鼻子的氣色都漂亮，那就要恭喜了，代表財運當頭，但是賺了錢財是否能存得住，就是要看下庭了。所謂下庭就是鼻子以下到下巴的部位，主一個人的晚運，也是看部屬、子女、家運、人際及財帛的穩定性，下庭重在飽滿及氣色，飽滿表示人脈廣，更代表晚年的食祿無虞，氣色佳則代表部屬或家裡一切順遂無需掛心；下巴飽滿如果再配上嘴巴大，那才真的是個財庫，可以吞盡所有財祿，但是切忌聲音粗，聲音粗的人較好面子，愛擺排場，當然就花錢不手軟，守不住財者為多。

林小姐現正走在三十到五十的中庭階段，顴骨的部位氣色潤紅，鼻尖也有亮彩，我問她：「最近應該有筆財物入賬吧？而且是因為朋友的關係。」

「啊……老師連這也算得出來？沒錯，最近透過朋友的介紹，做了幾筆業績，績效獎金就多了些。」林小姐訝異地說。

方才說過，中庭的部位重人事與公關，也就是中庭的運勢與朋友最有關係。林小姐眉毛清秀顯示她人緣不錯，眼睛亮，她會抓緊機會把握時機，嘴巴大雖事業心重但聲音柔卻不致於讓人產生咄咄逼人之感，這樣的格局的確是適宜從事業務工作。

◆如何改變運勢？

一個人運勢的好壞，主要是以氣色為主。

蘇小姐現在的流年是走二十八歲，以上庭為主，重視額頭的部位。二十八歲剛好走到印堂的部位，是一個人在面貌中的直線，也是一個人內在的思考。若是印堂的氣色佳，代表處事上比較穩重，心情愉快；若是印堂的氣色不佳，代表與上司或是父母的關係出現了問題。

我對蘇小姐說，你的額頭高，眉毛有一點往上，代表你的個性比較強勢，又加上你現在走的流年在印堂，比較窄，氣色不佳，很多事情比較放不開，內在一直不服氣被指責，所以你額頭的氣色自然不佳。

蘇小姐問我如何改變。

我對她說，有的人被指責，很快就恢復，自然額頭氣色就會慢慢有起色，因為印堂比較寬，心胸比較開朗，一切事情隨緣，內在的氣就平靜。而你的命宮窄是最大的敗筆，容易為一點小事放不開，加上鼻子挺主觀強勢，發生的事情不會當面認錯，會讓四週的同事和主管對你不滿意，加上嘴巴小聲音柔，發生的事情不敢當面與人對質。只有放開心胸，主動溝通，尋求理解，才能改變運勢。

林老師面相重點分析

觀相學理論上，氣色在面相來講是最為重要的，也是有無金錢運的指標。額頭是未來的希望，如果額頭氣色漂亮，代表未來充滿美好遠景。鼻子為財帛宮，鼻尖色澤明亮，則顯示有財要入賬了。另外，對賺取傭金的人來說，還要看眉毛，眉毛明亮者，表示所抽取的傭金就多。

雖說氣色好運勢就佳，但是氣色是隨時會隨著我們的心情與環境而變，難免運勢就會有起伏。人生不如意之事十之八九，雖說是先天註定，但卻可靠後天改變，第一是住宅磁場，再來是氣色，而這兩者也是互相牽連的，但是並非每個人都能住得到好磁場的住宅，最重要還要自己能保持內心平靜，多運動，日常作息能正常，這樣也是可以讓氣色好轉。

6.過路財神——錢財留不住該如何補救？

什麼樣的面相比較留不住錢財？要如何補救？

有的人若是破了一點財，就會到各處求財神，去補財運，日久感覺有一點失效，還是錢財留不住，是跟自己的面相有關係嗎？

林老師告訴你，確實有很大的關係。

在新竹上企業面相學，這一班的學員比較多，說到錢財部分，每個學員都睜大眼睛，注意聽課。其中有一位李學員說，老師可以當面找幾位同學做模特兒，教我們來論斷如何留住錢財。

【跟林老師學面相】

在觀相學的理論上，一般都認為鼻子與財運最有關係。但不是鼻子大就不會破財，有的人鼻子小，但是錢財守得住，這其中必有緣由。

我對學員們說：「各位學企業面相學已經有一段時間，三個基本的質，筋骨質、營養質、心性質，都是教過重點。現在我從心性質的人，來談錢財的問題。」

接下來，我請學員王小姐做模特兒，進行現場解說。

王小姐屬於心性質，額頭高，天倉削，眉目清秀，眼睛亮，鼻子挺，下巴削，嘴巴小，聲音有力，膚色白。

我問：「請問各位，她的錢財會留住嗎？」大部分學員說留得住。

我說：「你們的看法有一點錯誤，王小姐的錢財難留住，面相有幾個部位與錢財留不住有關係？」學員說：「天倉削，眉毛清秀，鼻孔大，嘴巴小。」

天倉削的人無防禦心，理財觀念淡薄；眉毛清秀的人重情義，遇有錢財的困難，會主動幫助別人；鼻子大、鼻孔大而無顴骨來護者，錢財也留不住；嘴巴是財庫，鼻大嘴巴小的人有財無庫。

王小姐天倉削又加上眉清秀，是心性質兼筋骨質，額頭高，本來在處理事情比較會有思考的能力，但是眉清秀反而無法控制自己的思維，對錢財方面比較不會計較，又不容易拒絕別人的要求，所以錢財守不住。

王小姐說：「確實有這麼回事，自己賺的錢大部分都被朋友借走，一去不回，我要怎麼做錢財才能守得住呢？」我解釋說：「一個人若是有錢借給他人，代表他會賺錢，只是個性讓自己破財。從臉上，我們就能看到破財的訊息。」

第一點，以自己天倉的氣色配合鼻子，若此部位氣色不佳，因事業或是在投資方面就會出狀況，小心要破財，在六親方面跟長輩有關係。

第二點，若是你的顴骨及鼻子的氣色不佳，代表你最近的錢財會有一些狀況，在事業上可能與

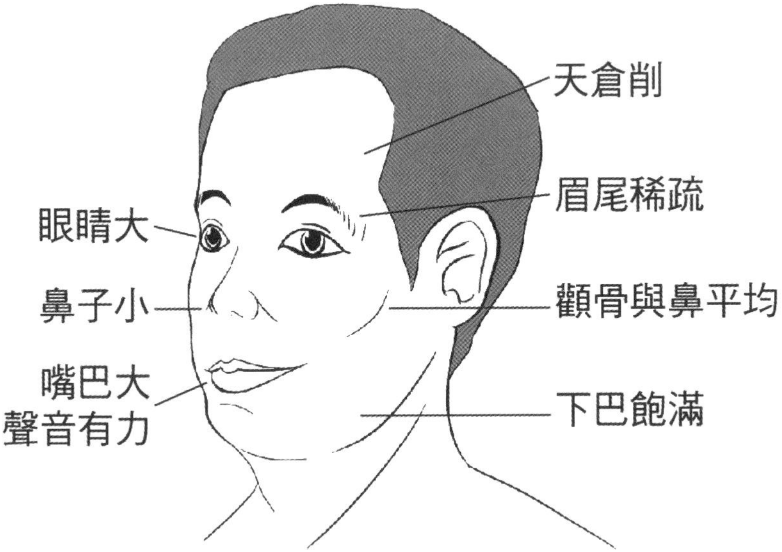

人合夥錢財有糾紛，或是朋友兄弟要來向你借錢。若是此部位氣色佳，向你借的錢就不會出問題，有借有還，若是氣色不佳一去不回。

第三點，你的鼻子及下巴的氣色不佳時，代表你的錢財跟部屬，或是家人有關係，或是最近子女出一些狀況，讓你破財。

◆筋骨質與財運

筋骨質的人錢財很難留住，這樣的人比較重義氣，有求必應。因為額頭低，眉毛粗，眼睛亮，鼻子露骨，聲音有力，處事比較乾脆，眉毛越清秀越重情義，看到別人有困難，就會主動幫助別人。加上聲音有力缺少思考，答應的事情絕不食言，所以說筋骨質的人錢財留不住。

◆欠債能收回的特徵

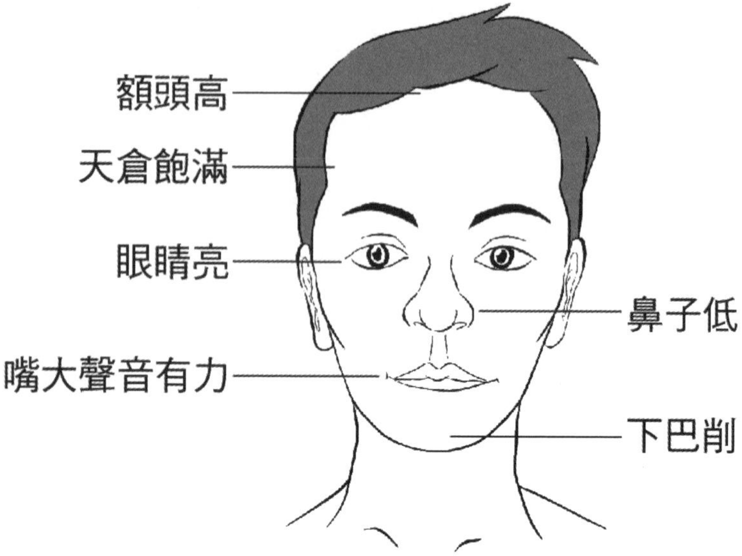

欠債能收回的特徵：營養質兼心性質，額頭高，天倉飽，眼睛亮，鼻子低，嘴大，聲音有力，下巴削。

額頭高，協調能力強，會用智慧去解決一切；天倉飽，防禦心重，本身具有理財的觀念，對金錢方面比較計較；眼睛有神，在協調方面能抓住機會，能掌握一切，做事事勢在必得；鼻子低，雖然無主張，但會糾纏到底，必須有明確的交代，否則不會輕易放棄，會讓對方受不了；下巴削，不受到人情的壓力及束縛，處事比較直接；加上聲音有力，有鬥志有耐心，這種格局要債一定能收回。

林老師面相重點分析

如果一個人的錢財留不住，與朋友或是六親有關係，很難拒絕別人的要求，建議你投資不動產，或是基金、股票等。

在家靠父母出外靠朋友，如果能交到一位大富大貴的人做朋友，得到他的提拔，相信對自己有助益。

7.含著金湯匙出生——大富大貴的格局

那麼，怎樣的特徵是大富大貴的面貌呢？

一個人有富貴的面貌，跟他的上代人有很大的關係，如額頭高、天倉飽滿的人，相學的理論上稱他福德宮飽滿，上代會留一些祖產；如眼睛定神聲音穩重，上代的祖產必會留一處田宅；如果眼睛亮聲音粗，雖然天倉飽滿，上代的祖產已經被上代花掉；天倉削耳朵不佳，上代不會留下祖產。

【跟林老師學面相】

大富大貴的特徵：營養質兼心性質，配合筋骨質，額頭寬廣，天倉飽，眉目清淡，眼睛細長，鼻子挺，顴骨高，頤頦飽滿，嘴巴大，下巴飽。

一般的企業家的第二代，比較有大富大貴的格局。依照面相學的理論，如果面貌具有上、中、下庭平均的人，一生的成就比較平凡，但人生的旅程最為平穩安定。心性質兼營養質的人，額頭高，天倉飽滿，眼睛定神，鼻子挺，嘴巴大，聲音柔，下巴飽，膚色白，這種格局的人能富貴。

一生富貴以面相學分三階段：

上庭代表少年運，額頭高，思想豐富，學習能力好；天倉飽，代表與長輩和祖德的關係。額頭寬廣天倉飽滿，祖德留一筆祖產，最容易受到長輩的賞識及提拔，少年運早發。如果是額頭低，天倉飽滿，眼睛定神，鼻子大豐隆，嘴巴大，聲音穩重，下巴飽滿，他的富貴是由上代打拼留下一筆財富。因為額頭低代表上代很辛苦的經營，天倉飽滿上代會留下祖產，鼻子豐隆上代有成就留下很多財富，嘴巴大聲音穩重，祖產留得多。

中庭代表中年運，代表與平輩關係，在事業為交友及權力，是一個人創業的黃金時間。眉目清秀的人，在人際公關方面與人互動良好，在外人緣佳；眼睛黑白分明反應快，處事能掌握時機，遇事情很冷靜，不會當面與人衝突，易得平輩的照顧，在人事人脈受人尊敬，事業會有成就；鼻

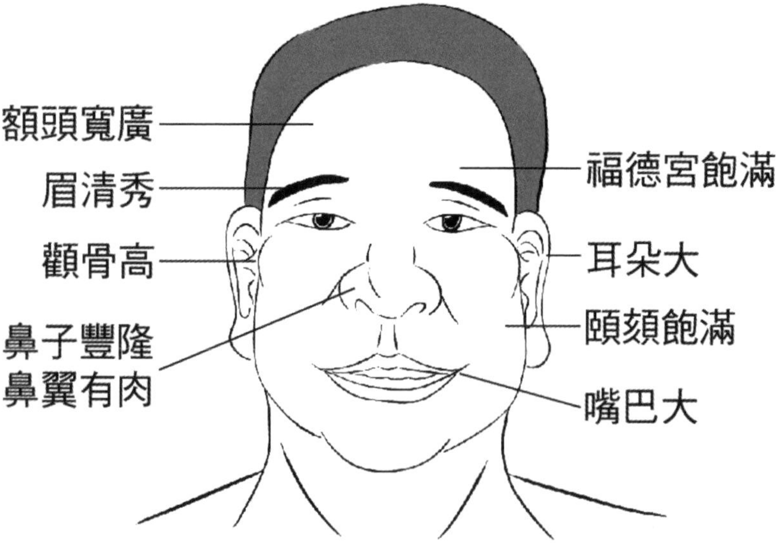

子挺有主張，處事有原則；顴骨佳掌握人脈掌有權力受人尊敬，一般在商場會有貴人來相挺。

下庭代表家庭子女部屬與你的對待，下庭飽滿，嘴大度量大，在事業上受到部屬的擁戴，在家庭受到子女的尊敬。下巴飽嘴大，到老來錢財，鼻子挺高顴骨，一生掌有經濟大權，此格是大富大貴之格。

林老師面相重點分析

一個人的富貴，必有差別，有的人是少年早發，有的人是在中年運勢發，有的人是老來得運發，所以富貴很難去衡量。

學員問交到一個富貴的朋友會受到提拔，如果你要別人拉你一把的話，此人的眉毛要清秀。因為眉毛主重視情義，眉毛佳的人重情義。

8.小氣郎與闊少爺——對金錢的態度

世界上有一樣東西是不管哪一種人都會來者不拒的，而且最好能多多益善的，那就是「錢」。有人見利忘義，有人成為守財奴，有人花錢如流水，有人一毛不拔——雖然常聽得一句「錢不是萬能」，但沒錢卻是「萬萬不能」。「錢」是必需品，每人終其一生為它流血流汗，但每人對「錢」的價值觀卻大不相同。

論錢財在面相學裡有三個質，營養質、筋骨質、心性質，對錢財最敏感是營養質的人。營養質的人一天沒有講到錢就會很痛苦，筋骨質的人重視權力及事業，心性質的人重視氣氛享受。

最有理財的概念屬於營養質的人，最會花錢的人是筋骨質，比較會精打細算的是心性質。

【跟林老師學面相】

某一次參加朋友的一場聚餐，看餐廳的裝潢及佈置，即可知道今天主辦人的品味。主辦人陳董事長從事貿易，體型豐滿、膚色黑、聲音粗。我就對學員小李說：「今天的聚餐一定會很豐盛。」

小李明白我的用意，說您是不是看陳董事長的面相知道的。其實今天的聚餐是小李的邀請，小李是這個俱樂部的成員。

我對小李說：「你看陳董事長體型豐滿，人脈極廣，做事情有魄力與人相處豪爽，聲音有力，喜歡展現自己的財力，講究排場。而眉毛疏淡，看重利益，對他有利的事情絕對不惜代價達成，下巴飽滿，代表陳董事長在利益上，善於運用他的人際關係。」

小李說：「老師您很厲害，陳董事長是我多年的老朋友，他的個性就如你說的一樣，真是佩服。」一邊用餐一邊聽得旁座的人說：「下次的餐會也要辦得像這樣的有排場。」另一位林先生回答說：「盡量啦！」

我心裡暗笑，想來這位林先生是下一任的主辦者，他要做出這樣的排場很難嘍！

林先生膚色白、天倉飽滿、下巴也飽滿，聲音柔，代表營養質的特徵，比較重視自我享受，有好處不喜歡與人分享，做事比較自私。此種格局的人，對數字很敏銳，善於精打細算，對錢財方面有理財的概念。加上鼻孔小不外露，聲音沉穩，林先生在財務運用方面採取的是「有進無出」，此形質的人最適合做會計師或財務規劃的工作。

我對小李說：「林先生的膚色白，極會保護自己，不會輕易付出，必須經過他細細思量才可以。」

小李問：「陳董事長和林先生都是下巴飽滿，為什麼會相差很大？」

在面相學的理論上，同樣是下巴飽滿，聲音就有差別，一個人的聲音代表他內在的氣，聲音有力的人處事比較有魄力有霸氣，也極愛面子。我對小李說，你有沒有感覺陳董事長聲音粗，做事霸氣不認輸，是不是很愛排場面？其實，不論膚黑或膚白都喜歡講排場擺闊，膚黑的人是喜愛熱熱鬧

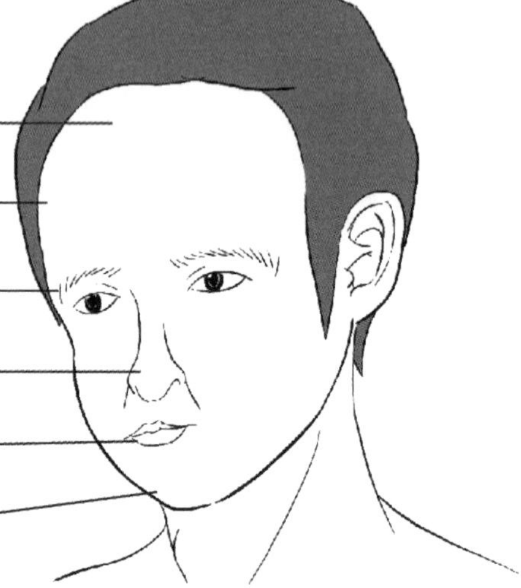

鬧、人聲鼎沸的場面，膚白者喜歡高品質、高享受的場所。聲音柔膚色白的人，有利益就會不惜代價排場面，你看林先生會很大方地排場面付出嗎？小李說以他的個性是不會付出的。所以說，聲音是個動能，下巴的飽滿付出的多寡，就是以聲音為主。

在林先生旁邊慫恿的這位先生，鼻孔小、嘴巴小，是個不會花自己一毛錢的人，對要求的品味高，追求自我享受，而額頭高、聲音柔，會善於運用智慧，讓別人主動的付出。在物價波動的時代，如果像林先生一樣不拔一毛，倒不失為「省錢」做法，但沒人消費卻會導致整個社會經濟衰退，所以社會中還是需要有「闊少爺」來拼經濟。

林老師面相重點分析

觀相學理論上，營養質兼筋骨質，比較會排場面愛面子；營養質兼心性質，比較講究氣氛。

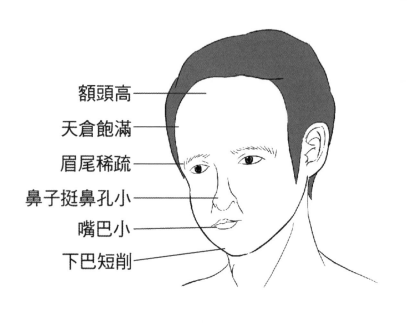

國家圖書館出版品預行編目資料

讀故事,學面相／林進來著.
－－第一版－－臺北市：知青頻道出版；
紅螞蟻圖書發行，2017.04
面　；　公分－－(Easy Quick；156)
ISBN 978-986-5699-93-2（平裝）

1.紫微斗數

293.21　　106002782

Easy Quick 156

讀故事，學面相

作　　者／林進來
發 行 人／賴秀珍
總 編 輯／何南輝
責任編輯／韓顯赫
校　　對／謝容之
封面設計／張一心
內頁插圖／林佑銘
美術構成／上承文化
出　　版／知青頻道出版有限公司
發　　行／紅螞蟻圖書有限公司
地　　址／台北市內湖區舊宗路二段121巷19號（紅螞蟻資訊大樓）
網　　站／www.e-redant.com
郵撥帳號／1604621-1　紅螞蟻圖書有限公司
電　　話／(02)2795-3656（代表號）
傳　　真／(02)2795-4100
登 記 證／局版北市業字第796號
法律顧問／許晏賓律師
印 刷 廠／卡樂彩色製版印刷有限公司
出版日期／2017年 4 月　第一版第一刷

定價 320 元　港幣 107 元

ISBN 978-986-5699-93-2　　Printed in Taiwan